은혜의 샘물

신앙 에세이

은혜의 샘물

초판 1쇄 발행 2024년 7월 5일

지 은 이 | 김기창·이복규·임문혁·최운식

펴 낸 곳 | 기독교연합신문사(도서출판 UCN)
등록번호 | 제21-347호
등록일자 | 1992년 6월 28일
주　　소 | 서울시 서초구 남부순환로 2221. 5층
전　　화 | (02) 585-2754
팩　　스 | (02) 585-6684
이 메 일 | ucndesign@naver.com

ISBN | 978-89-6006-941-1 03230

신앙 에세이

은혜의 샘물

김기창·이복규·임문혁·최운식 지음

도서
출판 UCN

머리말

"태초에 '말씀'이 계셨다. 그 '말씀'은 하나님과 함께 계셨다.
그 '말씀'은 곧 하나님이셨다."(요한복음 1:1)

우리에게 말씀을 주신 하나님께 감사합니다. 우리에게 말씀을
이해할 수 있는 언어 능력을 주신 하나님께 감사합니다. 우리에
게 문자를 주시고 하나님의 은혜와 사랑을 글로 표현할 수 있게
해주신 하나님께 감사합니다. 저희가 쓴 글을 신문을 통하여 독
자와 함께 나눌 수 있게 해주신 하나님께 감사합니다. 실린 글
들을 한데모아 책으로 엮어내게 해주신 하나님께 감사합니다.

이 책은 2022년 2월부터 2023년 12월까지 『기독교연합신문』〈은혜의 샘물〉난에 실린 글들을 한데 모아 엮은 책이다. 2022년 1월, 기독교연합신문 편집부로부터 "올해부터 〈은혜의 샘물〉이라는 난을 새로 만들어 장로님 네 분의 신앙수필을 매주 게재하려 합니다. 좋은 글을 부탁드립니다."라는 연락을 받았다. 처음엔 이 난의 이름에 맞는 글을 쓸 수 있을까 하는 걱정이 앞섰다. 이런 글은 반드시 신앙적인 울림이 있어야 했기 때문이다. 그러면서도 주님께서 도와주시면 쓸 수 있을 것이라는 생각에서 제안을 흔쾌히 받아들였다. 이 난이 만들어진 뒤로 어느새 2년이 흘렀다.

〈은혜의 샘물〉난에는 필자들이 각자의 생활 영역에서 경험하고 느낀 것을 글감으로 하여, '신앙 속 삶의 이야기'를 썼다. 독자들의 감성을 자극하여 잃어버린 영성을 회복하는 글을 200자 원고지 10장 분량으로 풀어내기가 쉽진 않았다. 필자 스스로 은혜를 느끼는 글이어야 독자들도 공감한다는 사실을 알고 있기에 무척 부담스럽고, 긴장된 시간을 보내기도 했다. 그동안 글을 쓰면서 우리 필자들은, 그야말로 샘물같이 솟아나는 하나님의 은혜를 체험했고, 지난 삶에서 역사하신 하나님의 은혜를 기억하면서 감사하였다. 그러다 보니, 독자에게 감동을 주기에 앞서 필자들이 먼저 감동을 받게 되었다. 우리가 누린 은혜가 독자들에게도 흘러넘치기를 기도하고, 그러리라 믿는다. 다행히 독자들의 반응이 좋다는 말이 들렸고, 그 호응에 힘입어 여기까지 온 듯하다.

필자 네 사람은 모두 장로, 문인, 박사, 학자이며 30년 이상 교직에서 후학들을 길러낸 사람이라는 공통점이 있다. 글이 연재되는 동안 '다음엔 어떤 감동적인 글을 읽을 수 있을까?'하는 기대감으로 신문을 기다리기도 했고, 쓴 글들을 서로 읽어보면서 각자가 일상적인 삶에서 선한 영향력을 끼치고 있다는 점을 확인하며 새로운 은혜를 나누기도 했다.

지난 2년 동안 부족한 우리의 글을 읽고 격려를 보내주신 독자 여러분께 감사하며, 글을 발표할 수 있는 지면을 마련해 주신 기독교연합신문사 이현주 편집국장님과 예쁘게 책을 만들어 주신 출판국 김진화 목사님께 고마운 마음을 전한다.

2024년 6월

필자 일동

목차

어머니의 소원 – 최운식

그래도 감사해야

김기창

그래도 감사해야

30년 전, 정말 있어서는 안 될 큰일을 겪었다. 흰 눈이 펄펄 내리는 날, 서재에서 자정이 넘도록 공부를 하다가 건넌방으로 가서 잠을 청했다. 깊은 잠이 들기 전에 갑자기 대문을 두드리며 고함치는 소리에 잠이 깼다. 방문을 열고 나오니 매캐한 냄새와 함께 서재 문틈에서 연기가 새어 나오고 있었다. 그제야 "불이야"하고 외치는 소리가 들렸다.

순간 두 아이가 걱정되어 깨워 밖으로 내 보내고, 이층에 세 든 사람들이 걱정되어 계단을 뛰어 올라 문을 두드리며 그들을 깨웠다. 그 사이에 동네 사람이 119에 바로 연락하여 소방차가 도착했으나 골목길의 무질서한 주차로 화재 현장까지 접근하지 못했다. 아쉬운 대로 동네 사람들이 양동이에 물을 담아 릴레이식으로 전달하여 진화 작업에 나섰지만 불길은 쉽게 잡히지 않았다. 그때의 불안과 초조. 어떻게 표현할 수 있을까. 그 사이에 소방차가 들어와 10여 분만에 다행히 불을 껐다.

당시 정신이상자인 방화범이 서울의 이곳저곳을 다니며 불을 놓는 사건이 있었는데, 우리 집이 첫 번째 피해자가 된 것이다. 그화재로 평생 모았던 전공 서적 1,500여 권과 박사논문 작성 자료는 물론, 논문 작성을 위해 빌려 온 워드 프로세서까지 태웠다. 참으로 다행인 것은 우리 네 식구는 손끝 하나 다친 데가 없었다. 나는 절망감에 사로 잡혀 어찌할 바를 몰랐고 기도는커녕 하나님을 원망하게 되었다. 그래도 네 식구가 무사한 것을 생각하며 방구석으로 가서 무릎을 꿇었는데 기도는 나오지 않고 하염없이 흐르는 눈물을 주체할 수 없었다.

성경은 '범사에 감사하라'고 했는데 이러한 경우 어떻게 감사할 수 있겠는가? 그러나 며칠 뒤 소방관계자를 통해 하나님께 감사할 조건을 찾게 되었다. 서재에 그 많은 책이 없었다면 그 불은 바로 거실로 나와 우리가 자고 있던 건넌방까지 순식간에 번져 우리 식구의 목숨이 위태로웠을 것이라고. 깊이 잠든 새벽에 우리 가족들의 머리카락 하나 그슬리지 않고 탈출할 수 있었던 것은 불이 그 많은 책을 태우고 있었기에 피할 수 있는 시간을 벌었다는 것이다. 결국 책이 우리 식구들의 목숨을 건져 주었다는 것이다. 얼마나 감사할 일인가! 잠깐이나마 하나님을 원망하고 학문을 포기하려고 약하게 마음먹었던 일을 반성하고 하나님의 영광을 위하여 더 열심히 공부하겠노라고 결심했다.

그 후, 친척들과 지인들이 적지 않은 위로금을 주어 화재 복구를 잘 할 수 있었다. 또, 직장 동료인 P선생이, 학문을 하는 동료들과 출판사를 대상으로 '김 선생 책 돕기 운동'을 주선해 주었다. 덕분에 잠깐 사이에 상당한 양의 전공 서적을 확보하게 되었다. 나는 주말마다 청계천 고서점에 들러 필요한 책을 구입하기도 했다. 낮에는 직장에서 학생들을 가르치고 밤에는 집에 돌아와 최선을 다해 박사 논문 준비를 했다. 그 결과 원래 계획대로 일 년 반 만에 영광의 박사 학위를 받게 되었다. 참으로 감사한 일이었다.

〈예레미아〉를 보면(렘 17:7-8), 하나님은 우리를 항상 화창한 봄날에만 살도록 배려해주겠다는 장밋빛 약속을 하지 않으셨다. 오히려 우리가 건조한 계절을 대비할 수 있는 믿음에 대해 지속적으로 강조하고 있다. 믿음의 뿌리가 땅 속 깊이 내려 생수의 근원에 닿아 있으면 가뭄이 계속되더라도 우리는 얼마든지 살아남을 수 있고 풍년이 들면 더욱 번성할 것이다.*

"내가 가는 길을 그가 아시나니 그가 나를 단련하신 후에는 내가 순금같이 되어 나오리라"(욥기 23:10)

은쟁반에 금사과 같은 말

코로나 사태로 주로 집에만 있다가 지난 가을, 모처럼 공기가 맑아 나들이의 유혹을 받았다. 아내와 같이 버스터미널에서 시내버스를 타고 40분 거리에 있는 광덕산을 찾았다. 해발 699m의 이 산은 산세가 수려하고 숲이 우거진 천안의 명산이다. 예로부터 산이 크고 넉넉하여 '덕이 있는(광덕, 廣德)' 산이라 하였으며 또한, 나라에 전란이 일어나거나 불길한 일이 있으면 산이 운다는 전설이 전해져 오고 있다.

주위의 아름다운 숲길을 호젓하게 걷는 맛이 참 좋았다. 한참을 올라가 정자가 있는 데서 따끈한 커피를 들며 주위를 둘러보았다. '산악인의 선서'가 눈에 띄어 바짝 가보았다. 읽어볼 만한 글이었다.

그런데 맨 끝에 '노산 이은상 짖고, 후학 김○○ 쓰다. (2000. 2. 20)'라고 씌어 있었다. 아뿔싸! '시, 소설, 편지, 노래 가사 따위와 같은 글을 쓰다'라는 뜻의 '짓다'를 '개가 목청으로 소리를 내다'라는 뜻인 '짖다'로 쓴 것이다. 20년이 넘게, 틀린 그대로 수많은 사람들에게 읽혀 왔을 텐데 지금까지 시정이 안 된 게 이해가 되지 않았다. 이는 노산 선생에 대한 큰 결례가 되기도 한다.

　내려오다 보니 내가 좋아하는 추어탕집이 있었다. 마침 출출하던 차에 잘 됐다싶어 반가운 마음으로 들어갔다. 입구에 '어서 오십시요'라고 씌어 있었다. 음식을 맛있게 먹고 나서 음식값을 내면서 '요'자를 '오'자로 고치면 좋겠다고 했더니 주인아주머니가 몇 번 소리 내어 본다. 분명히 '요'로 발음이 나는데 왜 '오'로 써야 하느냐는 것이다. 그래서 내가 국어 선생이라는 것을 밝히고 'ㅣ모음 동화 현상'을 알아듣기 쉽게 설명하니 그제서야 웃으면서 고치겠다고 한다.

　다음날, '산악인의 선서' 수정 건의의 일로 관계 부서에 전화를 했다. 전화를 받은 담당자는 심드렁하게 응대했다. 그래도 괜찮다. 속히 수정만 되었으면 좋겠다. 국어 선생을 오래하다 보니 일상 언어생활에 자연스레 관심을 많이 갖게 된다. 띄어쓰기, 맞춤법, 발음 등에서 잘못된 것들이 왜 그렇게 많이 발견되는지? 오히려 거기에 둔감해지면 좋으련만.

　1994년 대학에 부임 후, 근 6년 동안 틈틈이 교회 예배나 교직원 예배 때 설교나 기도를 들으며 잘못 쓰는 말과 발음들을 적어 보았다. 이것을 개인별로 카드를 만들어 정리해 나갔다. 어떤 목사님은 설교 후 바로 자기의 오용 표현을 물어오기도 했다. 카드의 분량이 꽤 되어 이것을 책으로 펴내고 싶었다. 마침 이 일에 관심이 많으셨던 목사님 한 분과 의기가 투합되어 공동저자로 책을 펴내기로 했다. 문법적인 것은 내가, 신학적인 문제는 그 목사님

이 맡아 환상의 콤비를 이루면서 만들었다.

　이 교재로 지금까지 신학대학, 교단 총회, 노회, 교회에서 30여 차례 특강을 해 왔다. 예배 때 쓰는 '축복, 준비 찬송, 성가대, 사회자, 당신' 등은 그 뜻을 알고 잘 써야 하며, '아멘'이나 '할렐루야'를 남용해서는 안 된다. 상례 때 쓰는 '명복, 미망인, 영결식, 삼우제' 등은 함부로 쓰지 말아야 하고, 교단 총회 때 흔히 쓰는 '흠석사찰, 천서, 헌의, 고퇴, 촬요, 자벽' 등 어려운 말은 '질서위원, 총대 자격 심사, 안건 상정, 의사봉, 요약, 의장 지명' 등 쉬운 말로 써야 한다.

　요즈음은 내가 자청하여 주로 제자 목사의 교회를 찾아가 재능 기부로 교회 용어에 대한 강의를 한다. 모두들 경청하며 오용 표현이 이렇게 많은 줄 몰랐다고 한다. 학부 3, 4학년이나 신대원에서 한 학기 정도 교회 언어 사용에 대한 강좌가 있었으면 좋겠다.

　　"경우에 합당한 말은 은쟁반에 놓인 금사과와 같다"(잠언 25:11)

기도, 언제나 자유로울까

　가족같이 지내던 같은 구역의 K집사가 심장 계통 병으로 갑자기 하나님의 부르심을 받았다. 넉넉한 인품에 반듯한 신앙생활과 봉사활동으로 교우들의 찬사를 많이 받으신 분이다. 유족과 슬픔을 같이 하며 하나님의 위로와 평강이 충만하길 간절히 바라는 마음이 들었다. 나는 목회실에 전화를 걸어 문상예배 때의 기도는 내가 하고 싶다고 말했다. 이런 경우 우리 교회에서는 흔히 친교봉사위원회 위원장 장로가 기도를 맡아 하는데 내가 자원한 것이다. 그런 믿음과 용기가 어떻게 나왔는지 스스로 대견한 생각까지 들었다. 늘 기도 스트레스를 많이 받아온 나였기에….

　몇 해 전 일이다. 교우 S집사가 부친상을 당해 교우들과 함께 빈소가 마련된 당진으로 문상 예배를 드리러 갔다. 목사님이 분명히 장로인 나에게 기도를 하라고 하실 것 같은 예감이 들어서 가는 길 차 안에서 기도의 내용을 구상하기 시작했다. 망자가 신앙인이 아닌 경우 기도하기가 쉽지 않다. 천안에서 당진까지 그리 가까운 거리가 아닌데 기도할 내용이 떠오르지 않아 이런 고민 저런 걱정을 하다보니 어느새 그곳에 도착했다. 모두 예배를 드리러 대청에 오를 때 나는 슬그머니 화장실 쪽으로 향했다. 용변을 보기 위한 것이 아니라, 기도를 면하기 위해 목사님이 기도할 사람을 지명한 뒤에 들어가려는 잔꾀였다.

찬송가 한 곡이 거의 끝날 때쯤 대청으로 갔더니, 목사님이 나를 보시고 반가운 눈길을 보내며 말씀하셨다. "3,4절을 다시 부른 후 김기창 장로님이 우리를 대표하여 기도를 해주시겠습니다." 어려운 순간이 닥쳤다. 돌아가신 분의 사정을 자세히 알 수 없으니, 그에 대한 기도는 하기 어려워 유족들에게 위로와 평강을 주십사 하는 내용으로 겨우 기도를 마쳤다. 내 마음에 흡족하지 않은 기도를 하고나니, 땀으로 온 몸이 흠뻑 적게 되었다. '그래. 기도는 항시 준비되어 있어야 해. 더구나 장로가 되어 가지고.'

이런 일도 있었다. 매주 화요일에 드리는 교직원 예배 시간에 대표기도를 하게 되었다. 한 주간 동안 준비한 기도의 내용을 잘 정리하여 기도문을 가지고 예배에 참석했다. 기도 순서가 되어 단상에 올라 기도를 시작했다. 또박또박 잘 읽어나갔다. 그런데 이게 웬 일인가. 기도 도중에 기도문을 손끝으로 잘못 건드려 기도문이 단 아래로 떨어졌다. 순간 크게 당황했다. 앞이 하얘졌다. 그래서 급한 대로 하나님께 매달렸다. '하나님! 이거 큰일 났습니다. 도와주십시오.' 의도적으로 더 차분한 마음으로, 성령이 이끄시는 대로 기도를 이어나갔다. 자연히 어눌하고 중언부언할 수밖에 없었다. 그런데 예배에 참석한 교직원들의 "아멘" 소리가 여기저기에서 흘러 나왔다. 기도문을 읽어나가는 기도보다 하나님께 맡기고 한 기도가 오히려 은혜를 끼쳤나보다. 예배 후 영성이 충만한 기도였다는 찬사도 받았다. 다행스럽게 위기를 넘겼다. 그러나 내심으로는 얼마나 부끄러웠는지 모른다.

문득 몇 해 전 하늘나라에 가신 H권사님이 떠오른다. 그분은 우리 교회에서 '기도의 어머니'로 불렸다. 기도가 일상이신 권사님은 머리를 앞뒤로 적당히 흔들며 그저 간절함으로 기도를 하신다. 미사여구와는 거리가 멀고, 그리 유창하지도 않다. '감사'가 기도의 주종을 이룬다. 나같이 욕심을 나열하지도 않고, 다른 사람을 위한 기도가 더 많다. 그분은 기도의 심연 속으로 우리를 몰고 가서 하나님과 깊은 대화를 나누고 일상으로 다시 나오는 듯한 느낌을 받게 한다. 그분의 기도는 삶과 신앙을 나눌 수 없는, 뿌리 깊은 신심이 바탕이 되어 자연스럽게 나오는 기도이다. 그 권사님은 믿음의 가정을 이루며 평생 복된 삶을 누리셨다. 기도에는 교과서가 따로 없다. 권사님은 기도가 믿음의 소산물임을 일깨워 주셨다.

기도는 '하나님과의 대화'다. 기도의 기둥 없이 튼실한 신앙의 집을 짓는다는 것은 불가능하다. 기도는 부모와 자녀가 대화하듯 진실한 마음으로, 겸손하고 간절한 마음으로 하면 될 일이다. 이렇게 알면서도 잘 못하는 것은 기도가 믿음의 산물이라는 것을 잊고, 외식(外飾)으로 잘 하려고 하기 때문일 게다. '내 기도하는 그 시간, 그때가 가장 즐겁다'라는 월포드의 고백이 언제나 내 입에서 터져 나올 수 있을까!

때를 얻든지 못 얻든지

2008년, 연구년 한 학기를 중국 북경에서 보냈다. 그곳에 있는 중앙민족대학 조선어문학부의 초청을 받아 조선족 학생들에게 글쓰기를 가르쳤다. 그들은 어려서부터 한어(漢語)와 중국 조선어를 배울 수 있는 환경에서 자랐고, 12년 동안 학교교육을 통해 조선어 학습을 해왔다. 그래서 중국 조선어 규범에는 맞는 언어생활을 하지만, 우리 한국어 맞춤법 잣대로 볼 때는 '언어 차이'가 심했다. 특히 어휘적 측면에서 그랬다.

학과 대표를 맡은 P양은 착실하고 책임감이 강하며 리더십도 뛰어났다. 그는 내가 그곳 생활에 잘 적응하도록 많은 도움을 주었다. 또, 북경 시내 여러 관광지를 안내해 주기도 하고, 인근 대학에 특강을 갈 때 함께 가 주기도 했다. 길림성이 고향인 그는 문학을 전공하여 나중에 대학교수가 되고자 하는 꿈 많은 학생이었다. 본인의 적성도 그렇거니와 할머니, 어머니가 교직에 계셨던 터라 그 영향을 많이 받은 것 같았다.

북경으로 가면서 나는 강의, 관광 외에 '전도'를 마음에 두고 작은 성경책, 사영리(四靈理, The Four Spiritual Laws) 소책자, 전도지를 준비해 가지고 갔다. 어떻게 해서든지 그곳 학생들에게 전도를 하고 싶었다. P양이 학과 대표라 나는 그와 만나는 시간이 자연스럽게 많아졌다. 그래서 첫 번째 전도 대상자로 삼았다.

흰 눈이 펄펄 내리는 금요일 오후, P양을 불러 교내 산책을 했다. 70년 역사와 전통을 자랑하는 그 대학 교정의 설경은 매우 아름다웠다. 그의 가정에 대한 이야기, 학교생활, 앞으로의 포부 등을 들으며 교정을 걷다가 교내식당으로 들어갔다. 따끈한 중국 전통차를 마시며 이야기를 계속했다. 그는 지금 어머니의 눈병 때문에 큰 고민이라고 했다. 특별한 이유 없이 점점 시력을 잃어가고 있어 자나깨나 걱정이라고 했다. 나는 이때다 싶어 사영리 중 첫 번째 원리인 하나님의 존재와, 하나님은 우리를 사랑하시며, 우리를 위한 놀라운 계획을 가지고 계신다는 걸 이야기했다.

"교수님! 저는 공산당원입니다. 저에게 기독교 이야기는 절대로 하지 마세요."

내 이야기가 끝나지도 않았는데 그는 벌컥 화를 내며 언성을 높였다. 싹싹하고 친절한 그가 그런 반응을 보인 건 아주 뜻밖이었다. 그렇다고 쉽게 물러날 수는 없었다. 화제를 돌려 예수님의 치유(治癒) 능력을 소개했다. 성경에 나와 있는 것과 내가 실제로 본 사실을 들려주며, 한번 어머니를 위해서 기도를 계속해보자고 했다. 약간 수그러든 그의 모습에서 전도의 가능성을 발견했다.

그 후 몇 번 더 만나 사영리의 나머지 부분을 설명하고 준비했던『신약성경』을 선물로 주었다. 그는 나를 만날 때마다 그날 갑자기 화를 내 죄송했다고 사과했다. 나는 그와 그의 어머니를 위해서 시간이 날 때마다 두 손을 모으자고 제안했다. 그 이듬해 2월, 나는 임기를 마치고 귀국했다.

삼 년이 흘러간 어느 날 그가 전화를 했다. 한국에서 석사과정 공부를 하게 되었다며 날 만나고 싶어 했다. 반가운 소식도 들려주었다.

"어머니가 많이 좋아지셨어요. 지금은 책도, 신문도 보실 수 있어요. 선생님이 기도해 주셔서 그런 것 같아요."

사흘 후에 그를 종로에서 만났다. 고서점에 가서 한국문학과 한국문화에 관련된 책을 한 보따리 사주고 삼계탕 집에 데리고 가서 점심도 사 주었다.

"저도 성경책을 읽고 있어요. 재미있던데요. 가끔은 학교 근처 교회도 나가고 있고요."

전도! 해볼 만한 일이다. 아니 꼭 해야 한다. 때를 얻든지 못 얻든지 이 일에 항상 힘써야 한다. 사도 바울은 그의 생애 마지막에 디모데에게 아주 중요한, 엄중한 명령을 내린다.

"너는 말씀을 전파하라 때를 얻든지 못 얻든지 항상 힘쓰라(디모데후서 4:2)"

'섬티아고' 12사도 순례길을 가다

　재작년 4월, 따사로운 봄의 절정기에 H교수 부부와 전남 신안군 증도면에 있는 '12사도 순례자의 섬'을 찾았다. 목포 북항에서 하루를 숙박하고 그 이튿날 압해도 송공여객선터미널에서 기점·소악도행 여객선을 탔다. 약 1시간 정도 가니 대기점도 선착장이 보였다.

　기점·소악도는 2018년에 스페인의 산티아고를 본뜬 '섬티아고'로 다시 태어났다. 주민 대다수(80%)가 기독교인이고, 이웃에 있는 증도가 한국 기독교 최초 여성 순교자 문준경 전도사의 순교지란 점에서 이곳에 순례길을 만든 것이다. 우리나라와 프랑스, 스페인의 건축·미술가 10여 명이 열두 제자를 모티프로 삼아, 한두 명의 순례자들이 기도와 명상을 할 수 있게 작은 예배당을 지었다. 아담한 예술적 건축물이다. 울타리도 없고, 문이 늘 열려 있다. 대기점도와 소기점도, 소악도, 진섬, 딴섬까지 이어지는 순례자의 길은 총 12km로 산티아고 데 콤포스텔라 순례길(800Km)에 비하면 턱없이 짧은 거리지만, 각 예배당의 건축미를 감상하며 돌아보는 재미가 쏠쏠하다.

처음 만나는 집은 '건강의 집(베드로)'이다. 그리스 산토리니의 둥글고 푸른 지붕의 이미지로 흰 회벽으로 거칠게 마감했다. 바다와 잘 어울리는 산뜻한 색감이다. 순례길의 시작을 알리는 작은 종이 있다. 우리는 이 종을 치면서 열두 교회의 순례가 의미 있는 시간이 되기를 기도했다. 순례의 길은 이렇게 시작된다.

길 주변엔 바다와 갯벌, 야트막한 언덕뿐이라 싸목싸목 걷다 보면 곳곳의 작은 둠벙도 만나고 갯벌에서 자유롭게 뛰노는 짱뚱어, 농게, 칠게 무리를 볼 수 있었다. 길가에 곱게 핀 들풀들도 수줍은 모습으로 우리를 반긴다. 어느 새 복잡한 머리를 비우고 자연스럽게 순례자가 된다.

섬 사이에는 다리도 없다. 대신 '노둣길'이 있다. 섬사람이 오랜 세월 지게를 지고 돌을 날라 이은 길이다. 지금이야 시멘트로 포장되어 차량이 다니지만, 이마저도 밀물이 들어오면 무용지물이다. 하루 두 번 만조 때가 되면 3시간가량 완전히 길이 사라져버린다. 이 노둣길을 따라 순례길이 이어진다.

대기점도에서 다섯 개의 예배당을 둘러보고 소기점도로 갔다. 아직 미완성인 '감사의 집(바르돌로메오)'을 지나 언덕을 배경으로 한 단정한 사각형의 흰색 집인 '인연의 집(토마스)'까지 순례하며 준비한 기도를 차례로 드렸다. 마침 점심시간이라 마을 부녀회에서 운영하는 식당에 들렀다. 무공해 채소로 만든 점심을 맛있게 먹었다.

지혜의 집

　가장 마음을 끈 곳은 소악도에 있는 '소원의 집(작은 야고보)'이었다. 프로방스 풍의 오두막을 연상시키는 작품으로, 고목재를 사용한 동양의 곡선과 서양의 스테인드글라스가 아름다운 조화를 이루고 있었다.

　마지막 열두 번째 '지혜의 집(가롯 유다)'을 찾아 솔밭 사이로 난, 운치 있는 모래밭 길을 걸었다. 확 트인 바다 건너 작은 섬에 예쁜 벽돌집이 눈에 들어왔다. 그런데 불행히도 물때가 맞지 않아 건너 가 볼 수 없어 매우 아쉬웠다. 멀리서 보니 오히려 그림처럼 아름다웠다. 몽생미셸을 연상시키는 아름다운 건축물로 뾰족지붕과 붉은 벽돌, 둥근 첨탑이 눈길을 확 끌어당긴다. 진섬 옆에 딸린 무인도 '딴섬'에 있다. 예수를 배반한 제자라서 이런 외딴 섬에 배치했는가 보다.

　가롯 유다는 예수를 배반한 사람이다. 그런데 작가가 이 예배당을 <지혜의 집>이라 한 이유가 궁금하다. 작가는, 유다는 배신을 했지만 이후 잘못을 뉘우치는 제자라며 배신의 아이콘이 아니라 반성의 아이콘으로 해석했다고 설명한다. 비틀어져 있는 종탑을 보면서 뒤틀리고 꼬인 자신의 삶을 되돌아보고, 다시 일상으로 지혜롭게 돌아갔으면 하는 마음으로 '지혜의 집'이라 했다고 한다. 그래도 쉽게 이해가 안 된다고 여행객들이 인터넷에 올린 글을 보았다.

언젠가(2022년 3월) 신문을 보니 S 목사님은 시무하는 교회 내 100m 옹벽을 한 페이지짜리 성경의 벽으로 꾸밀 계획을 가지고 있다고 했다. 1,753페이지의 성경을 훈민정음체로 새겨 넣는다는 것이다. 몇 년 전, 성지순례로 다녀온 이스라엘의 '통곡의 벽'이 연상된다. 이 작품도 일본 안도 다다오의 '물의 교회', 브라질의 거대한 '구세주 그리스도 상'처럼 12사도 순례길과 더불어 훌륭한 기독교 관광자원이 되리라 기대한다.

종교와 예술이 어우러진 순례자의 섬. 종교가 있든 없든 아무려면 어떤가. 교인들에게는 예배당으로, 천주교 신자들은 성당으로, 불자들은 작은 암자로 여기면 되리라. 복잡한 도시를 떠나 아직 때 묻지 않은 이 섬들을 찾아 기도와 묵상, 휴식을 통해 지나온 삶을 돌아보고 새로운 삶을 설계하면 어떨까?

어느 소년이 준 교훈

오래 전(2004년 1월), 우리 교회의 해외 단기 선교 계획에 따라 14명이 팀을 이루어 두 주 동안 네팔로 선교활동을 하러 갔다. 수도인 카투만두의 한 학교에서 60여 명을 대상으로 찬양과 예배, 사영리 전도, 풍선 아트, 종이 접기, 영어와 컴퓨터 교육 등의 사역을 마치고 그 다음 사역지인 다란으로 옮겼다.

네팔은 힌두교를 국교로 인정하고 있던 유일한 국가로 인도와 함께 대표적인 힌두교 국가이었다. 2008년 6월부터 신헌법이 발효되어 국교를 폐지했다. 전 국민의 80% 이상이 힌두교를 믿고 있으며 그 밖의 소수종교로는 불교가 있다. 이슬람교(4%), 기독교 (1%)도 공존한다. 그런데 다란 시에 있는 엘로힘 교회는 규모가 상당히 크고 교인도 꽤 많았다. 용병제도로 영국을 다녀온 이곳 사람들이 신앙을 갖게 되면서 교회를 세웠다고 전해진다.

그 교회에서 오전에 예배를 드리고 점심 식사 후, 주일학교 5, 6학년 아이들 30여 명을 대상으로 분야별 활동을 했다. 우리 조는 색종이로 연필꽂이를 만들었다. 말은 통하지 않지만 만드는 방법

을 천천히 시범을 보여주며 그곳 선생님의 도움을 받아, 한 시간을
훌쩍 넘겨서야 완성하였다. 아이들은 완성된 작품을 내게 보여 주
고 친구들에게 자랑하기도 했다. 성취감에 만족해하는 그들의 모
습에서 우리도 마냥 행복했다.

분야별 활동을 끝내고 미용팀이 활동하는 곳으로 갔다. 동네
어른들까지 모여들어 북새통을 이루고 있었다. 미용팀장이 나에
게 질서지킴이 역할을 부탁하여 손등에 순번을 써 주었다. 우리들
은 더 부지런히 움직였으나 워낙 많이 모여들어 그들의 머리를 모
두 깎아줄 수가 없었다. 이미 날이 어두워져 하나밖에 없는 전등
밑에서는 작업을 계속할 수 없었기 때문이다. 그래서 남은 사람은
내일 깎아 주겠다고 약속하고 돌려보냈다.

그런데 10살 정도의 남자 아이-옆에 가기도 꺼려질 정도로 불
결했지만 그 눈동자만은 까만 산머루같이 빛났다-는 가지 않고 계
속 졸라댔다. 야단을 쳐도 소용없었다. 해가 거의 져서 이용 기구
를 정리하고 돌아서려는데 그 아이가 분무기를 가져가 자기 머리

에다 마구 물을 뿌려댔다. 이미 자기가 시작을 했으니 깎아달라는 뜻이다. 천진난만한 그 모습을 보며 우리는 터져 나오는 웃음을 참을 수 없었다. 그 아이도 계면쩍게 웃고 있었다. 그 아이의 간절함에 하는 수 없이 이용 기구를 다시 풀고 그 아이를 밝은 곳으로 데려가 머리를 깎아 주었다. 아주 흐뭇한 표정으로 만면에 웃음 짓고 뛰어가는 그 아이. 세상에 있는 행복을 모두 다 가져가는 듯했다.

'그래. 사람끼리도 간절히 바라는 바를 저렇게 강청하면 들어줄 수밖에 없는데, 사랑의 하나님께 우리가 원하는 바를 간절히 부르 짖으면 들어주실 수밖에 없으리라.' 그 아이한테서 큰 교훈 하나를 얻었다. '강청함'이 갖는 큰 힘을 새삼 깨달은 것이다.

해외 선교를 나갈 때마다 약간의 두려움이 있지만 우리는 오히 려 그들에게 더 큰 은혜를 받고, 선교의 사명감을 더욱 갖게 된다. 그 뒤로도 우리 교회 선교팀은 네팔에 가서 훌륭한 선교활동을 펴고 왔다. 현지의 박 선교사님은 메일을 통해 우리가 뿌린 복음의 씨앗이 군데군데에서 예쁘게 싹트고 자라는 중이라며 흐뭇해 하셨다.

"구하라. 그리하면 받으리니 너희 기쁨이 충만하리라"(요한복음 16:24)

행함이 있는 믿음

"절에나 가서 사세요."

위층 아주머니가 현관문을 쾅 닫으며 나에게 쏘아붙였다. 참 어이없는 일이었으나 참고 내려왔다. 층간 소음 문제다. 위층에 사는 초등학교 남자 아이가 시도 때도 없이 뛰는 게 아닌가. 게다가 밤늦은 시각에 피아노를 치는데 '아가야 나오너라. 달맞이 가자'란 동요곡만 계속 쳤다. 피아노를 배우는데 조금도 진전이 없는지 쳤다 하면 그 곡이다. '소녀의 기도'나 베토벤의 소나타를 연주해 주면 그래도 참을 만할 텐데…. 얼마 동안 참다가 용기를 내어 올라가 정중하게 말씀드린 결과로 받은 선물(?)이다.

장로인 나는 크리스천임을 의식해서 할 수 없이 작전을 바꾸었다. 선물 공세를 시작했다. 내가 쓴 책도, 교회의 전도 용품도, 여름엔 신선한 과일도 갖다드렸다. 엘리베이터에서 그 집 식구들을 만나면 정월 초하루 인사를 했다. 그리고 '늦은 밤에만 좀 조심해 줄 것'을 부탁했다. 처음에는 좀 나아지는 듯 했으나 시간이 흐르면 또 마찬가지였다. 작은 소리에도 꽤 민감한 나는 인내심에 한

계를 느껴 하나님께 이 문제를 놓고 기도를 했다. 이 즈음에 나는 터키의 한 대학의 초빙을 받고 출국하여 한 학기를 지내고 방학을 맞아 귀국하였다. 집에 돌아온 지 며칠이 지나도 조용하기에 알아보니 두어 달 전 이사했다고 한다. 참 다행이었다.

실화 한 토막. 노점 작은 과일 가게 앞에서 한 아주머니가 과일을 고른다. 크고 흠집이 없는 것을 고르는 것이 아니라 오히려 작고 못 생긴, 흠집이 있는 것을 골라 산다. 그것도 여러 차례나. 허리가 구부정한 가게 할머니가 이상히 여기고 묻는다.

"아주머니, 왜 그래요?"

"이래야 다른 사람이 좋은 것을 살 수 있잖아요."

이분이 목사 사모인 걸 알게 된 할머니는 말한다.

"그 예수 나도 믿고 싶소."

Y목사님이 쓰신 글이 생각난다. 심방 후 교회로 돌아가는데 노상에서 두 여자가 삿대질에 갖은 욕설을 퍼 부으며 싸움하는 것을 보았다. 그 옆에서 이를 보던 한 여자가 "집사님이 좀 참아" 하길래 좀 바짝 가서 보니 자기 교회 교인이 아닌가. 참으로 난감하여 얼른 그 자리를 떠났다. 옆에서 수근수근하는 말이 들리는 것 같았단다. '저러고도 신앙인이라고?'

어느 날, L목사님이 쓰신 책을 읽다가 크리스천 승객들이 항공회사 재산인 담요를 훔치고서도 자신이 도둑이라는 사실을 깨닫지도 못하는 현실을 개탄하신 내용을 보았다. 이야기의 전말은 이렇다. 여름방학을 이용하여 대학생들이 외국으로 단기선교 여행을 떠났다. 비행기 안에서 팀장이 선교단원들에게 항공사 담요를 가방에 몰래 넣고 내리라고 하였다. 선교지에서는 몇 시간씩 리무진 버스를 타고 장소를 옮길 때, 버스 안의 에어컨이 너무 강해 감기 들기가 십상이라고 하면서 말이다. 팀원들은 모두 담요를 가지고 내렸다. 주위 사람들, 비행기 승무원들은 이를 보고 어떻게 생각했을까? 선교지에 도착한 단원들은 버스 속에서는 훔친 담요를 덮고 이동하다가 버스에서 내려서는 예수 믿으라고 전도하였다. L 목사님은 개탄하신다. 그렇다면 그들에게 예수는 과연 누구이며, 또 그들에게 믿음과 선교란 대체 무엇이란 말인가.

세상 사람들은 기독교에 몸담고 있는 사람이면 무조건 개개인 하나하나를 모두 기독교의 대표선수로 보는 시각이 있다. 또, 부분을 가지고 전체를 평가하는 버릇이 있다. 그렇기에 위와 같은 경우, 기독교 전체에 찬 물을 끼얹는 결과를 가져 온다. 그러니 우리는 '내가 기독교의 대표선수'라는 생각을 늘 가져야 한다. 적어도 나 때문에 많은 믿지 않는 사람들을 하나님의 반대 세력 쪽으로 돌려놓는 어리석음을 범해서는 안 된다.

크리스천의 삶의 무대는 교회 안이 아니라 교회 밖이다. 세상 속에서 얼마나 크리스천답게 말씀대로 살아가는가가 중요하다. 그게 효과가 큰, 무언의 전도 방법이다. 행함이 따르지 않는 믿음은 아무 쓸모가 없다(약 2:20)는 말씀, 다시 곱씹어 볼 일이다.

작은 예수로서의 삶

요즈음 간헐적으로 하복부가 약간의 통증과 함께 불편했다. 식사 후 바로 허기지기도 하고 …. 5년 전 터키에서 맹장 수술 했던 곳에 이상이 있는지도 걱정이 되었다. 매사 앞당겨 걱정을 하는 내 성격에 더 참을 수 없어 영상의학과에 가서 복부 CT 검사를 받기로 했다. 가기 전 별 방정맞은 생각이 들었다. 하나님나라 가는 건 그리 섭섭하지 않는데 가기 전 병상에서 오래 있을까 봐, 아내와 자식들에게 누를 끼칠 봐 그게 늘 걱정이다.

구름이 잔뜩 끼어 마음까지 어두워진 날, 후배 장로가 소개해 준 의원에 9시 예약을 하고 찾아갔다. 일찍 도착하여 혹시나 하고 들여다보니 벌써 환자들이 서너 명이 있었다. 20여 분 정도 검사를 받는 동안 내 시선은 검사 의사의 표정 읽기에 바빴다. 검사 결과가 나오는데 한 시간이 걸렸다. 기다리며 간절히 기도를 했다. '하나님! 당신의 아들, 이 못난 녀석 아직 할 일이 남았습니다. 불쌍히 여기소서.'

원장 의사의 호명 소리를 듣고 걱정스러운 마음으로 진료실에 들어갔다.

"어서 오세요?"

인자하고 온화한 모습의 의사였다. 그분의 큰 책상 옆 벽에 부착된 '주님의 심장으로!'란 글과 함께 예쁜 삽화가 눈에 들어왔다. 잠깐 사이 방을 휙 둘러보니 내가 제일 좋아하는 성경 구절 '…주 앞에 영원히 있게 하옵소서'도 보였다. 순간 은혜가 충만한 공간으로 느껴졌다. 그래서 적이 마음이 놓였다. 그런데 영상 자료를 한참 들여다보며 고개를 갸웃갸웃하신다. 순간 걱정이 앞서며 숨이 멎는 듯했다. 얼마 후 그 분이 엷은 미소를 띠며 하는 첫 마디 말씀이다.

"아무리 찾아도 이상을 발견할 수 없는데 이렇게 오시면 내가 얼마나 피곤하겠어요?"

"감사합니다. 감사합니다."라고 인사가 연이어 급하게 나왔다.

"어디 이상한 데가 있어야 보험 처리를 할 수 있는데…."

"네?"

그 말의 뜻을 내가 선뜻 헤아리지 못했다. 별 이상이 없다는 말이었다. 그래도 이상한 데가 있어서 왔을 테니 초음파 검사와 엑스레이를 찍어보자고 하셨다. 세 가지 검사 결과를 놓고 쉽고 자세하게 설명을 해 주셨다. CT 검사에서 정상보다 훨씬 크게 늘어난 요관이 초음파 검사에서는 정상으로 나타난 결과를 보시고는 말을 이어가셨다.

"하루에도 감정의 기복이 심하신가요?"

옆에서 아내가 그 말이 끝나기가 무섭게 응대했다.

"아~ 네. 그래요. 제가 눈치 보느라고 힘들어요."

원장 선생님이 허허 웃으며 말씀하신다.

"더러는 마음가짐이 병을 부를 수도 있습니다."

'어떻게 내 성격까지 그렇게 잘 알아맞히는지?' 날보고 '건강 염려증 환자'라고 늘 놀리는 제자 의사의 말이 떠올려졌다. 원래 기록을 좋아하는 나인지라 원장의 말씀을 놓칠세라 부지런히 메모를 했더니 "쓰는 게 중요한 게 아니라 잘 듣는 게 중요합니다."라고 하며 계속 '노후의 건강관리'에 대한 특강으로 이어 나갔다. 뒤에서 대기하고 있을 환자에게 내가 미안할 정도였다.

원장실을 나와 간호사에게 물어보았다.

"혹시 원장님, 크리스천이세요?"

"네 천안 C교회 장로님이세요."

빙긋이 웃으며 크게 대답한다.

'그러면 그렇지.' 검사 담당 의사, 간호사, 접수처 직원, 모두가 친절하고 자상했다.

　병원 문을 나서니 날씨도 내 마음처럼 활짝 개어 있었다. 내 몸에 별 이상이 없다니 좋았고, 선한 영향력을 끼치는 크리스천 의사를 만나서 아주 흐뭇했다. 신앙의 내면화와 외향화의 교직(交織)이 매우 아름답게 이루어진 분. '작은 예수'. 이런 분이 도처에 필요하다. 각자가 삶에서 하나님 말씀을 실천하는 일 그게 우리에겐 가장 중요하리라.

　그분에게 어떻게 고마움을 표할까 생각하다 내가 쓴 책 두어 권을 드리기로 했다.

유관순의 인간적인 모습

지난 9월 28일은 유관순 열사가 순국하신 지 102년이 되는 날이다. 열사는 나라를 위해 한 몸을 바친 애국 소녀로 우리들 가슴 속에 아로새겨져 있다. 우리 민족의 영원한 횃불인 그분의 나라를 사랑하는 마음과 훌륭한 삶은 기독교 신앙을 떠나서는 말할 수 없다.

필자가 책임자로 있었던 유관순연구소가 그동안 열사에 관한 각종 기록문과 관련 인사들의 증언, 현장 탐방 등을 통해 유 열사의 일생을 살펴 본 결과를 보면 흔히 알려진 대로 초인성과 그에 따른 위업보다는 인간 유관순의 모습이 더 드러나 보였다.

유관순 열사와 이화학당에서 같이 생활하셨던 분으로 보각 스님(본명 이정수)이 계셨다. 1903년생으로, 대한불교 조계종 통일정사 주지 스님으로 계시다가 2006년에 입적하셨다. 그분은 이화학당 재학시절 기숙사에서 유관순과 그의 사촌언니인 유예도 등과 함께 같은 방을 5년 동안 사용하셨다고 한다. 2002년 우리 연구소 교수들은 두 차례 그분을 찾아뵙고, 장시간 대담을 통해 인간 유관순의 모습을 그려 볼 수 있었다.

"부지런하고, 하면 하고, 안 하면 안 하고. 그래서 별명이 '벼락 대신'이야. 꽃을 심어도 관순이네하고 우리 반이 가장 잘했지."

기숙사에서 공부를 다 마친 다음, 자기 전에 기도 종을 치면 방에 있는 사람들이 돌아가며 기도하는데 그 날은 유 열사의 차례였다. 기도 끝에 "예수 이름으로 빕니다." 라고 해야 하는데 "명태 이름으로 빕니다."라고 해서 모두 한바탕 크게 웃었다. 그 때 마침 기숙사 사감이 돌아다니다가 들어와서 심한 꾸중을 한 후에 문에 빨간 딱지를 붙였다. 그래서 한 친구가 "아이고 이 기집애, 왜 명태 이름으로 빈다고 했어. 예수 이름으로 빌어야지" 하니까 "며칠 전에 너의 어머니가 명태 반찬을 소포로 붙여주셨는데, 그게 하도 맛있어서 문득 그 생각이 나서 그랬지"라고 대답했다고 한다.

"3·1절 만세 운동 며칠 전이었지. 저녁밥을 먹고 나니 관순이가 무얼 한 보따리 싸들고 와 4층 강당으로 가자고 하더군. 그날 밤 촛불을 켜놓고 강당 한구석에서 찬 손을 불어가며 둘이서 태극기를 열심히 그렸지…."

유 열사는 거사에 쓸 태극기를 손수 그렸다. 태극기의 정확한 규격에 대해서는 아무도 알지 못했다. 그래서 태극은 밥공기를 엎어놓고 그렸고 팔괘는 정확히 알 수 없어 대충 흉내만 낸 채 그렸다.

"이렇게 만든 태극기를 오후 10시 취침종이 울린 후 기숙사 36개 방문마다 붙였어. 다음날 발칵 소동이 났지."

유 열사가 고향인 병천으로 내려가 만세 운동을 펼치고자 서울역에서 기차를 타고 가며 친구들에게 물었다. "얘들아, 이 기차 소리가 어떻게 들리니?" 그러니까 어떤 아이가 '동전 한 푼 동전 두 푼'하는 것 같다고 하였다. 그랬더니 유 열사는 "내 귀에는 '대한 독립 대한 독립'이라고 들린다."라고 하여 같이 가던 친구들은 모두 손뼉을 치고 "대한 독립! 대한 독립!"을 크게 외쳤다. 그랬더니 차장이 와 "학생들, 나 좀 살려 줘. 이렇게 하면 차가 통과할 수가 없어. 제발 마음으로만 하고 입으로는 하지 마. 나 잡혀가면 어떡해"하고 통사정을 했다. 그러나 그 아저씨 가자마자 또 "대한 독립, 대한 독립"을 불렀다.

유 열사가 3년형을 받고 서대문 형무소에서 복역 중, 감형이 되어서 나올지도 모른다는 이야기를 듣고 친구들이 한 푼씩 모아 옷을 맞추고 핀과 구두도 사고 하여 환영회 준비를 하고 기다렸다. 며칠 후, 기숙사 대문을 박차고 문을 열라는 소리가 들려와 문을 여니 썩은 내가 진동하는 시체를 두 사람이 들것에 가지고 들어왔다. 친구들은 밤새도록 운동장에서 통곡을 하며 잠을 못 잤다고 한다.

보각 스님은, 활발한 성품에 훤칠한 키(서대문 형무소 수형 기록표에 의하면 유 열사의 키는 5척 6촌으로 169cm였다고 함), 머리끝의 빨간 댕기, 검정 치마에 흰 저고리와 가죽신을 신은 관순이의 모습이 지금도 눈에 선하다고 하시며 끝을 맺으셨다.

이러한 증언을 통해서 우리는 인간적인 체취가 느껴지는 유관순의 모습을 새삼 깊이 느낄 수 있었다. 그래서 더욱 훌륭한 분임을 깨달았다.

시니어들의 글쓰기 공부

"교수님! 교회 홈페이지에 올린 제 글을 보고 많은 사람이 잘 썼다며 댓글도 몇 개 달아 주었어요."

강의실 입구에서 만난 87세의 L장로님이 소년 같은 미소를 지으시며 기뻐하신다. 장로님은 요즘 뒤늦게 글 쓰는 재미에 푹 빠져 교회 SNS에 가끔 '신앙 수상'을 올릴 정도로 열정이 넘치신다.

작년 연말부터 시내에서 주 1회 '시니어 글쓰기' 강의를 하고 있다. 퇴임한 동료 교수 한 분이 장소를 제공하면서 이를 부탁하여 응한 것이다. 수강 대상은 나와 띠동갑이신 87세의 은퇴장로님 두 분 등 우연히도 모두 신앙을 가진 분들이었다. 그래서 만나면 자연스럽게 '신앙'에 대한 이야기로 말문, 글문을 연다. 앞으로 '신앙 수상'의 성격을 띤 글들이 많이 나올 성 싶다.

이분들은 글쓰기를 자원하는 마음으로 시작은 했지만 '과연 이 나이에 글다운 글을 쓸 수 있을까?'하는 걱정이 많아 보였다. '열심히 쓴다고 해도 내 생각을 잘 나타내 다른 사람들에게 감동을 줄수 있을까'하는 의구심도 든다고 했다. 아무래도 연세가 드셔서(수강생 막내가 1953년생임) 통찰력, 감수성, 표현 능력 등이 문제가 되겠지만 무엇보다 그동안의 삶의 농축된 경험들이 훌륭한 소재가 되어 강점으로 작용할 것 같았다. "내가 살아온 날을 글로 쓰면 책 몇 권은 낸다." 노인들이 흔히 하는 말이다. 그만큼 이야깃거리가 많다는 뜻일 게다. 각자의 삶 속에 녹아있는 수많은 체험과 경륜은 소중한 글감이 되고, 웬만큼 쓰기만 하면 그 글을 읽는 사람들에게 재미와 감동과 깨우침을 줄 수 있으리라. 일정 기간 글 쓰는 방법만 익힌다면, '달콤한 몸부림'을 계속 하신다면 좋은 글을 쓸 수 있다는 믿음을 드렸다.

먼저, 기본적으로 필요한 다독(多讀), 다습(多習), 다상량(多商量)에 다록(多錄)을 강조하며, 그리 어렵지 않은, 좋은 수필을 소개하여 많이 읽도록 했다. 강의를 시작하며 두어 달은 문장 쓰기 공부를 했다. 우선은 비문(非文)을 쓰지 않도록 하는 게 중요하기 때문이다. 어느 정도 문장 훈련을 하고나서 꼭 단락 설계를 한 다음, 생각나는 대로 그 생각을 모두 써 나가도록 했다. 제임스 서버의 말-제대로 쓰려 말고 무조건 써라-을 믿고. 일단 쓰고, 마구 쏟아놓은 낱말들을 자르고, 옮기고, 붙이고 꿰매보는 방법을 소개했다. 한동안 이 방법을 쓴 후, 어느 정도 작품이 된 다음에는 합평하는 과정을 통해 글들을 다듬어나갔다. 그 과정에서 작품이 '되어감'을 스스로 깨닫고 흐뭇한 표정을 지으실 때 참 보기 좋았다.

그러나 한두 분은 중간에 포기하려는 듯하였다. 짧은 시간에 좋은 글을 쓰려고 하는 욕심이 문제였다. 또, 애써 잘 쓰려는 의식이

나 남에게 잘 보이려고 하는 마음이 너무 앞서서, 글을 치장하고 수식하는 일에 마음을 더 쓰시는 것 같았다. 그래서 이분들에게 한때 내가 겪었던 글쓰기의 좌절과 전문적으로 글을 쓰는 작가들이 토로하는 글쓰기 고충을 소개했다.

나도 수필계의 중견 작가 C선생의 '문학적 자전'을 읽고 나서 포기하려 했던 마음을 접고 계속 쓸 용기를 갖게 되었다. C선생 같은 분들은 아침 식사 후 커피를 드시며, 슬슬 쓰기 시작하면 누에고치에서 비단 실이 줄줄 나오듯이, 글이 되어 바로 한 편의 수필을 완성하시는 줄 알았는데, 의외로 대단한 산고(産苦)를 겪는다고 하셨다. 특히, '마음 자락 한 끄트머리를 수필이라는 고삐에 매어 두고 난 뒤부터 머릿속이 더 복잡해졌다. 반복되는 일상 속에 숨어 있는 단순함의 즐거움과 느리게 사는 여유로움을 잃어버렸다'는 부분에서 어쩌면 그렇게 당시의 내 마음을 잘 나타냈을까 하는 생각이 들었다. 그런 분도 그 정도라면 이제 초보자인 우리는 한참을, 정말 한참을 애써야 될 것이라고 시니어 분들에게 말씀드렸다.

모두 열심히 참여하신다. 공부하는 시간이 매우 즐겁다고 이구동성으로 말씀하신다. 서너 달이 지난 요즈음 신실한 신앙과 삶의 심오한 지혜를 엿볼 수 있는 작품이 보인다. 완성 작품이 쌓일 때마다 교학상장(教學相長)의 기쁨이 자못 크다. 욕심으로는 올해 연말쯤 이분들의 아담한 〈신앙 수상집〉이 세상에 나왔으면 한다. 상상은 현실이 되리라 믿는다.

강의가 끝나고 커피를 마시는 시간에 한 장로님이 고백하신다.

"정신 건강을 위해서도 책을 읽고, 생각하고, 글을 쓰는 게 참 좋은 것 같아요. 글쓰기는 치매나 우울증과 같은 것도 예방할 수 있고, 무엇보다 문우들과 친목을 다지고 정보를 교환할 수 있어 참 좋습니다."

살아온 흔적을 반추하고 멋진 2막의 인생을 준비하는 최고의 수단인 글쓰기. 시니어들에게 적극 권장하고 싶다.

찬송의 큰 힘

1994년 2월 마지막 주일예배 시간. 목사님의 설교 후 찬송가 301장 '지금까지 지내온 것'을 부르게 되었다. 2절 끝부분 '주의 손을 굳게 잡고 찬송하며 가리라'를 부를 때 갑자기 주체할 수 없이 눈물이 쏟아졌다. 그토록 원했던 대학 교수 임용을 앞두고 28년 동안 섬겨 온 교회를 떠나 새 둥지로 옮기게 되는 시점이었다. 그래서 마지막 예배 시간을 맞고 보니 영적 어버이이신 목사님과 교회, 그동안 사랑을 나눈 성도의 곁을 떠난다는 게 여간 섭섭한 일이 아니었다. 그 눈물의 의미는 물론 '감사'가 주종을 이루고, 떠나는 섭섭함과 새 둥지에서의 삶에 대한 설렘이었을 것이다. 더는 참을 수 없어 예배 중 밖으로 나와 실컷 울었다.

몇 년 전 이탈리아를 여행하면서 주일을 맞게 되었다. 신앙생활을 하는 우리 일행은 이동 중 관광버스 안에서 내가 준비해 간 예배 순서지에 의해 예배를 드렸다. 내가 대표기도를 한 후, 예고 없이 여행 가이드에게 특송을 부탁했다. 그분이 성악을 전공하는 유학생인 것을 알았기 때문이다. 그분은 주저하지 않고 찬송가 413

장 '내 평생에 가는 길…'을 불렀다. 가사의 내용이 그가 늘 추구하는 삶의 모습을 나타낸 것이라는 멘트와 함께 눈가에 촉촉이 젖은 눈물을 보이며 은혜롭게 불렀다.

우리 일행은 가이드의 찬송에 모두 큰 은혜를 받았다. 찬송을 부르거나 듣는 것이 때로는 가장 훌륭한 설교가 되기도 한다. 기독교에 대해 약간 부정적인 생각을 해 온 동료 Y씨는 그 찬송을 들으며 왠지 흐르는 눈물을 주체할 수 없었다고 했다. 그 이유를 물으니 소이부답(笑而不答)이다. 그 후 Y씨는 하나님을 가장 열심히 섬기는 하나님의 백성이 되었다. 찬송가 413장을 부를 때마다 그 여행 때 아름다웠던 모습이 떠오른다.

이 곡의 작사자는 19세기의 '욥'이라고 불리는 미국인 변호사 스팻포드이다. 1871년에 그의 첫째 아들이 네 살 때 성홍열(猩紅熱)로 사망하고, 몇 달 후엔 시카고에 커다란 화재가 발생하여 그의 전 재산을 잃고 말았다. 엄청난 시련 앞에서 스팻포드와 그의 가족은 휴식이 절대적으로 필요했다. 그래서 2년 후, 병약한 아내와 남은 네 딸과 함께 유럽여행을 위해 프랑스 여객선 빌르 드 아브르호에 승선하는 과정에서 스팻포드는 급한 일이 생겨서 배에서 내렸다. 그래서 가족들만 먼저 유럽여행을 떠나게 되었다.

그 해 11월 22일, 유람선은 영국 철갑선 로첸호와 정면 충돌, 침몰하여 단 30분만에 대서양에 가라앉고 226명이 사망했다. 스팻포드의 딸들은 모두 배와 함께 잠기고 아내만 물 위로 떠올라 구명정에 의해 구조되었다. 간신히 살아남은 그의 아내가 남긴 전보는

'Saved alone(혼자만 살아남았음)'.

충격 속에 아내를 만나기 위해 유럽으로 향하던 중 네 딸을 앗아간 비극의 사고지역을 지날 때 선장은 스팻포드에게 말했다.

"지금 이 배는 당신의 딸들이 잠긴 물 위를 지나고 있습니다."

그때까지 애써 잔잔함을 유지하려고 노력하던 스팻포드의 마음에 커다란 파도가 일어나기 시작했다. 깊은 그곳에 잠들어 있을 딸들을 생각하니 너무나 괴로웠다. 그는 선실로 돌아와 아픔과 슬픔으로 밤이 새도록 하나님께 울부짖었다. "하나님이 진정 살아계신다면 어찌 그리도 가혹한 일을 하실 수 있습니까?"

그는 방에 틀어박혀 두문불출하게 되고 주변 사람들은 그의 믿음이 혹시라도 실족할까 봐 걱정했다. 그런데 어찌 된 일일까? 절망하며 탄원하며 기도하던 스팻포드에게 갑자기 마음속 깊은 곳에서 형언할 수 없는 하나님에 대한 신뢰와 평안이 솟구쳐 오르기 시작했다. 그리고 그의 입술에서는 평생 경험해 보지 못한 평안을 고백하고 있었다. "평안해, 내 영혼 평안해. 하나님의 뜻이 이루어지리이다." 그는 두 손을 불끈 쥐고 중얼거렸다. "내 영혼아, 괜찮아. 괜찮아!"

그러고는 아침이 되자 그는 주님이 주시는 참되고 영원한, 그리고 사탄이 범접할 수 없는 평화 가운데 갑판에 앉아 시를 짓게 되었다. 그것이 바로 '내 평생에 가는 길'이다. 주님이 주시는 평안이 있었기에 그는 마음을 다잡을 수 있었다. 그 평안은 실로 환경을 초월하는 평안이다.

그 후, 나는 작사자의 이런 사연을 알고 부르니 더욱 은혜가 되었다. 우리의 가슴 속으로 파고드는 위로와 평화와 기쁨과 소망. 세상 그 어떤 것으로 이런 호사를 누릴 수 있을까?

감사의 분량이 행복의 분량

지난 해 12월 21일 저녁에 우리 교회에서 K집사가 인도하는 성탄 전야제 찬양 콘서트가 있었다. 그분은 B대학교 실용음악과 교수이며 찬양사역자이기도 하다. 같은 음악을 전공한 부인과 딸(고2)이 함께 출연하여 한 시간 정도 진행하였다. '특별한 딸을 통해 배워가는 사랑과 감사'가 주제였다.

그 예쁜 딸이 일찍 자폐 스펙트럼 진단을 받았다. 그 순간 부부는 하늘이 꺼질 것 같은 두려움과 절망 속에 빠졌다. 그러나 딸이 점차 성장하면서 엄마는, 오히려 사사건건 매순간 자기를 깨닫게 하는 선생님으로서 삶의 사인(sign)과 이정표 역할을 해주었기에 참으로 감사하다고 간증했다. 또한 부모를 양육시키는 하나님의 마음도 읽을 수 있었다고 했다. 아버지인 K집사는 그 딸 덕분에 우리에게 주시는 고통, 슬픔, 눈물도 다 의미가 있는 것을 깨닫게 되었고, 사람을 보는 시선에 여유가 생기고, 이해심이 깊어져 훌륭한 교수가 되었다며 딸의 존재가 고맙다고 했다.

이들의 간증이 모든 게 '원망'이 아닌 '감사'라니 이게 가당키나

한 말인가. 얼마나 신실한 신앙을 지녀야 '감사'로 여길 수 있을까.

간증 후 부부가 불러준 〈은혜〉는 가사도 은혜로운데다 환상적인 하모니를 이루어 눈물이 메마른 나도 눈시울을 적시게 되었다.

> 내가 누려왔던 모든 것들이
> 내가 지나왔던 모든 시간이
> 내가 걸어왔던 모든 순간이
> 당연한 것 아니라 은혜였소.
> …
> 모든 것이 은혜, 은혜, 은혜
> 한없는 은혜
> 내 삶에 당연한 건 하나도 없었던 것을
> 모든 것이 은혜, 은혜였소.

영국의 한 성직자는 말했다. 가장 위대한 성도는 가장 많이 기도하거나 가장 많이 금식하는 사람도 아니요, 늘 하나님께 감사하고 언제나 하나님을 찬양할 준비가 되어 있는 사람이라고. 감사하는 영혼은 접하는 모든 것을 복되게 만들기 때문이다. 참 맞는 말이다.

나는 날마다 잠자리에 들면서 하나님께 그날 있었던 감사의 내용을 낱낱이 아뢴다. 사소한 일들이 귀한 감사의 조건들임을 잘 안다. 음식을 잘 먹을 수 있음이, 잘 배설할 수 있음이, 잘 볼 수 있고, 말할 수 있고, 걸어 다닐 수 있고, 잠을 잘 수 있음이 모두 감사의 조건이다. 이른바 일반은총에 대한 감사만 드려도 시간이 꽤 걸린다.

시인 노천명은 〈감사〉라는 시에서 '저 푸른 하늘과 태양을 볼 수 있고, 대기를 마시며 자유롭게 산보할 수 있는 한, 충분히 행복하고 이것만으로 신에게 감사할 수 있다'고 노래했다. 이런 크나큰, 근원적인, 고마운 조건에 우리는 얼마나 감사하고 있는지? 따지고 보면 그 이상의 것은 모두 '욕심'이 아닌가도 싶다.

마치 광야를 지나갈 때 조그마한 어려움에도 하나님과 지도자 모세를 향하여 원망과 불평을 쏟아냈던 이스라엘 백성들처럼, 우리들도 조금만 내 마음대로, 계획대로, 생각대로 어떤 일이 안 되면 원망과 불평을 쏟아내며 살아가고 있다.

성경은 우리에게 감사하라고 수없이 말씀한다. '범사에 감사하라'고 한다. 특별한 상황과 조건에 의해서만 감사하는 것이 아니라 일상적인 상황과 조건에서 감사하는 것을 말한다. 감사는 조건이 충족되어야 하는 것이 아니라는 것이다. 조건이 충족되어야 가능하다면 감사는 사실상 불가능하다.

우리, 가끔은 '감사의 안경'을 써 보자.

프리드릭 레만 목사는 "그 크신 하나님의 사랑 말로 다 형용 못 하네. … 하늘을 두루마리 삼고, 바다를 먹물 삼아도 한없는 하나님의 사랑 다 기록할 수 없겠네."라고 노래했다. 세상의 행복은 통장 잔고에 비례하는지 몰라도 우리는 감사의 분량이 행복의 분량이라고 믿어야 하리라.

이름값 하기

중학교 때의 일이다. 미술 시간에 숙제로 해 온 내 수채화를 보시고 미술 선생님이 그림이 시원치 않다고 나무라셨다.

"'김기창'이란 유명한 화가도 있는데, 네 그림은 맨날 왜 그 모냥이냐?"

아주 창피했다. 당시는 남녀공학이었는데 그 많은 여학생 앞에서 공개적으로 망신을 시키시다니…. 쥐구멍이라도 찾고 싶었다. 그 후 미술시간과 그 선생님, 김기창 화백까지 미워지기 시작했다. 그 화백이 어떤 분이신가 궁금하여 알아보았다. 그분은 듣지도 말하지도 못하는 장애를 극복하고 한국 미술계에서 커다란 족적과 영향을 남긴 거장이셨다. 한때 그분은 우리 한국사회에서 '인간 승리'의 전형으로 통했다. 내가 그런 분과 같은 이름이라니….

대학 재학 중이던 1967년 가을, 나는 우리 교회 부흥강사로 오신 L목사님을 예배시간에 만났다. 그분은 설교 중에 맨 앞에 앉은 나에게 갑자기 이름을 물어 보셨다. 나는 '터 기(基)자에, 창성할 창(昌)자'라고 했더니 그분은 미소를 지으며 말씀하셨다.

"터가 창성할 것이라…. 이름이 참 좋으니 나중에 꼭 이름값을 하세요."

그 후 몇 년이 흘러 내가 박사 학위를 받고, 대학 교수가 되려고 기도하던 중, 그리도 원했던 기독교 재단의 학교에서 교수를 초빙한다는 신문 광고를 보게 되었다. 대학 강의 경험이 있고, 다수의 논문과 저서가 있어서 임용에 큰 기대를 갖고 지원서를 냈다. 면접을 보는 날, 떨리는 마음으로 그 장소에 가 보니 면접위원 세 분 중 한 분이 그 L목사님이셨다. 순간 참 반가웠다. 적이 안심이 되었다. 그 목사님께 내 이름을 물어보셨던 일을 상기시켜 드렸다. 그분은 그동안 어떻게 공부하고, 신앙생활은 어떻게 해 왔는지를 자세히 물어 보시고 몇 가지의 질문에 대한 내 답변에 만족을 표하셨다. 그리고 웃으시면서 꼭 이름값을 하라고 다시 말씀하셨다. 면접 결과가 좋아 바라고 기도했던 '대학교수'가 되었다. 하나님의 주도면밀한 계획으로 이루어진 일로 믿는다. 그동안 내 나름대로는 신앙생활을 열심히 한다고 했지만 내 이름값은 제대로 하지는 못한 것 같다.

자신의 이름값을 100% 완벽하게 하신 분이 있다. 그분은 예수 그리스도다. 예수는 '그리스도', 즉 '구원할 자, 구세주'라는 칭호를 가진 분으로, 십자가에 달려 돌아가심으로 죄인들을 구원하셔서 그 이름값을 톡톡히, 아주 확실하게 그리고 완벽하게 행하셨다.

또, '위로의 아들'이란 뜻의 이름을 가진 바나바도 소개할 만하다. 그는 그 이름의 의미처럼 만나는 사람마다 위로를 해주고, 비전을 제시하며, 주저앉았을 때 일으켜 준 사람이다. 어느 곳에서든지 어려움당하고 소외당한 자들의 편에 선 사람이다. 그래서 지금까지도 우리는 성경 속에 가장 착한 사람하면 '바나바'를 떠올린다. 그는 이름에 걸맞은 삶을 산 사람임에 틀림없다.

태어나면서부터 부여받은 이름은 평생 나를 따라다니는 존재이다. 그 이름에는 부모의 사랑, 바람과 기대가 고스란히 담겨 있다. 그만큼 이름은 '나'는 어떤 사람인지, 나는 어떻게 살 것인지의 도덕적 기대, 이정표인 셈이다. 부모는 아이가 그 이름이 가진 뜻처럼 충실하게 잘 살아가길 바랄 것이고, 당사자는 자신의 이름이 불리고 이름을 부를 때마다 그에 담긴 부모의 사랑을 기억할 것이다. 이름값을 하고 살기란 그리 녹록치 않다. 훌륭한 업적이나 명예로운 생애로 후대까지 이름을 떨치는 사람들도 많지만 부모의 기대를 저버린 채 오명을 남기는 이들도 적지 않다. 제각각 주어진 위치에서 제몫을 묵묵히 실천하고, 나눔과 섬김과 봉사의 삶으로 남을 배려하는 사람들이야말로 이름값을 톡톡히 하는 게 아닐까.

기회가 오기만 하면…

흰 눈이 하염없이 펄펄 내린다. 아내가 갖다 주는 따끈한 커피를 마시며, 며칠 전 부인을 하늘나라에 보내고 큰 슬픔에 잠겨 있을 외우(畏友) L형에게 위로의 글을 띄운다.

"L형! 저 고요한 하늘나라에서 안식하고 계실 형수님의 모습이 환하게 그려집니다. … L형! 힘 내십시오."

지난 섣달 그믐날, L형의 부인이 향년 72세로 하나님의 부르심을 받았다. 담낭암을 늦게 발견하여 그 여파로 뇌경색이 생겼고, 입원 치료 중 급성폐렴으로 결국 하늘나라에 가게 된 것이다.

문상을 가면서 영정 앞 위패에 뭐라고 씌어 있을까 은근히 걱정이 되었다. L형이 아직 신앙생활을 하지 않기 때문이다. 빈소에 도착해 보니 '聖徒 ○○○'이라고 씌어 있었다. 참 반가웠다. 후에 사연을 들으니 망인은 딸의 간곡한 권유로 임종 몇 시간 전에 주님을 구세주로 믿고, 영접하며 그동안 신앙생활을 하지 못한 것을 뉘우치기도 했다고 한다. 하나님께서 하나님의 때에 하나님의 방법으로 그를 당신의 자녀로 삼으신 것이다.

이 집안에는 하루도 거르지 않고 새벽기도회에 가서서 눈물로 기도하신 망인의 시모 (고)Y권사님이 계셨다. 그분이 심어놓으신 깊고 튼실한 신앙의 뿌리가 있는데 안타깝게도 그 신앙을 이어받은 자녀는 없다. 대를 건너서 망인의 딸과 사위만 신앙생활을 잘하고 있다. 사랑하는 딸이 기독교식으로 치르자고 강력하게 주장하고, 나도 그게 좋겠다고 했더니 평소 내 말을 잘 들어주는 친구인지라 그렇게 하자고 했다. 나는 이번이 이 집안을 전도하는 데, 신앙을 갖게 하는 데 좋은 기회라 여기고, 집례하시는 목사님께도 그 말씀을 드렸다.

L형은 신앙생활을 하지 않지만 딸이 다니는 시골 교회를 가끔 찾아가 물심양면으로 돕고 딸네 가족의 신앙생활을 격려해 주기도 한다. 해마다 농사지은 수확물을 잘 포장하여 시내 장애가정에 보내는 등 선행도 많이 한다. 성경 지식도 대단하다. 동창회에서 나에게 예고도 없이 동창들을 위한 대표기도를 부탁한 적도 있다. 나는 이 친구를 전도 대상으로 삼고 나름대로 장기전 작전을 짜고 그대로 서서히 실행하며 꾸준히 기도를 해 왔다.

친한 친구를 전도하기가 참 쉽지 않다. L목사님 글이 생각난다. 그리스도인이 믿지 않는 자에게 성경을 주어도 그들은 쉽사리 읽지 않는다. 그들에게는 다른 성경이 있기 때문이다. 바로 그리스도인들의 삶이다. 그들은 언제나 그리스도인들의 삶이 그들과 무엇이, 어떻게 다른지를 살핀다. 다른 점이 확인될 때 그들은 성경 속에 있는 말씀을 믿기 시작하는 것이다. 이런 면에서는 나는 자신이 없다. 하지만 그리스도인의 구별된 삶을 살려고 노력하고 있다.

나는 자진하여 발인 예배 때 기도를 했다. 믿지 않는 분들이 많이 참석할 것을 알고 의도적으로 기도문에 우리 기독교의 죽음관을 넣어 강조했다. 믿는 자의 죽음은 공포나 두려움의 대상이 아니라 이 세상 저 너머에 있는 하늘 본향으로 가는 입구라는 사실. 곧, 이 땅에서의 삶의 끝은 천국에서의 새로운 삶의 시작이고, '죽음'이라는 관문을 통과하지 않고는 그곳에 갈 수 없기 때문에 우리는 세상 사람들의 임종과는 달리 소망을 갖는다는 진리를 확신시키고 싶었다. 또, 나그네 같은 이 땅에서의 삶은 고통과 질병과 환란의 연속이요, 하나님께서 허락하신 안식의 세계는 근심, 걱정 없는 복된 나라라는 것도 강조했다.

장례의식을 집례하신 목사님도 은연 중 기독교의 생사관을 강조하시면서 몸이 아프면 세상 일로 아무리 바빠도 병원을 찾듯이 그와는 비교할 수 없이 중요한 영혼을 위해서는 누구나 꼭 교회에 나가 예수 믿는 생활을 해야 한다고 강조하셨다.

기독교식으로 5일장을 치렀으니 그 긴 시간 동안 빈소에서의 전도 영향력이 얼마나 있었을까 알 수 없지만, 하나님이 역사하시면 얼마 후에 그 친구가 "어이 친구! 오늘 같이 교회 갈까?"하는 날이 올지 모른다. 기대하며 기도한다.

누가 봐도 예수쟁이
-『그 청년 바보의사』를 읽고-

누가 봐도 그는 예수쟁이였다. 분명 세상과 구별된 사람이었다. 예수님께 우선순위를 두는 흔들리지 않는 믿음으로 이 땅에서 예수님과 똑같은 33년을 살다 하나님 품으로 갔다. 그는 참으로 훌륭한 신앙인이었다.

안수현이 쓰고 이기섭이 엮은『그 청년 바보의사』를 또 읽었다. 안수현은 의사 겸 수필가이자 칼럼니스트이다. 그가 군의관으로 복무 중일 때 사격훈련 지원을 나가 병사들과 풀밭에서 식사를 하고나서 유행성출혈열에 감염되었다. 응급실로 실려온 후 보름이 지난 2006년 1월 7일, 하나님 나라로 떠났다.

그는 공부보다는 늘 신앙이 우선이었다. 재수를 할 때에도, 의대에 진학해 시험을 앞둔 전날에도 예배에 빠진다는 생각을 한 적이 없었다. 병원 일을 하면서도 주일을 지키려고 동료들과 시간을 바꾸어 가며 야간 당직을 서기 일쑤였다. 의약분업 사태로 의사들이 파업을 할 때, 그는 왕따를 당하면서도 끝까지 병원을 지켰다.

자신에게 주어진 환자를 돌보는 것이 우선이라고 생각했기 때문이다.

가방 속과 의국 책상 위에는 기독 서적과 CCM 카세트 음반을 늘 준비하고 교회 후배, 병원 동료, 환자들, 심지어 환자들의 가족들까지 가리지 않고 그들에게 필요하다 싶은 책과 찬양 테이프를 선물했다. 서점에 가면 보통 40%는 자기 책을, 60%는 다른 사람에게 줄 책을 구입하는데, 일 년 동안 300권 정도를 선물했다고 한다. 필요한 사람에게 필요한 책(음반)이 흘러가는 것은 하나님의 뜻이 이 땅에 실현되게 하는 또 하나의 길이라고 믿었기 때문이다.

그는 하나님의 가르침에 따라 의술을 펼쳤기에 여느 의사들과 달랐다. 몸의 병만 치료하는 게 아니라 환자들의 마음까지 깊이 헤아릴 줄 아는, 그야말로 '참 의사'였다. 환자의 손을 붙잡고 울어주고, 돈이 없는 환자를 위해 병원비를 대신 지불하며, 한번 인연을 맺은 환자를 끝까지 살폈다. 환자들과 마주할 때면 늘 "많이 아프세요?", "빨리 처치 못해줘서 미안해요"라며 인정어린 관심을 보이고, 밤이면 병원을 돌며 맡은 환자들을 붙잡고 조용히 이렇게 기도했다.

"여호와 라파 치유의 하나님, 우리 A환자 분의 병을 낫게 하여 주십시오. 좀 더 시간을 주셔서 사랑하는 가족들의 얼굴을 한 번이라도 더 보게 하여 주시고, 무엇보다 예수님을 믿고 신앙을 고백하게 하여 주십시오. 저는 치료만 할 뿐이니, 우리 주님께서 몸과 영혼을 깨끗하게 치유하여 주실 것을 믿습니다. 예수님의 이름으

로 기도합니다.”

환자들은 의사 가운을 입은 예수님을 만났다는 착각을 불러일
으킨다. ‘그가 믿는 예수라면 나도 한번 믿고 싶다’는 환자의 고백
이 이어진다. 현대의학의 아버지라 불리는 윌리엄 오슬러(William
Osler)는 ‘훌륭한 의사는 병을 치료하지만, 위대한 의사는 환자를
치료한다’고 했다. 안수현의 처방은 누가 봐도 환자를 치료하는 최
고의 명약이었다.

위선적인 크리스천의 행태를 철저히 경계한 그는 “우린 믿는 자
의 모임 안에서는 ‘착하고 충성된 종’일 수 있지만, 바깥에 나가면
도움이 필요한 ‘작은 자’를 무시하고 지나치는 ‘바쁘고 악한 종교
인’이 될 수 있다”라며 교회 안의 친한 크리스천들끼리만 상대하고
교제하는 영적인 도색(桃色)은 그쳐야 한다고 강조한다.

그를 추모하는 K 교수의 시가 잔잔한 감동을 준다.

···하나님을 삶의 비전으로 삼고

예수의 흔적을 자신의 몸에

아로 새기며

성령의 인도하심을 따라

진리의 구도자로

사랑의 전파자로

백 년을 살아도 의미 없게

살 수 있는 인생을

짧은 만큼 더욱 가치 있게

잘 살아온….

안수현! 그는 서른세 살의 나이로 짧은 생을 마감했지만, 예수님의 흔적(Stigma)을 이 땅에 남겼고, 헨리 나우웬이 말하는 예수 그리스도를 기억하는 '살아 있는 기억 매체(The Living Reminder)'가 되었다. '진정한 섬김'이 무엇인지를 온몸으로 보여준 그의 삶은 우리에게 뭉클하고 진한 감동을 안겨주면서, 우리 자신의 삶을 되돌아보게 한다.

중보기도의 힘

　김수환 추기경님의 '기도'에 관한 재미있는 일화가 떠오른다. 임신 중인 한 유치원 교사가 지병 때문에 자신의 생명과 태아의 생명 둘 중의 하나를 선택해야 할 처지가 되어 추기경님에게 기도를 부탁했단다. 추기경님은 임산부와 태아 둘 다 살려달라고 오랫동안 간절히 기도하신 후 마지막에 "하나님! 사람들은 추기경이 기도하면 하나님께서 다 들어주는 줄 알아요. 제 체면을 봐서라도 저들을 살려 주세요."라고 마무리 지으셨다고 한다.

　몇 년 전 여름, 교회 사무실에 들러서 차 한 잔을 마시고 있을 때, 연세가 지긋하신 여 전도사님이 대여섯 살쯤 된 남자 아이를 데리고 오셨다, 갑자기 몸을 틀고 땀을 비 오듯 흘리며 아파하니 기도를 해 달라고 하셨다. 마침 목회실에 근무하는 모든 분은 여름성경학교 준비물을 사러 외출 중이셨다. 나는 당황했지만 거절할 수가 없었다. 순간, 글머리에서 말한 추기경님의 기도 이야기가 생각났다. 어찌 감히 추기경님 기도에 견줄 수 있을까만은 '장로'의 기도 응답을 믿고 부탁하신 노(老) 전도사님의 간절한 마음을 읽고 나는 아주 절실한 심정으로 기도했다. 가뜩이나 더운 여름 오후, 비 오듯 땀을 흘리며.

20여 년 전, 이런 일도 있었다. 큰아들이 라식 수술을 하게 되었는데, 그때만 해도 지금처럼 그 수술이 일반화되지 않았을 때라 무척 걱정이 되었다. 아이를 수술실에 들여보내고 간절한 마음으로 두 손을 모았다. 그래도 마음이 진정되지 않아 전화로 급하게 담임목사님께 기도를 부탁드렸다. 목사님께서 전화기를 통해 간절히 기도를 해 주셨다. '아멘' 소리가 저절로 크게 나왔다. 그 비대면(?)의 중보기도 응답으로 수술이 무사히 끝났다.

중보기도(仲保祈禱)는 '이웃을 제 몸처럼 사랑하라'하신 주님의 계명을 실천하는 첫 걸음이고, 크리스천이 남에게 줄 수 있는 최고의 사랑과 선물이다. 성경에 나오는 대표적인 중보기도 인물은 아브라함이다. 창세기 18장에 잘 나와 있다. 중보기도는 남을 위한 배려이며 자신의 복을 다른 이들과 나누는 것이라는 점에서 아브라함이 나그네의 모습으로 보내주신 세 천사를 극진히 대접한 것이나 멸망당할 소돔과 고모라를 위하여 기도한 것은 모두가 중보기도이다. 전자가 사람의 필요를 공급해주는 수평적 형태라면, 후자는 이웃을 대신하여 하나님께 아뢰는 수직적 형태이다. 그런 점에서 중보기도는 또 다른 모습의 큰 이웃사랑이다.

교회의 금요 심야기도회 때 나는 중보기도를 열심히 한다. 다른 사람의 문제를 나 자신의 가장 간절한 문제로 여기고, 반드시 응답되리란 믿음으로 끈기 있게 간구한다. 이런 기도 시간을 통해 하나님께서는 내 사랑의 용량을 넓혀 주신다. 덕분에 내 기도의 영력이 깊어간다. 우리 구역과 교회, 학교, 지역, 사회, 나라로 기도의 범위를 넓히며, 기도의 대상을 가족으로는 90세를 훌쩍 넘기신 장인어른부터 5세의 어린 손녀까지, 특별히 나에게 기도를 부탁한 분들까지 일일이 거명하며 기도한다. 특히, 어려운 가운데 하나님의 지경을 넓히는 큰 수고를 하는 T국의 C선교사와 M국의 K선교사를 위해 시간을 가장 많이 들인다. 현지에서 좋은 소식이 올 때마다 기도의 보람을 만끽한다. 하나님 뜻대로 구하면 응답받는 것이 기도의 원리다. 더구나 자신에게 주어진 복을 함께 나누려는 자세로 이웃을 위해 기도할 때, 그 응답은 보장될 수밖에 없다.

중보기도를 생각할 때마다 L목사님의 말씀이 머리에 맴돈다.

'그대 기도 속엔 몇 사람이나 등장하고 있는가? 만약 그대의 기도가 그대 자신과 가족 이외에 그 누구도 품고 있지 못하다면, 그대는 현재 누구와도 더불어 살지 못하는 외톨이에 지나지 않는다.'

이제 그리스도인들은 이 시대를 향해서, 나의 주변 사람들을 위해서, 하나님 나라를 위하여 하나님께서 시키시는 중보기도에 더욱 눈을 떠야 할 때이다. 중보 기도를 더욱 열심히 하여 '축복의 통로'로, '복의 분배자'로 더 쓰임을 받고 싶다.

두 분의 스승을 기리며

해마다 '스승의 날'이 되면 두 분 어른이 생각난다. 나의 영적인 스승 L목사님과 학문적인 스승 C장로(교수)님이다. 하나님께서 선택과 만남을 선하게 인도하셨기에 두 분의 가르침을 받고 지금까지 역경과 시련, 고통을 잘 이겨내고 복된 삶을 누려왔다.

1966년, 시골에서 고등학교를 졸업하고 향학열(向學熱)을 잠재울 수 없어 별 대책 없이 상경했다. 학비가 저렴하고 졸업 후 취직이 보장되며 가정교사 자리를 쉽게 구할 수 있는 교육대학교에 진학하려고 입학시험을 치렀다. 다행히 합격이 되었다. 다니던 시골 교회 목사님의 추천으로 곧바로 P교회에 등록하여 L목사님을 만났다.

L목사님은 말씀이 참 은혜로웠다. 한 주간을 정신없이 바쁘게 지내다가 주일 교회에 가서 예배를 드리고 나면 고단한 삶이 치유가 되고 새로운 한 주간을 살아갈 새 힘을 얻게 되었다. 설교를 하실 때 성경에서 성경으로 말씀이 계속 이어져 '그게 사실일까?'하고 메모를 하여 성경을 찾아 본 일도 있었다. 그만큼 성경에 통달

하신 분이셨다. 우리에게도 '말씀을 읽어야 하나님의 음성을 듣고, 하나님의 모습을 보며, 하나님의 능력을 확인할 수 있다'고 하시며, 일정한 시간과 장소를 정하여 날마다 성경 읽는 것을 강조하셨다.

목사님은 삶의 기쁨과 보람, 힘의 공급은 훌륭한 가정에서 시작되고, 삶의 뿌리를 믿음의 가정에 깊이 둘 때 그 인생은 좋은 생애가 될 수 있다고 하셨다. 또, 일찍이 〈효도 십계명〉과 〈부부 십계명〉이란 책을 쓰시고 이를 통해 이상적인 크리스천 가정생활을 역설하셨다. 한편, '나사로 교회'를 운영하시면서 불우한 이웃분들에게 식사를 제공하고 일감을 만들어 주셨으며, 가정 형편상 진학이 어려운 청소년들을 대상으로 야학도 운영하셨다. 교육자의 길을 걷는 나에게 '스승 있는 제자, 제자 있는 스승'이 되라고 강조하셨다.

나는 박사학위 과정을 수료하고 논문을 쓰기 시작했을 40대 초에 장로 임직 후보가 되었다. 목사님을 찾아뵙고 학위를 받을 때까지 장로 임직을 미루어 주십사 하고 간청을 드렸다. 목사님은 '삶의 우선순위'와 '하나님의 뜻'을 가볍게 여긴다고 심하게 꾸중을 하셨다. 그 후 '하나님의 뜻'이 내 신앙생활의 키워드가 되었다.

학부와 대학원 박사과정 지도교수이셨던 C장로님의 은혜를 잊을 수 없다. 2년제 교육대학을 나와 교직에 있으면서 늘 공부를 더 하고 싶은 마음이 있었다. 하나님의 은혜로 그 꿈이 31세에 이루어졌다.

　　편입 후 교육대학교 선배인 교수가 계시다는 말을 듣고 큰 힘을 얻었다. 그분의 첫 강의 시간. 자그마한 키에 융통성 없어 보이는 그분은 간단한 인사 후 바로 강의를 시작하셨다. 해박한 지식과 달변, 독특한 강의 방법은 우리를 놀라게 했다. '그래 저분이 가신 길을 따라가자.' 그분이 걸어가신 길을 그대로만 따르면 뭔가 이룰 것 같은 생각이 들었다. 추석 명절을 맞아 장위동에 있는 그분 댁에 인사를 드리러 갔다. 벽면 전체를 가득히 채운 책! 조그만 도서관 같았다. "와우" 내 미래를 머릿속에 담아왔다.

　　그 교수님은 평생 학문의 스승, 든든한 버팀목, 삶의 안내자가 되어 주셨다. 엄(嚴)과 자(慈)로 학문의 길을 이끌어 주셨다. 학연으로는 학부 4년 선배, 석사과정 선배이고, 시차는 있지만 중국 중앙민족대학과 터키 에르지예스대학의 초빙교수로 근무한 경력도 같다. 지연으로는 동향(同鄕)이다. 무엇보다도 시골 태생, 가난, 교육대학교 출신, 지칠 줄 모르는 향학열 등의 공통점이 있어, 롤모델로 삼기에 딱 좋았다. 그분은 폭넓은 독서, 시간 아껴 쓰기, 대학

보직에 욕심 갖지 말기, 수준 있는 논문 쓰기, 새로운 연구 방법 찾기 등을 강조하셨다. 뵐 때마다 "잘 되어가?"하시며 은근한 압박과 함께 선한 스트레스를 주셨다. 교수님과 네 권의 책도 함께 쓰고, 사은(謝恩)의 마음으로 교수님의 화갑 기념 논총, 정년기념문집을 간행하는 일을 주도적으로 해드렸다.

이제 뵈온 지 44년째가 된다. 지금도 주 1회 정도 만나 뵙고, 차를 나누고 식사를 하는 시간을 가지며 신앙생활에 대한 이야기, 노후의 삶에 대한 이야기를 나눈다. 또, 연 3~4회 정도 함께 국내 여행을 한다. 더욱 건강하셔서 복된 삶을 사시길 기도드린다.

나는 위의 두 분을 평생의 롤모델로 삼고 살아왔다. 이 두 분은 삶의 방향을 제시해 주셨고, 나에게 지속적인 자극을 주셨으며, 오랫동안 나를 이끌어 주셨다. '스승의 날'을 맞아 두 분께 마음을 다한 감사를 드린다.

아름다운 떠남

아산에 사는 친구가 별세했다는 소식이 들린 후 얼마 지나지 않아 의사 친구인 Y군이 하늘나라에 갔다는 부음을 들었다. 이제 희수(喜壽)를 바라보는 나이인데도 세상을 떠난 친구가 벌써 여럿 있다. 이젠 슬슬 '죽음'에 대한 생각을 해야 할 때가 온 듯하다. 이른바 '웰다잉(Well Dying)'에 대한 관심이다. 죽음은 언젠가는 우리 모두가 맞닥뜨려야 할 실제적 사실이기에 이에 대한 진지한 생각도 필요하리라.

기독교는 부활의 종교다. 그래서 죽음이라는 두려움과 공포, 절망과 슬픔을 초월하여 부활의 새로운 세계로 나아가게 될 것이란 신앙은 우리에게 매우 중요하다. 이런 신앙으로, 이 땅에서의 삶을 의미 있게 정리하며, 죽음을 순리로 받아들이신, 모범적인 권사님 한 분을 소개한다. 내가 늘 존경하는 S목사님의 어머니 J권사님이시다.

J권사님은 만 86세(1923~2009년)의 일기로 천국에 가셨다. 소천 받으시기 엿새 전 주일 낮 예배를 마친 후 모든 성도들과 환한 모

습으로 일일이 인사를 나누시고 수요일 저녁예배도 참석하셨다. 그리고 평소에 소원하신 대로 토요일 새벽에 주무시다가 조용히 주님의 부름을 받으셨다. 장례예배에 참석한 모든 분들은 한결같이 '성도의 복된 죽음'의 참된 의미를 다시금 깊이 깨달았고, 권사님의 41명의 자녀 손들은 장례예배를 드리면서 감사의 눈물을 뜨겁게 흘렸다고 한다. 특별히 18명의 손자들과 손녀들이 할머니에게 드리는 편지를 할머니의 시신을 담은 관에 넣어 드려서 화제가 되었다고 한다.

권사님은 39세 때 막내아들이 돌이 되기 전, 남편을 천국으로 보낸 후, 험난한 인생길을 걸으며 시편 23편 1절 말씀 위에 굳게 서서 숱한 고난과 역경을 오직 믿음으로 이겨내셨다. 그래서 5남 2녀 일곱 자녀를 잘 길러 모두 목사, 장로, 목회자 사모 등 하나님의 충성스러운 일꾼이 되게 하셨다. 힘든 인생길에서도 낙심하지 않고 오직 주님만을 바라보면서 말씀을 읽고 쓰기, 기도와 찬양, 그리고 성가대 반주자와 대원 및 주일학교 교사 등의 교회 봉사로 일관된 삶을 사셨다. 권사님은 1994년 미국 기독여성협의회에서 주는 '장한 어머니 상(賞)'을 받아 교포사회에서도 존경을 한몸에 받는 모범적인 어머니 상(像)이 되셨다.

권사님은 장례예배(입관예배, 천국환송예배, 하관예배)에서 부를 찬송가까지 기록해 놓으셨고, '믿음. 소망. 사랑', '이 세상은 잠깐이요 주님의 나라는 영원하다'라는 글을 묘비에 적어주길 부탁하셨다. 돌아가신 후 권사님의 옷장에서 발견된 글(2007년 6월 23일에 쓰심) '나의 사랑하는 자녀들에게 남기고 가는 다섯 가지의 말'-자손 대대로 하나님을 잘 섬기는 가정이 되길 등-은 모든 자녀들에게 큰 감동을 주며 헌신을 다짐하게 했다.

권사님은 하늘나라에 가시기 이태 전 8월 어느 날, 성경 넉 장을 암송하신 것을 녹화해 두셨다고 한다. 먼저, 시편 103편 암송을 통해 하나님을 송축하셨고, 이어서 로마서 12장 암송을 통해 자녀들에게 이렇게 살아야 한다는 것을 가르쳐 주셨다. 그리고 요한계시록 21~22장 암송을 통해 천국에 대한 소망을 보여주셨다. 이토록 철저히 자신의 죽음을 준비하신 권사님의 마지막 생애는 웰다잉 혹은 웰엔딩의 진정한 의미를 깊이 깨닫게 하셨다.

80평생을 오직 주님을 향한 믿음으로 걸어가신 인간 승리의 표본, 말씀 묵상과 실천, 쉼 없는 기도, 꾸준한 봉사활동에 온 힘을 쏟으신 신앙의 어머니 J권사님! 그분에게 '거룩한 죽음' 혹은 '아름다운 떠남'이라는 찬사를 드리고 싶다. 이루 형언할 수 없는 천국의 영광 가운데 거하고 계실 자랑스러운 권사님을 떠올려본다.

첫 시간을 주님께

"장로님! 오늘 새벽에 안 보이던데 무슨 일이 있었슈?"

고희(古稀)가 다 되신 사감(舍監) H목사님이 나를 보자 의아하신 표정으로 말씀하신다. 전날, 밤늦게까지 강의 준비를 하고 집에 돌아와 새벽에 미처 일어나지 못한 것이다.

"아이구, 죄송합니다."

근무했던 대학교가 개교한 1994년 당시, 교내에 있는 '대학교회'에는 장로가 나 혼자뿐이어서 매주 예배 대표 기도를 하고, 근무 중에 담임목사님과 함께 심방도 하며, 교회의 몇 개 위원회 일도 맡아 하는 등 교수와 장로의 일을 겸하여 하느라 매우 힘들었다. 이런 이유로 절대시간이 부족하여 가끔 새벽기도회에 나가지 못할 때가 있었다.

H목사님은 '장로는 새벽기도회에 꼭 참석해야 한다'는 고정관념이 있으셔서 나는 상당한 스트레스를 받았다. 실은 새벽기도회 참석하는 게 생활화되지 않은 것이 부끄럽기도 했다. 새벽기도회에 나오지 못한 날은 H목사님을 피해 다니기까지 했다.

　새벽기도회에 나간 지 여섯 달쯤 되니 생활의 리듬이 잡혀 큰 부담감 없이 꾸준히 나갈 수 있었다. 이를 가장 반기시는 분은 어머님이셨다. 하루도 빠지지 않고 새벽기도회에 나가고 싶으셨는데 그동안 차마 나에게 말씀을 못하신 것이다. 기도 후 귀가하여 식사 전까지 두 시간을 잘 활용했다. '아침형 인간'으로 바뀐 것이다. 아침의 한 시간은 낮의 세 시간이란 말이 실감 났다. 쓸 만한 아이디어도 샘솟고, 잊고 있던 감성도 되살아나 글도 잘 써지며, 맑은 정신이라 독서에도 능률이 올랐다. 또, 결정이 망설여지는 일들도 그 시간엔 바르게 판단할 수 있었다.

　당시 나는 아내의 직장 관계로 주말 부부로 지냈다. 겨울을 맞이한 어느 날, 차에 서린 서리를 긁으며 새벽 기도회에 가는 것을 본 아내가 이를 안쓰럽게 여기고 지하 주차장이 있는 아파트로 이사를 하자고 했다. 그러면서 망설임 없이 인근의 부동산에 들어가 계약을 했다. 작은 물건 하나 사는데도 이모저모 따져보는 나에게는 굉장한 충격이었다. 경제적으로 무리한 일이었으나 목적이 선한 데 있으니 집을 옮기는 일이 순조롭게 이루어지리라는 확신이 왔다. 그 후 바로 이사하여 지금까지 이곳에서 살고 있다.

정년퇴임 후 튀르키예의 한 대학의 초빙을 받아 4년 동안 해외에 나가 있었고, 이어서 코로나 사태를 맞아 새벽기도회 생활 리듬이 깨어졌지만 곧 회복되리라 믿는다.

새벽기도는 한국교회의 독특한 기도 양식으로, 우리나라 교회가 세계에서 유래를 보기 힘든 부흥을 이루는데 큰 원동력이 되었으며, 세계교회에 기도하는 한국교회의 모습을 보여주는 자랑거리이기도 하다. 하루를 시작하는 새벽에 주님과 대화하는 것은 참으로 귀한 일이다. 새벽은 낮 시간보다 조용하고 정신이 맑아 집중이 잘 되는 시간이다. 그래서 하나님의 세미한 음성을 들으며 하나님과 깊은 교제를 나누기에 참 좋다. 예수님은 그 비밀을 이미 아셨기에 새벽 미명에 기도하셨다. 믿음의 사람들은 다 새벽에 기도의 제단을 쌓았다. 기도의 용사 다윗과 그의 사람들은 시편 곳곳에서 새벽에 기도한다는 것을 말했다.

"새벽 아직도 밝기 전에 예수께서 일어나 나가 한적한 곳으로 가사 거기서 기도하시더니"(마가복음 1:35)
"하나님이 그 성 중에 계시매 성이 흔들리지 아니할 것이라 새벽에 하나님이 도우시리로다"(시편 46:5)

M변호사의 새벽기도에 대한 간증 말씀이 마음에 와 닿는다. 다

디단 잠을 깨우고, 포근한 잠자리를 뒤로 한 채 새벽에 나아와서 하나님 앞에 서면, 하나님의 은혜가 채소 위에 단비처럼, 마른 땅 위에 단비처럼 촉촉이 내리는 체험을 할 수 있었다. 기도에 깊이 들어가서 뜨겁게 기도하면, 성령이 폭포수처럼 한량없이 쏟아지는 체험을 할 수 있었다는. 나도 늘 이런 경지에 들어가고 싶다.

오늘도 새벽기도 길에 나서며 L목사님의 말씀을 되새긴다.

"새벽을 재촉하십시오. 새벽을 딛고 일어서십시오. 잠든 자에게는 아무 일도 일어나지 않습니다."

제자 장로 자랑

　　45년 전 초등학교에서 내 가르침을 받은 제자 김 박사는 교회 장로로 치과의사이다. 3대째 장로를 이어 오고 있는 대단한 신앙의 가문에서 자랐다. 그는 현재 서울 명동에서 큰 치과 병원을 운영하고 있는데, 그 병원은 부인이 유명 탤런트이어서 그런지 연예인이나 이름 있는 운동선수들도 많이 찾아오는 꽤 이름난 치과다.

　　그의 부친은 세계 각지의 선교사들을 돕는 데 평생을 헌신하셨다. 그가 아버지의 풍요로운 그늘 아래 커 오면서 물려받은 유산 중 가장 소중한 것은 '나눔'이었다. 그가 NGO 단체인 기아대책을 만난 지 벌써 20여 년이 되었다. 현재 매달 100명의 아동을 지원한단다. 예닐곱 명을 지원하며 자랑하는 나는 그의 앞에 서면 늘 부끄럽다. 2018년부터는 기아대책의 한톨청소년봉사단 단장의 중책을 맡아 중, 고등학교 학생 153명의 멘토로 봉사한다.

　　병원 입구에 들어서면 긴 글이 새겨진 동판이 눈에 띈다. '감사한 나의 환자들에게'란 제목의 글인데 시작은 이렇다. '먼저, 아직 진료가 서투른 초보일 때에도 탓하지 않고 마치 모르는 듯 당신을 맡겨주신 아량에 감사드립니다.' 글의 중간엔 그동안 자기가 성장, 성숙, 발전한 과정을 겸손하게 쓴 후, '지금의 제가 있게 도와주신 모든 분들께 깊이 감사드립니다'로 끝을 맺는다. 이렇게 겸허한 의사이다.

그는 환자를 만나면 마음속으로 간절한 기도를 하며 시술한다. 특히, 어린아이나 어르신 환자는 평안한 가운데 시술을 받을 수 있도록 작은 소리로 노래를 부르며 치료한다. 시술이 끝났을 때, 환자는 편안한 가운데 치료를 잘 받았다고 손을 꼬옥 잡아준다. 그는 늘 좋은 음악을 통해 치유와 힐링을 해 주고 싶은 마음이 크다고 한다. 그래서 지금도 동문 합창단의 지휘를 하고 레슨을 받으며 노래 실력을 높이고 있다. 실은 그가 초등학교 때 노래를 아주 잘 불러 나중에 성악을 전공해도 좋겠다고 내가 권유한 바도 있다.

그 부인도 독실한 크리스천이다. 대학에서 성악을 전공하고 기상캐스터를 거친 후 연기자가 되었다. 그는 늘 검박한 삶을 살며 가출청소년 쉼터에서 봉사하고 있다. 어린 시절부터 교회생활을 했던 터라 타인에 대한 봉사와 후원을 많이 하게 되었다고 한다. 현재 기아대책의 홍보대사가 되어 그 사역의 가치를 전하는 대변자 역할을 잘 감당하고 있다.

김 박사는 수입의 상당 부분을 해외 난민 어린이 구호 사업에 기부한다. 또, 그 바쁜 일정에도 일 년에 두어 번씩 해외 의료 선교에 나선다.

"필리핀에 의료 봉사하러 갔다가 작은 소녀를 만났어요. 아직

어린 소녀인데 영구치가 벌써 났더라고요. 그런데 그 치아가 썩어 있었어요. 그 치아를 뽑아야 하는지 정말 심각하게 고민했어요. 그 뒤에 이 아이의 치아를 케어해 줄 상황이 안 되었기 때문이지요. … 또 캄보디아에 갔을 때 작은 소년이 있었어요. 아이들을 모아 밥을 주는데, 그 녀석이 안 먹는 거예요. 왜 그러냐고 물었죠. 집에 아픈 누나가 있는데 갖다 주어야 한다는 거예요. 괜찮다고 집에 갈 때 챙겨 줄 테니 배부르게 먹고 가라고 하는데도 그냥 있는 겁니다. 마음이 너무 아팠죠."

아이들의 생활환경이 제대로 갖춰지지 않은 경우, 봉사하면서도 허탈한 마음을 가눌 수 없다며 마음 같아서는 눌러앉아 살면서 아이들을 치료하며 삶을 함께하고 싶었다고 말한다.

그는 해마다 '스승의 날'이 되면 그 바쁜 중에 어김없이 감사의 꽃바구니를 들고 내 연구실을 찾아왔다. 동료교수들이 제자를 잘 두었다고 부러워할 정도이다. 일 년에 두어 번씩 우리 가족 치과 치료도 해 주고, 해마다 설날과 추석에는 나에게 과분한 선물을 보내오고 있다. 내가 그에게 사랑의 빚을 많이 지고 있다. 2013년 5월 내 정년 기념 문집 발간 감사예배 때 와서 식순에도 없었는데 자청하여 〈You Raise Me Up〉을 불러 주었다. 아름다운 가사와 함께 그의 삶과 신실한 신앙심이 배어나와 나의 눈시울을 적셨다.

내가 병원에 진료를 받으러 찾아갔을 때 김 박사는 더러 병원의 크고 작은 문제나 외동딸의 학업과 진로 문제를 털어 놓고 기도를 요청한다. 내가 그의 손을 꼬옥 잡고 간절히 기도할 때면 그는 믿음의 확신을 갖고 '아멘'으로 화답한다. 이것이 작게나마 내가 사랑의 빚을 갚는 시간이다.

김 박사는 인술을 베푸는, 참 자랑스러운 제자이다. 환자를 치료하며 복음을 전하고 환자의 몸은 물론 마음까지 치료해주는 힐링 닥터다. 그는 주님께서 친히 보여주신 사랑과 긍휼의 마음으로 환자를 대하며, 최선의 진료를 위해 정성을 기울인다. 〈기독치과인 선서〉를 그대로 실천하고 있다. 병원을 찾는 모든 환자들이 주님과 함께하는 그의 모습을 충분히 발견하리라 믿는다. 앞으로의 그의 행보, 자못 기대가 된다.

기독교 역사 탐방

　지난 7월, 우리 교회의 연중행사인 '기독교 역사 탐방'이 있었다. 이미 오래 전에 계획된 행사라 장맛비가 추적추적 내리는 가운데도 27명의 교우가 길을 나섰다. 인솔자 전 장로님이 오늘의 일정을 설명해 주셨다. 천안에서 그리 멀지 않은 곳에 성격이 좀 다른 세 박물관(기념관)이 서로 가까이 있어서 하루에 다 둘러보기에 아주 좋다는 말씀도 하셨다.

　먼저, 여주에 있는 성서역사박물관을 찾았다. 한국 최초의 성서고고학 박물관이란다. 숲이 우거진 산과 평화로운 계곡이 어우러진 넓은 대지 위에 자리 잡은 이 박물관은 영상관, 테마 전시관, 유물 전시관으로 구성되어 있다.

　안내자 허 목사님(여)은 70세가 넘으셨는데도 두 시간 가까이 막힘없이 자세히 설명해 주셨다. 구약에 나오는 인물, 사건, 배경이 그렇게 복잡한데도 어찌 그렇게 설명을 잘 하실까? 그 해박한 지식에 놀라지 않을 수 없었다. 귀 기울여 들으면서 우리가 마치 성지 순례를 온 것 같은 느낌을 받았다. 튀르키예에 있는 초대교회를 설명하실 때는, 10년 전 그곳의 객원교수로 가 있을 때 제자들과 함께 물어물어 7교회를 둘러본 추억이 반추되어 입가에 행복한 미소가 지어졌다.

예수님의 십자가를 대신 지고 간 구레네 시몬. 그가 그의 고향(아프리카 북부 해안 도시)에서 1,800여 Km 떨어진 예루살렘에 와서 그 일을 해냈다는 이야기가 사실인가 싶기도 했다.

점심 식사는 이천 쌀밥으로 유명한 식당에서 했다. 가 보니 식당 안에는 벌써 손님들이 가득했다. 음식점의 성공 요소가 '맛'과 '친절'인데 이 집은 이를 충분히 갖추고 있었다.

식사를 맛있게 한 후, 이천에 있는 한국기독교역사박물관을 찾아 갔다. 이곳은 초대교회 교인들과 선교사들의 발자취를 통하여 오늘을 살아가는 교회와 성도들에게 삶의 지표와 빛된 길을 보여준다. 1955년에 세워진 이 박물관은 '한국 기독교 문화 창달'이라는 목적을 갖고 설립된 출판사인 기독교문사에 뿌리를 두고 있다. 운영자 한영제 장로님이 그동안 다양한 기독교 양서들을 출판해 오는 과정에서 수집된 한국 교회의 신앙·역사·문화와 관련된 10만여 점의 귀중한 자료들을 전시하게 된 것이다. 한 분의 헌신과 노력으로 이런 큰일을 이루다니!

전시품 중 이수정 번역 '마태전'(1884), 길선주 목사의 친필 병풍, '묵시도'(1910년대), '호조'(1903년 당시 여권) 등이 눈에 띄었다. 또, 어떤 장로님이 82세 때부터 한국어, 일본어, 한자어로 성경을 필사한 작품도 많은 이의 눈길을 끌었다. 인쇄체로는 가히 느낄

수 없는 아름다운 예술품이었다. '나도 한번 도전해 볼까?'

참 놀랄 만한 일 또 하나. 제임스 게일 선교사는 〈Korean Folk Tales〉(1913)이라는 번역서를 비롯하여 〈춘향전〉, 〈홍길동전〉, 〈구운몽〉(1922) 등을 영역하여 한국 문학을 외국에 소개하고, 최초로 1897년 한영사전과 신구약 번역본 완성 등 조선 땅의 한글 대중화에 엄청난 업적을 이룩하였다.

박물관 부지 내에, 평양대부흥운동 100주년(2007)을 맞아 1907년 평양대부흥운동의 진원지이면서 북한의 3·1운동이 발화한 곳인 '평양 장대현교회'를 ⅕로 축소, 복원해 놓았다. 이는 관람객들에게 초대교회 신앙의 회복과 문화를 체험할 수 있도록 한 것이다. 우리는 'ㄱ자형' 예배 공간에서 그 당시의 예배 분위기를 맛보며, 최 목사님의 낭송시를 듣고나서 각자 기도의 시간을 가졌다.

끝으로, 용인에 있는 한국기독교순교자기념관을 찾았다. 이곳은 하나님의 말씀과 교회를 지키기 위해 생명을 드린 순교자들의 신앙을 기리고, 한국 기독교 200주년의 비전을 정립하기 위해 1989년 한국기독교 100주년 기념재단에 의해 개관되었다. 일제강점기와 6.25 전쟁기에 순교하신 분들이 많았다. 안내자 장로님의 설명을 들으며 1, 2 전시실을 둘러보았다. "그가 죽었으나 그 믿음으로써 지금도 말하느니라"라는 순교자의 말씀과 영상전시실에서 임자진리교회 이판일 장로님의 순교 정황 다큐멘터리를 보며 진한 감동을 받았다.

묵상, 사색, 성찰하는 공간인 마르튀스 채플실에 올라가 두 손을 모았다. 찬송가 85장 '구주를 생각만 해도'가 은은하게 들린다. 지금까지 나태했던, 세상적이었던, 이기주의적이었던 내 신앙을 반성하고 신앙의 궤도 수정을 바로 하자고, 또 순교자들의 후손들을 하나님께서 특별히 사랑해 주십사 하고 간절한 마음으로 기도했다.

탐방을 마치고 교회에 돌아오니, 오후 6시. 오랜만에 해님이 슬며시 나와 우리를 반긴다.

여호와 이레

지난 6월 중순, H장로님 부부와 전북 부안, 군산 여행을 했다.
초여름의 싱그러운 초록빛 대자연 속에서 하나님의 창조의 세계
를 여유롭게 거닐며 심신의 힐링을 마음껏 한 나들이였다.

첫째 날 오후 일정을 마치고, 3년 전 교회 담임목사를 사임하고
제2의 삶을 사시는 S목사님을 만났다. 그동안 늘 대접을 받아왔기
에 이번엔 마음먹고 저녁 한 끼 잘 대접하며 그간 지내온 삶의 이야
기를 듣고 싶어 선운사 앞 음식점으로 초청했다. 집도 없이, 수입원
도 없이 어떻게 지내셨을까 하는 걱정스러운 마음이 앞섰다. 그런
데 식당에 들어오시는 두 분의 표정이 매우 밝아 마음이 놓였다.

그는 대학의 내 첫 제자이다. 경제적으로 어려움이 많아 중학교
를 간신히 졸업하고 검정고시를 통해 38세에 만학도로 우리 대학
교 선교학과에 입학하였다. 늦깎이 대학생이 된 그는 한시 반때도
놀지 않고 공부에 열중하여 계속 장학금을 받았다. 매사에 솔선수
범하는 모범생이었다. 그래서 많은 교수와 직원으로부터 사랑을
받았고, 학생들로부터는 큰형님으로 존경을 받았다. 학부 과정을

마치고, 대학원을 수료한 후 전도사로 사역한 뒤에 목사 안수를 받았다.

그 후, 고향 가까운 곳에서 목회를 잘 했다. 그가 시골에서 목회에 성공할 수 있었던 것은 그의 투철한 신앙심에 늦깎이 학생으로 열심히 공부해 쌓은 실력, 중학교 졸업 후에 쌓은 여러 가지 장사 경험, 취업하여 익힌 전기와 각종 설비 기술로 봉사하기, 부락민과 좋은 관계 맺기, 마을회관에서 전도활동 펴기 등이 함께 어우러져 꽃을 피운 덕이라 생각한다. 또, 모든 일에 적극적이고 사려 깊은, 신실한 신앙을 가진 사모님의 내조 역할도 큰 몫을 했다.

그는 19년 목회를 하고 퇴임을 했다. 20년이 되면 원로목사의 대접을 받아야 하기 때문에 교회에 경제적 부담을 주지 않으려고 일 년 앞두고 은퇴를 했단다. '세상에! 일 년을 더 채우고 원로목사 대접을 받으려 하는 게 흔히 갖는 생각일 텐데….'

식사 후 차를 마시려고 목사님 댁으로 갔다. '와우!' 그림 같은 집이었다. 마을이 훤히 내려다보이는 산자락, 배산임수(背山臨水) 형에 터를 잡고, 예쁘게 지은 집에서 살고 계셨다. 뜰에는 여러 예쁜 꽃이 활짝 피어 있었고 주위의 텃밭에는 각종 과일과 채소가 잘 자라고 있었다. 거주지 조건으로는 더 욕심을 낼 수 없을 만큼 좋았다.

목사님은 퇴임 후, 마침 교회 가까운 곳에 택지가 있어 은행의 장기 융자로 겨우 구입했단다. 시무했던 교회에선 그 동안의 목사님의 공을 생각하여 건축 전문가인 그 교회 장로님을 통해 집을 지어주셨다고 한다. 과연 그 목사님에 그 교회 성도들이다.

퇴임 후, 그 지방의 교육청 관리과 임시직의 자리가 있어 지원, 합격하여 즐거운 직장 생활을 하고 있단다. 마침 장로 직분에 있는 분이 담당부서의 책임자로 있어 임시직에 있는 목사를 그렇게 잘 섬겨 준단다. 신앙인이 아니면 맛볼 수 없는 아름다운 모습이다. 사모님은 요양보호사 자격을 획득하여 요양원에 근무하고 있다. 모두가 하나님의 은혜요, 강복의 결과다. '여호와 이레!' 하나님께서 하시는 일은 이렇게 계획적이며 주도면밀하시다.

때가 되면 하나님은 당신께서 친히 예비해 두고 계신 그것을 단한 치의 오차도 없이 우리에게 안겨주심을 확신한다. 지나온 내 삶 속에서도 그런 경험은 한두 가지가 아니다. 하물며, 평생을 하나님 사역을 위해 헌신하신 목사님을 위해 하나님께서 모든 것을 예비해 두시지 않으시(셨)겠는가. 우리가 생각했던 것보다 훨씬 더 좋은 것으로 말이다.

목사님과 헤어지고 돌아오는 우리들의 마음이 그렇게 흐뭇할수 없었다. 퇴임 후 부족함 없는 삶을 살고 계시는 S목사님! 늘 건강하고, 후배목사들을 잘 돌봐 주시며, 일상의 삶에서 감사와 기쁨이 늘 충만하길 기도드린다.

둘레길을 걸으며

　단풍이 절정에 달한 지난 해 10월 중순, 우리 교회 '둘레길 걷기' 소그룹 팀원들이 '충주호 종댕이길' 걷기에 나섰다. 종댕이길은 충주호를 시원하게 내려다보며 자연 그대로의 숲을 즐기면서 걷는 길이다. 적당한 오르내림이 있어 걷기의 참맛을 느낄 수 있고, 곳곳에 쉼터와 정자, 조망대까지 있어서 가족이나 지인들이 함께 걷는 코스로 딱 좋은 길이다.

　우리 교회에서는 지난 해 하반기에 성도의 교제와 친교를 목적으로 소그룹 모임을 조직하여 10월 초부터 활동을 시작했다. 이 소그룹에는 둘레길 걷기, 등산, 아로마테라피, 캘리그라피, 그림 그리기, 목공예, 스크린골프, 배드민턴, 기타 연주, 하모니카 연주, 핸드드립커피, 낭독의 기쁨, 하이델베르크 요리문답 탐구회, 인도네시아 선교 등 14개가 있다. 각자의 취미, 소질, 희망에 따라 그룹 회원에 가입한다. '둘레길 걷기' 소그룹 첫 행사로 오늘 15명이 나선 것이다.

　L목사님은 교회생활을 정삼각형으로 표현한다면, 제일 위 꼭

지점인 정점은 '말씀' 일 것이고, 아래쪽 두 꼭지점은 각각 '봉사'와 '친교'가 될 것이라며, 이것이 균형을 이루어야 바른 교회생활을 할 수 있다고 하셨다. 교제 활동을 매우 강조하신 셈이다. 성도의 교제를 통하여 다른 교우들의 삶이 얼마나 신실한지를 알게 되고, 교회 안에서 뿐만 아니라 가정이나 일터에서도 말씀대로 살려 애쓰는 모습을 보면서 신선한 도전을 받기도 한다. 그러는 가운데 은연중에 자기 믿음도 성숙해 가리라.

둘레길 걷기 소그룹은 희망자가 많았다. 걷기가 좋은 운동이면서 동시에 정신까지 맑게 만들어 몸과 마음의 힐링을 돕기 때문이다. 우리 팀장 김 집사님은 목적지 사전 답사를 통해 교회에서부터의 거리, 코스 정하기, 중간 휴식 장소, 점심식사 장소 예약 등 철저한 준비를 했고, 총무 오 집사님은 준비물, 조 편성, 당일 일정, 기타 주의 사항을 사전에 알려주었다.

모두들 소풍을 나선 어린 아이들처럼 밝고 명랑한 표정으로 인사를 나누고 25인승 버스로 출발했다. 코로나 사태로 이런 모임이 거의 없었다가 오랜만에 얼굴을 가까이하니 웃음소리와 함께 도란도란 이야기를 나누는 소리가 버스 안을 가득 채웠다. '신앙'이란 공통의 끈이 있으니 삶 속에서의 신앙 이야기가 주류를 이룬 것은 당연하다. 휴게소에서 평소 베풀기를 좋아하는 L장로님이 따끈한 커피를 사셨다.

목적지에 도착하여 나는 걷기 속도를 조절하며 될 수 있으면 그동안 만남이 적었던 분들과 대화를 나누려고 애썼다. 햇살과 바람

이 어우러져 시원하고, 시선을 두는 곳마다 한 폭의 그림처럼 아름
다운 장면이 눈앞에 펼쳐지니 마음이 넉넉해지고 발걸음은 경쾌
해진다. 그 가운데 나누는 대화이니 더욱 풍성해질 수밖에. 내가
늘 신앙적으로 존경하는, '영혼이 맑은' K집사를 G집사가 어떻게
만나 결혼했는지도 알아서 그 동안의 궁금증이 풀렸다. 이웃 동네
에 사는 K 권사님. 평소엔 질문에만 배시시 웃으며 단답형으로 말
씀하시던 분인데 말문이 터지니 그렇게 말씀을 잘 하실 수가 없었
다. 아직 신앙생활을 안 하시는 부군을 언젠가 한번 만나보고 싶
다. 우리 교회 설립 당시부터 30년 동안 함께 신앙생활을 해 오신
O집사님. 피상적으로만 알았던 그분의 삶의 이야기를 자세히 듣
고, 그토록 말씀 중심의 신앙생활을 해 왔으니 하나님께서 그 부부
에게 복을 주실 수밖에 없겠다는 생각을 했다. 이런 대화의 장(場)
이 아니면 듣기 어려운 많은 이야기들이 오갔다.

　그리 높지 않은 정상(385m)의 정자에 올랐다. 호수 아래 유람
선이 물살을 가르며 나아가고, 멀리 월악산이 보인다. 함께 오른

사람들이 달라서인지 자연 풍광이 지난 번 때와는 색다른 느낌으로 다가왔다. 시원한 바람을 맞으며 나눠 준 김밥으로 식사를 했다. H권사님이 대추를, C집사가 귤을 식후에 내놓으셨다. 먹을거리가 풍성하여 포식을 했다. 내가 준비한 커피를 나누어 마시고 하산 길에 나섰다.

잔잔히 흐르는 남한강물을 바라보며 조용하게 산책과 사색을 즐길 수 있는 길. 호수를 감싸고 있는 아름다운 오솔길을 걸으며 교우들과 교제를 돈독히 할 수 있는 좋은 시간을 가졌다. 다음엔 어디에서 누구를 만나 어떤 이야기를 나누게 될지 벌써 기대가 된다.

은혜와 눈물

나는 눈물에 참 인색하다. 일상생활에서 눈물을 흘려야 될 상황에서도 좀처럼 나오지 않아 내 감정 표현이 잘못 전달될 때도 있다. 눈물은 외부의 다양한 자극에 의해서 나오기도 하지만 감정이 격해진 상태에서도 분비된다. 내 눈물샘을 자극하는 것은 찬송가다. 설교를 들으며 감동의 눈물을 흘리는 일은 드물지만 은혜로운 찬송가 앞에선 곧잘 눈물을 흘리기도 한다. 그중 키워드는 '은혜'다. 70여 평생을 오직 하나님의 은혜로 지내왔기 때문일 것이다.

한번 흑흑 소리를 내며 울어 본 적이 있다. 1993년 12월 마지막 주일 예배. 서울에서 27년 동안 섬겨온 교회를 떠나야 할 시점이었다. 그렇게도 원했던 대학교수로 임용이 되어 학교가 있는 천안으로 거주지와 교회를 옮기게 된 것이다. 예배 끝 순서로 송년 주일에 가장 많이 부르는 찬송가 301장 〈지금까지 지내온 것〉을 부를 때 눈가가 촉촉함을 느꼈다. 2절을 부르기 시작할 때 주체할 수 없이 흐르는 눈물을 추스를 수 없어 할 수 없이 밖에 나와 실컷 울었다. '감사'의 눈물이다. 인생의 3대 목표(다분히 세상적인 목표이

긴 하나)를 장로, 박사, 교수가 되는 것으로 설정했는데 이제 그걸
다 이루게 되었으니 그 감사함이란 이루 말할 수 없었다. 1절 가사
가 그동안 내 삶을 그대로 나타내는 것 같았다.

> 지금까지 지내온 것 주의 크신 은혜라
> 한이 없는 주의 사랑 어찌 이루 말하랴.
> 자나 깨나 주의 손이 항상 살펴 주시고
> 모든 일을 주안에서 형통하게 하시네.

평소에 무의식적으로도 흥얼거리는 내 애창곡, "내가 누려왔던
모든 것들이, 내가 지나왔던 모든 시간이, 내가 걸어왔던 모든 순
간이 당연한 것 아니라 은혜였소." 고린도전서 15장 10절이 오롯
이 담긴 찬양 가사도 바로 내 삶과 너무도 일치한다.

그 어려웠던 1960년대 말, 고등학교를 졸업하고 타오르는 향학
열을 누르지 못해 별 대책 없이 상경했다. 당시 취직이 확실하게
보장되는, 2년제 대학이었던 교육대학교에 입학했다. 숙식할 데가
마땅치 않아 지도교수님께 그 사정을 말씀드리니 바로 입주제 가
정교사 자리를 알선해 주셨다. 그래서 어렵게나마 학업을 이어나
갈 수 있었다. 졸업 후 초등학교 교사로 십여 년을 보내며, 30대에
그토록 가고 싶었던 야간대학에 편입했다. 주경야독(晝耕夜讀)을
하며 석사과정을 마친 후 중등학교로 자리를 옮겼다. 그 후, 박사
과정을 마치고 대학교수가 된 것이다. 그것도 여느 대학이 아니고

기독교 정신으로 세워 기독교 글로벌 리더를 양육하는 학교로 날 보내주셨으니 얼마나 감사한 일인가. 그동안 내 삶의 구석구석에 하나님의 '은혜'가 포진하고 있었다. 하나님의 은혜 아니면 이렇게 될 수 없다.

성경에 기록된 '은혜'는 '받을 자격이 없는 사람에 대한 하나님의 무조건적인 사랑'으로 요약할 수 있다. 가만히 생각해 보면 지금 우리가 살아있는 것 자체가 주님의 은혜이다. 육신의 생명을 주신 것도, 영혼 구원으로 영생을 주신 것도, 넉넉하든 빠듯하든 의식주를 공급해 주시는 것도, 험한 세상에서 보호해 주시는 것도. 그 하나하나가 다 은혜이다. 생각하면 생각할수록 감사할 뿐이다. 그 감사가 깊어지기에 나도 모르게 눈물이 나온다. 눈물처럼 사람의 마음속의 상태를 잘 대변해 줄 수 있는 것은 없다.

"너희 안에서 행하시는 이는 하나님이시니 자기의 기쁘신 뜻을 위하여 너희로 소원을 두고 행하게 하시나니"(빌립보서 2:13)

든든한 믿음의 가문을 꿈꾸며

C장로님은 주일마다 섬기시는 교회에서 아들 내외들, 손주들 등 3대의 대가족이 함께 예배를 드린 후, 교회 식당에서 식사를 같이 하며 서로 함께하는 좋은 시간을 갖는다고 하신다. 신앙의 대를 이어 한 교회에서, 한 신앙으로 코이노니아를 나누는 가정 공동체! 얼마나 아름다운 장면인가. 난 그게 아주 부러웠다. 우리는 언제 저런 기쁨을 맛볼 수 있을까?

선친(先親)은 원래 신앙생활을 하지 않으셨다. 호인이고 사교성이 풍부하신데다가 술과 담배를 무척 좋아하셨다. 그때 효도하는 방법은 어렵지 않았다. 평상 시 아버님께 더러 잘 못했어도 월급 날 맥주 한 상자와 고급 담배 한 보루를 사다 드리면 아주 흡족해하셨다. 또, 간간이 술 안줏거리를 사다 드리면 그렇게도 좋아하셨다. 우리가 신앙생활을 하시는 것을 반대는 하지 않으셨으나 교회에 헌금하는 것은 그리 달갑지 않게 여기셨다. 형편이 어려웠으니 그러실 수밖에. 수입의 10분의 1을 헌금하는 것, 우리도 '이 돈을 부모님께 드리면 더 큰 효도가 될 텐데…' 할 때가 있었다.

아버님은 한동안 허리 디스크로 고생을 하셨는데, 병원 치료를 받으셔도 연세가 있어서 쉽게 회복이 되지 않았다. 그때 인근의 개척교회 정 목사 사모님이 아침마다 오셔서 아프신 곳을 정성껏 마사지하시면서 기도를 해 주셨다. 처음엔 전도가 목적인 것을 아시고 오시는 걸 달갑게 여기시지 않으셨다. 그러나 사모님은 아버님의 반응에 개의치 않고 꾸준히 오셨다. 일상적 대화도 나누시며 기도하시면서 점진적 접근법으로 예수님의 능력을 전하시니 얼마 지나지 않아서 아버님은 교회에 한번 나가보고 싶다고 하셨다. 십수 년 동안 간절히 기도한 바를 이루어 주시는 순간이다. 할렐루야! 얼마나 감사한 일인가.

사랑이 동기가 되어 진심을 담은 꾸준한 섬김은 감동을 주고 생각지 못한 큰 힘을 발휘한다. 간절한 기도는 하나님의 때가 되면 꼭 응답해 주시는 것을 새삼 알았다. 또, 때를 얻든지 그렇지 못하든지 간에 전도를 해야 한다는 것을 다시 배웠다. 하나님의 때가 되면 하나님께서 우리의 기도를 꼭 들어주시기 때문이다.

선친은 바로 교회를 나가셨다. 각종 예배 시간을 철저히 지키시고, 성경을 꾸준히 정독하기 시작하셨다. 신앙생활을 시작하시자마자 은혜를 받고, 그렇게 좋아하시던 술과 담배도 거짓말같이 하루아침에 끊으셨다. 가정에 평화가 온 것은 물론이다. 처녀 시절 신앙생활을 하시다가 결혼 후 아버지의 반대로 신앙생활을 계속하지 못했던 어머니가 가장 좋아하셨다.

삼 년 후, 서리집사 임명을 받으시고 (개척교회로 규모가 작아서) 구역장을 맡게 되셨다. 하루는 기도문을 정성껏 쓰신 다음 나에게 봐달라고 하셔서 읽어보니 순수한 믿음 생활을 솔직하게 잘 표현하셔서 나도 은혜를 받았다. 아버님은 신앙생활을 하신 기간이 그리 길지 않았으나 성경은 꾸준히 읽으셨다. 천국에 가신 후 아버님이 보시던 성경책을 보고 그걸 확인했다. 군데군데 색깔별로 밑줄을 그은 곳도 있었고 설교 요약문도 꽤 많이 보였다.

당시 우리가 사는 아파트의 관리소장 일을 맡으셨는데, 그곳에 드나드시는 친구들을 전도하셔서 성과를 거두기도 하셨다. 교회에서는 노인 야유회를 마련해 주셔서 어르신들에게 즐거운 시간을 갖게 하였다. 또, 각종 행사에 인적, 물적으로 도움을 주셔서 어르신들은 '교회'에 대한 인식을 새롭게 하셨다.

한동안 신앙생활을 열심히 하시다가 68세 때 하나님의 부르심을 받으셨다. 교회장으로 천국 환송 예배를 드리고, 탄현 기독교 공원묘지에 모셨다. 묘비에 '김오환 집사의 묘'라고 썼다. 선친의 묘소를 찾을 때마다 그 사모님을 통해 하나님께서 하신 일에 마음을 다한 감사를 드리지 않을 수 없다.

이제 아들 내외와 손주들이 신앙생활을 하고 있으니 부족하나마-정말 부끄러울 정도이나-우리도 이제 신앙생활이 4대째 이어지는 가정이 되었다. 오늘도 차가운 새벽공기를 뚫고 기도회에 나가 무릎을 꿇는다. 기도 보따리를 풀자마자 자연스레 '3대의 신실한 신앙'을 위한 기도가 가장 먼저 나온다. 든든한 믿음의 가문을 꿈꾼다.

기절초풍할 일

이복규

기절초풍할 일

최근에 즐겨 듣는 줌 강의가 있다. 평생 책만 읽고 사는 로쟈 이현우 박사의 도스토예프스키 소설 완독 강의다. 톨스토이의 작품도 그렇지만 도스토예프스키 소설도 기독교와 밀접하게 연관되어 있어 특별히 기독교 신자로서 읽을 만한 가치가 충분하다.

〈죄와 벌〉의 작품 세계에 대해 강의하던 로쟈 이현우 박사가 문득 이렇게 말했다.

"죽은 사람이 다시 살아나다니, 기절초풍해야 마땅하죠. 안 믿는 사람이라면 몰라도 기독교 신자라면…"

여주인공 소냐가, 남주인공 라스코리니코프의 요청으로, 죽은 나사로를 살린 예수님의 기적이 나오는 요한복음 11장을 읽으며 보인 반응을 소개하면서 한 말이다. 하도 많이 읽어 거의 외울 정도인 소냐가, 나사로의 부활 장면에서 승리감에 도취되어 어쩔 줄 몰라 했고, 그런 소냐를 보며 살인자 라스코리니코프의 마음이 흔들리기 시작했다면서 이 박사가 불쑥 한 말이다. 내가 보기에 무신론자인 이 박사 입에서 툭 튀어나온 그 말은 마치 신자인 나에게 들으라고 하는 말만 같았다.

맞는 말이다. 성경 말씀을 하나님 말씀으로 믿는다면, 예수님의 행적을 사실로 믿는다면, 예수님의 기적에 관한 대목들을 읽을 때 무덤덤하게 읽을 수는 없다. 특히 죽은 지 나흘이나 돼서 썩은 냄새가 풍기는 나사로를 되살려낸 사건을 읽을 때 소설 책 읽듯이 할 수는 없는 일이다. 경천동지할 사건이기 때문이다.

그 말에 충격을 받아 얼른 서점으로 달려가 최근 번역본을 샀다. 대학생 시절에 읽었으나, 주인공 라스코리니코프가 전당포 주인 노파를 살해하려 계획하는 대목만 흐릿한 기억으로 남아 있는 소설이다. 부지런히 해당 대목을 찾아보았다. 클라이맥스 부분의 반응만 발췌해 보면 이렇다.

"그녀는 정말 진짜로 열병에 걸린 것처럼 진즉부터 온몸을 벌벌 떨고 있었다. 바로 그가 기대했던 것이다. 그녀는 지금껏 들어 본 적도 없는 이 위대한 기적의 말에 다가가고 있었으며 위대한 승리감에 사로잡혀 버렸다. 그녀의 목소리가 금속처럼 낭랑해졌다. 승리감과 기쁨이 밴 목소리는 한층 더 다부졌다. 눈앞이 캄캄해졌기 때문에 그 앞의 글귀들이 서로 뒤엉켰지만 지금 읽고 있는 부분은 다 외우다시피 잘 알고 있었다. … 그녀는 기쁜 기대에 차 몸을 벌벌 떨었다. …그녀는 이 장면이 자기 눈앞에 보이는 것처럼 오한을 느끼고 몸을 떨며 큰 소리로, 열광적으로 읽었다."

무신론자인 이 박사가, 예수님이 나사로를 다시 살린 기적을 '기절초풍할 일'이라고 표현한 것은 매우 의미심장하다. 내가 만난 무신론자들은 성경의 기적 사건에 대해 이렇게 반응하지 않았다. 비합리적인 일, 비과학적인 일, 비역사적인 일로 치부하기 일쑤였다. 그러지 말고, 제발 요한복음 11장을 읽어보라고 해도, 정신적인 부활이지 육체의 부활이 아니라는 반응이었다.

하지만 이 박사는 다르게 반응하였다. '기절초풍할 일'이라는 것이다. 맞다. 인류 역사에서 완전히 죽은 몸이 멀쩡하게 살아난 일은 전례가 없는 사건이다. 일시적으로 기절했다 살아난 게 아니다. 시신이 쉽게 부패해 당일 매장을 원칙으로 삼는 중동에서, 죽은 지 나흘이나 된 나사로가 무덤에서 살아서 걸어나온 사건은 전무후무한 일이다. 동서양 책을 두루 많이 읽는 이 박사는 그것을 알아차린 게 분명하다. 그야말로 '기절초풍할' 성질의 사건이라고 본 게 틀림없다. 그랬기에, 소녀가 이 대목을 읽으면서 보인 반응이야말로 지극히 정상적이라고 말한 것이다. 소녀만이 아니라, 신자라면 모두 이래야 마땅하지 않느냐고 반문했다.

우리는 그간 부활이 기독교의 정체성이라고 자랑은 많이 했다. 하지만 이 대목을 읽고 묵상할 때 소녀처럼 전율하였는지 반성해 본다. 우리가 부활해 영생할 것을 믿는다면, 기쁨으로 몸을 떨어야 하고, 그 소망으로 코로나 역병의 두려움도 이기며 살아야 하지 않을까?

초기 교회가 발흥한 이유

코로나 역병으로 활동이 제한받으면서 신앙 면에서 좋은 점도 있다. 혼자 성경을 읽고 묵상하거나 기도하는 시간을 더 많이 가질 수 있는 점이다. 최근에 정년퇴직한 내 경우는 더욱 더 시간 여유가 많아져 독서하는 자유를 누리는 중이다.

교수가 직업이면 책을 많이 읽을 수 있으리라 생각들 하지만 반드시 그렇지도 않다. 강의, 연구와 관련된 책만 읽기도 바빠, 정말 읽고 싶은 책은 못 읽었다. 은퇴해서 좋은 점이 있다면, 읽고 싶은 책을 원없이 읽을 수 있다는 것이다. 아무런 부담도 없이 어떤 책이든 아무 때나 읽을 수 있는 자유, 무상의 행복이 아닐 수 없다.

요즘 읽은 책 가운데 특별히 감명 깊었던 책이 있다. 초기 기독교가 왜 어떻게 부흥해 로마의 주류 종교가 되었는지를 추적한 로드니 스타크가 쓴 책이다. 〈기독교의 발흥〉이 그것이다. 한국 기독교 또는 교회의 위기가 화두인 이 시기에 무슨 해결의 단서를 찾을 수는 없을까 하는 마음이라 더욱 열심히 읽었다.

왜 초기 교회가 성장했는가? 로드니 스타크는 말한다. 전염병

때문이라고. 대역병으로 말미암은 인구 감소로 로마제국이 위기를 맞이하였다는 것이 학계의 견해인데, 오히려 이 시기에 교회는 성장했다니, 이 무슨 말일까? 전염병이 창궐하던 상황에서 도대체 기독교인들이 어떻게 대처했기에 급성장한 것일까? 다른 종교인에게서는 찾아보기 어려운 역량을 탁월하게 보여주었다고 스타크는 말한다. 어떤 특징들일까?

첫째, 전염병이라는 참사에 대해 만족스럽게 해명해 주었다. 대역병은 이방 종교와 그리스 철학이 설명하고 위로할 수 있는 범위를 훌쩍 뛰어넘는 사태였다. 하지만 기독교는 이 재앙에 대해 신앙적이고 역사적인 해답을 제시하였다. 아울러, 갑작스럽고 예기치 못한 죽음 앞에서 인생의 의미가 무엇인지 설명해 주었다. 천국을 제시하고 죽음을 두려워하지 않는 영성을 보여줌으로써, 절망에 사로잡힌 로마 제국 시민들에게 희망을 품게 하였다.

둘째, 대역병 아래에서 그리스도인들의 생존율은 현저히 높았다. 인구의 1/3 혹은 2/3가 죽어 나가던 상황에서 이방인들이 보기에 이는 기적이었다. 왜 사망률이 낮았을까? 다른 종교인들보다 청결했을 뿐만 아니라 서로 사랑하는 공동체 정신 때문이었다. 모든 서비스가 중단되었을 때도, 기독교 공동체는 환자들에게 물과 음식을 제공하고 서로 돌봄으로써 사망률을 낮추었다. 이방 종교인과 로마 시민들은 전염병이 발생하면 멀리 도망치려고만 하였으나, 그리스도인들은 세상 사람들에게도 황금률을 적용해, 이해득실에 근거한 거래 관계 이상의 모습을 보여주었다. 매일의 삶에서 사랑과 구제를 통해 세상 사람들을 섬겼다. 세상 사람들이 볼 때 기독교는 기존의 종교와 완전히 다른 종교이자 새로운 종교이며 감동을 자아내는 종교였다. 요즘말로 대안 공동체였다. 사도행전 2장 말미의 기록이 바로 초기 교회가 보여준 대안 공동체의 구체적인 모습이다.

셋째, 교리적인 우월성 이전에 친교의 네트워크를 제공하였다. 흔히들 교리적인 우월성으로 불신자를 빨아들일 수 있다고 생각하지만, 초기 교회는 희생적 사랑으로 사람들로 하여금 새로운 애착 관계를 가지게 하였다. 요즘말로 생활 전도로 친밀한 관계를 형성한 다음에 자연스럽게 개종이 이루어졌다.

이 책을 읽고 희망이 생겼다. 로마의 대역병이 초기 교회를 발흥시키는 계기였듯, 우리가 하기에 따라 코로나19로 말미암은 팬데믹은 한국교회와 기독교가 과거의 존경과 영광을 회복할 수 있다는 소망이다. 당장 내가 할 수 있는 일부터 해야 하겠다. 매력 있는 크리스천 소리를 들을 만하게 살아야 할 일이다.

자가격리 기간에 받은 은혜

최근에 코로나 확진 판정을 받아 1주간 자가격리를 했다. 어느 분 장례식 순서를 맡아 시골까지 다녀온 날 몸살감기 기운이 있더니 그리 됐다. 요즘 유머에, '아직 코로나 걸리지 않았으면 대인관계에 문제가 있는 사람'이라던데, 나는 지나쳐서 그런 모양이다.

1주간이나 어떻게 갇혀서 지내나? 걱정했지만 아니었다. 애지중지하며 읽던 책을 이번 기회에 다 읽어서 감사하다. 『관주·해설 성경전서』가 그것이다. 독일성서공회에서 만든 것을 번역한 것으로서, 특별하다. 신학 연구 면에서 세계적 권위를 자랑하는 독일 신학계가 그간 이룩한 성과를 모두 집약해 만든 책이기 때문이다.

얼마 전, 대한성서공회 번역국장으로 일한 전무용 박사가 귀띔해 주어, 틈틈이 읽던 참이었다. 솔직히, 은근히 어려운 게 『개정 개역판 성경』이다. 국문학 교수이고 야간신학교도 졸업한 내가 읽어도 모르는 부분이 한두 군데가 아니다. 단권의 주석 성경들이 있지만, 얼마나 객관적인지 검증할 수 없어 뜨악하며, 어떤 것은 너무 방대하다. 그런데 이 책은 한 권으로 되어 있는 데다 믿을 만하다. 독일 성서학자들이 연구한 바를 독일성서공회에서 책임지고 반영했으며, 대한성서공회에서 번역했으니, 이보다 더 믿을 만한 책도 드물다. 읽다가 궁금함직한 구절마다 친절하게 해설이 달려 있다. 특별히 은혜스러웠던 대목 몇 가지를 들어보자.

첫째, 이사야 58장 6절, "내가 기뻐하는 금식은 흉악의 결박을 풀어주며 멍에의 줄을 끌러 주며 (중략) 모든 멍에를 꺾는 것이 아니겠느냐"에 나오는 "참 금식"은 어려운 이웃을 돕는 것이지, 이기적으로 하는 금식은 진정한 금식이 아니란다. 사순절이라 더욱 뇌리에 꽂혔다.

둘째, 마가복음 8장 33절, 예수님이 베드로를 꾸짖은 말씀 "사탄아, 내 뒤로 물러가라"의 "내 뒤로 물러가라"를 헬라어 원문대로 축자 번역하면, "내 뒤로!"란다. "자기 십자가를 지고 나를 따르라"(눅 9:23)의 "나를 따르라"도 "내 뒤로!"라니 충격이다. 예수님을 따른다면서, 예수님보다 앞서 가면 안 된다는 사실을 일깨워준다.

셋째, 베드로 회개 장면을 풀이하면서, 흔히들, 베드로가 닭 울음소리를 듣고 회개했다고 하기 쉬우나, 오해란다. 닭소리 때문이 아니라, 예수님이 바라보셨기 때문이란다. 소스라치게 놀라 성경을 확인해 보니 과연 그랬다. "주께서 돌이켜 베드로를 보시니 베드로가 주의 말씀 곧 오늘 닭 울기 전에 네가 세 번 나를 부인하리라 하심이 생각이 나서"(눅 22:61).

넷째, 이스라엘 전통사상의 특징도 도처에서 알려주어 유익하다. 부활은 물론 천국, 영생 개념이 없었단다. 그저 죽으면 천국도 지옥도 아닌 음부(스올)로 간다고 생각했다는 것이다(사 65:17, 겔 32:17~32, 시 6:5). 이 사실을 알고 나서, 왜 유대인들이 예수 그리스도를 버렸는지 납득하였다. 현세적인 메시야로만 기대해, 로마를 물리치고 등극하리라 굳게 믿다가 실망해 그런 것이다. 그 밖에도, 젊어서 죽는 것은 벌이라는 생각(사 38:10), 성읍마다 수호신이 있다는 사고(렘 2:28, 사 44:14~20), 불구로 태어나는 것은 죄의 결과라는 생각(요 9:2), 개개인을 지켜주는 수호천사 관념(행 12:15)도 마찬가지다. 이스라엘 문화 가운데서도 진리와 무관하거나 배치되는 게 많다는 점을 또렷이 보여주는 사례들이다.

다섯째, 아주 많은 부분에서, "무슨 뜻인지 아직 불확실하다."고 진술한 점도 인상적이다. 그동안 내 실력이 부족해 그런 줄만 알았으나, 평생 연구한 분들도 모른다니 퍽 위로를 느꼈다. 이단들처럼 억지로 풀려 하지 말고, 확실한 말씀들부터 실천하는 데 힘써야 하지 않을까 생각해 본다.

격리 때문에 이런 은혜를 누렸건만, 3개월 이내로 동사무소에 신고하면 20만 원 이상의 지원금도 준다고 누가 일러준다. 그저 범사에 감사하다.

우리 풍수설화와 MQ(도덕지수)

　우리나라 설화 가운데 특정 장소(명당)에 건물을 짓거나 무덤을 써서 발복하는 이야기가 많다. 이른바 풍수설화다. 한국인이라면 풍수설화 한 편쯤은 들어보았을 것이다. 머슴 살던 총각이 명당에 부모를 모시고 나서 부자가 되거나 과거에 합격했다는 설화가 있는가 하면, 남의 묘를 훔쳐 쓰는 투장, 권세를 이용해 약자의 무덤을 빼앗는 늑장 이야기도 있다. 출가한 딸이 친정아버지가 쓰려는 묘에 물을 부어 못쓰게 하고 시아버지를 모시는 이야기도 흔한데, 이는 마치 라반의 둘째딸 라헬이 친정의 드라빔을 훔쳐서 남편 야곱의 집으로 가져오는 이야기와 흡사하다.

　왜 우리는 명당에 집착하는 걸까? 이른바 동기감응론 때문이다. 조상의 뼈에서 나오는 기가 후손에게 영향을 미친다는 이론이다. 명당에 조상을 묻어야 그 뼈가 썩지 않고 오래도록 보존되어, 그 성성한 기운이 후손에게 전해져 발복한다고 믿는 것이다. 그러니 누구나 지관을 찾아가 명당을 찾아 달라고 부탁했다. 묘만 잘 쓰면 금시발복할 수도 있고 3대가 정승이 나온다고 하니, 요즘의 로

또처럼 거기 매달린 것이다.

풍수설화는 하도 많아, 이 설화만 연구해 박사학위를 받은 사람도 여러 있다. 집을 짓는 것은 양택풍수라 하고, 무덤을 쓰는 것은 음택풍수라 하는데, 조선시대 재판에서 가장 많은 산송(山訟)은 음택풍수를 믿어 벌어진 것이다. 이른바 명당으로 남의 묘지에 몰래 조상의 유골을 묻었다가 발각되어, 누가 주인인지 밝혀 달라고 관에 진정하기 일쑤였다. 요즘에 화장으로 바뀌면서 음택풍수는 거의 소멸 직전이다.

얼핏 생각하기에, 명당만 잘 골라서 무덤을 쓰면 누구나 대박이 나는 이야기일 것 같다. 그렇지 않다. 분명히 명당에다 묻었으나 복은커녕 화가 임한 이야기도 있어 흥미롭다. 유명한 지관이 부유한 집 사람의 요청을 받아, 그 아버지 매장할 산소 자리를 잡아 주며 장담했지만, 나중에 확인해 보니 잘못되어 있더라는 이야기가 그것이다.

어찌된 일일까? 그 부친이 살인자였기 때문이다. 악인은 절대로 명당에 묻힐 자격이 없다는 민중의 가치 판단이 들어간 것이다. 객관적으로 명당의 조건을 갖춘 자리라도 악인이 들어가는 순간, 흉당으로 바뀌어 버려, 그 자손이 복 대신 화를 받는다는, 아니 받아야 한다는 인과응보율이 거기 작용하고 있다. 우리나라에만 있거나 강조된 이야기 유형이다.

그런가 하면, 풍수가 악인의 청탁을 받아 누군가를 망하게 하려고 잡아 준 곳이 사실은 좋은 명당 터였다는 이야기도 있다. 선인이 들어가는 순간 흉당이 명당으로 바뀐다는 의식이 거기 드러나 있다. 땅보다 거기 들어가는 사람의 됨됨이가 더 중요하다는 것이다.

이 이야기 유형이야말로 우리나라 사람들이 지닌 높은 수준의 윤리 감각을 잘 드러내주는 사례다. 오늘날로 말하면 MQ, 즉 도덕지수가 높은 게 우리나라다. 조선시대에도 그랬다. 같은 한자문화권이면서도 중국과 일본에 비해 윤리적으로 더 엄격했다. 왕에 대한 칭호가 잘 보여준다. 왕이라도 윤리적으로 하자가 드러날 경우 폐위시켜 호칭을 바꿨다. 연산군, 광해군이 그 경우다. 효를 지상의 가치로 여기던 조선왕조의 정서로는 더 이상 왕으로 여기지 않아 폐위 당하고 만다. 폐위와 함께 '군'으로 격하되어 종묘에도 들지 못하였는바, 왕을 군으로 강등해 부르는 일은, 동서양 어느 나라에도 없는 조치다. 로마의 네로, 하나라의 걸, 주나라의 주가 모두 폭군이지만 '군'으로 격하해 부르지 않는다. 항상 황제다.

유럽에서는 정치인들을 평가할 때 정치적인 수완만 본다. "허리 아래 일은 묻지 않는다"는 불문율이 있을 정도다. 우리나라에서는 연예인들에 대해서도 상당한 수준의 MQ를 요구한다. 마약, 병역, 성범죄, 도박, 표절 등의 문제가 드러나는 순간 끝이다.

우리나라에서 큰 뜻을 세상에 펼치고 싶다면, 이 사실을 늘 명심해야 한다. 하물며 거룩한 하나님의 백성이라 자처하는 신자들은 윤리적으로 더 엄격해야 존경받는다.

어떤 장로 이야기

얼마 전에 아주 반가운 분을 만났다. 18년 전 교육부의 연구비 지원을 받아 중앙아시아 카자흐스탄에 고려인 구전설화를 채록하러 갔을 때 만났던 배대환 장로다.

그때 이 분은 쉼켄트에서 보일러 사업이 궤도에 올라 있었는데, 모범 납세자상을 받아 이름이 나 있었다. 고려인이 카자흐스탄에 벼농사를 처음 전파한 것처럼, 우리의 온돌 난방을 최초로 카자흐스탄에 보급한 전설적인 분이기도 하다. 배 장로님은 내가 머무는 동안 고려인들을 소개도 해주고 자기 집에서 먹여 주고 재워 주었다.

6개월간의 조사가 끝나 귀국하고 나서 지금껏 소식을 모르고 지내다 최근에 다시 만났다. 최근에 잠시 입국해 우연히 〈교회에서 쓰는 말 바로잡기〉라는 책을 읽다가 내 이름을 보는 바람에 만났다니 참으로 극적이다. 그 책을 내가 안 썼더라면, 썼어도 그분이 안 읽었더라면, 읽었더라도 내 이름을 기억하지 못했더라면 이루어질 수 없는 만남이었으니, 하나님의 은혜.

밀린 정담을 나누다가 고국을 떠나 타국에서 사업을 시작할 때 있었던 미담을 들려주었다. 남은 돈이 달랑 80만 원이었다는 배 사장, 사업자금 5천만 원이 필요했지만 융통할 곳이 없어 막막한 상황이었다. 그때 한국에서 교사로 일하다 명예퇴직하고 그곳에서 한글학교 교장으로 봉사하던 김정복 장로한테 말하자 선뜻 빌려주어 성공했다는 이야기였다. 퇴직금 전부를, 아무 연고도 없는 사이에, 그저 같은 신자로서 우정으로 빌려주었다니 놀라운 일이었다.

그 다음 이야기가 더욱 감동이었다. 사업에 완전 성공하고 나서 한번 물었다고 한다.

"장로님, 만약 내가 사업에 실패했다면 그 돈 다 떼일 수도 있는데 어떻게 그 많은 돈을 빌려주셨어요?"

그 말을 듣자마자 김 장로가 이렇게 대답했다고 한다.

"그냥 못 받을 셈 치고 준 것."

흔히 교회에서 신자끼리 금전거래하다가 잘못되는 수가 있다. 돈도 잃고 사람도 잃는 경우가 많다. 그래서 신자끼리는 아예 금전거래를 하지 말라고들 충고한다. 부득이 돈을 빌려줄 경우에는 어떻게 해야 하는가? 바로 김 장로같이 해야 한다. 내게 있는 것으로 도와주되, 설령 잘못되어 못 받는다 해도 실망하지 않으리라는 마음으로 빌려주어야 한다.

이는 형제애가 아니면 불가능한 일이다. 다시 받으면 좋지만, 그렇지 못한다 해도 골육의 어려움에 동참한 것만으로 만족해하는 것이 친남매간의 인지상정이다. 김 장로의 형제 사랑이 이와 같다. 고향도 성도 다르지만, 함께 하나님을 섬기는 장로가 만리 타향에서 절박한 심정으로 사업을 시작하려는데 자금이 없다고 하자, 마치 자기 친남매의 일처럼 여겼기에 아들 결혼자금으로 지니고 있던 퇴직금을 준 것이다. 가슴 뭉클하게 하는 미담이었다.

이야기는 그것으로 끝나지 않았다. 평생에 가장 큰 은혜를 입은 배 사장이 김 장로한테 빚을 갚은 사연이다. 성공하고 나서 용산 어느 호텔에서 김 장로를 만났더니, 수심이 가득한 얼굴이더란다.

"장로님, 무슨 일로 그러세요?"

"카자흐스탄 고려인의 평생 소원이 모국 방문이지요. 그 소원 풀어주려 희망자 신청받아 추진하고 있는데, 경비 조달이 만만치 않네요."

"걱정 마세요. 제가 드릴게요."

이래서 김 장로는 고려인 모국 방문을 세 차례에 걸쳐 마쳤다고 한다. 어쩌면 하나님께서 배 장로에게 사업 성공의 은혜를 베푼 것은 이때 쓰시려고 그랬는지도 모르겠다는 생각이 들었다.

자신의 일이 아니라 고려인들 때문에 수심이 가득했던 김 장로의 그 갸륵한 얼굴 표정이 떠오른다. 그리고 그 프로젝트 후원자로 동참해 쓰임 받은 배 사장의 보은도 인상적이다. 이런 분들이 진짜 장로, 진짜 신자이리라.

심방 길에 받은 은혜

얼마 전 새벽기도 마치고 담임목사님을 따라 신촌 세브란스병원에 환자 심방을 갔다. 한 달 전 오토바이 사고로 중상을 입어 의식불명인 분의 부인(김금순 집사님)을 로비에서 만났다. 뇌는 살아있으나 병원에서는 더 이상 해 줄 일이 없으니, 재활병원으로 데리고 가란다며 울먹인다.

"집사님, 아침식사는 하셨어요?"

"밥이 먹혀야 말이지요."

아주 명랑한 집사님이었건만 청천벽력같은 사태 앞에서, 식욕도 잃은 채 병상을 지키고 있으니, 먹먹했다. 부부일심동체이니 어찌 그러지 않으랴. 밥맛을 잃을 만큼 육적으로는 말할 수 없이 힘들지만, 의식불명인 남편의 귀에다 수시로 성경말씀을 읽어주고, 아이들이 보낸 사랑의 메시지를 수시로 들려주고 있단다. 몸은 움직이지 못해도 다 들을 거라며.

"시어머님이 문제에요. 아직 모르고 계시거든요."

거동은 불편하지만 의식은 또렷하다는 노모한테 차마 아들 소식을 알리지 못하고 있단다. 효자인 남편은 매일 어머니한테 들르거나 전화하며 잡술 것 사다 드렸는데, 갑자기 소식 돈절하니 무척 궁금해 하신단다.

"처음에는 미국에 출장 갔다고 둘러댔는데 연락 없이 한 달이 다 되어 가니 이제는 막 우서요. 미국이라도 전화는 할 수 있을 텐데 뭔 일이냐며."

이 말을 듣자니, 평소에 너무 효도해도 유사시에 어렵구나 싶었다. 무소식이 희소식이라고, 이 아들이 평소에 드문드문 연락을 드렸으면 한 달쯤 소식 없어도 그런가 보다 하실 텐데, 매일같이 안부하다 뚝 그치니 걱정하실 수밖에 없겠다. 여간해서는 안부하지 않는 우리 아들이 어쩌면 잘하고 있는 게 아닌가 하는 엉뚱한 생각이 들었다.

집사님의 이야기를 들으며, 뭐라고 위로해야 하나? 잘 떠오르지 않는데, 집사님이 더 놀라운 말을 했다.

"가망이 없다는 말을 듣고 기도했어요."

"하나님, 남편이 지금 천국에 갈 수 있다면 데려가세요. 아직 아니라면, 천국 갈 수 있는 믿음을 가질 수 있도록 기회를 주세요."

이렇게 기도했다는 것이었다. 내가 주일학교 교사일 때 초등부 학생이었던 남편이다. 그후로는 세상 친구들을 잘못 만나 어쩌다 창립주일에나 나타났으니, 그 남편의 영혼이 천국에 갈 수 있을지 믿을 수 없어 그런 것이다. 오직 천국! 이 신앙을 가졌기에 이런 기도를 드렸으리라. 천국에 갈 수 있다면 지금 죽어도 괜찮지만,

천국에 갈 수 없다면 100년을 살아도 의미가 없다고 여기는 절대 천국의 신앙을 집사님은 가지고 있었던 것이다.

그 신앙에 감탄하고 있을 때, 더 놀라운 간증이 그 입에서 흘러나왔다.

"그래도 감사해요. 아이들이 어릴 때 이랬으면 저 혼자 어떡할 뻔했어요? 다행히 다 큰 다음에 이러니 얼마나 감사해요?"

아들만 셋인 가정이다. 첫째는 대학을 졸업하여 직장에 다니고 있고 막내가 중3이니 다들 어지간히 컸으므로, 설령 아버지가 잘못되더라도 집사님 혼자 꾸려나갈 만하니 다행이라는 말이었다. 생각해 보니 그랬다. 더 어릴 때 이랬다면 여자 혼자 먹이고 가르치기에는 과중한 부담이지 않겠는가?

"위로하러 왔다가 위로 받고 가네요."

심방을 마치고 돌아오는 길에 목사님이 나한테 이렇게 말했는데, 100% 공감이다. 우리의 위로가 필요 없는 분이었다. 이미 성령님의 도우심 가운데, 하나님이 기뻐하실 만한 믿음으로 위대한 기도를 드리며, 하나님만 의지하며 그 뜻을 기다리고 있었다.

그동안 목사님을 모시고 심방을 꽤 많이 다녔다. 개척교회라서 초기에는 더욱 더 많았다. 하지만 심방 길에 이런 감동을 받은 것은 처음인 듯하다. 위로하러 갔다가 위로를 받고 돌아오다니 은혜로운 심방이었다. 장로보다 목사보다 더 나은 우리 집사님의 그 믿음, 우리 하나님께서 보시고 달리다굼! 그 기적 제발 다시 한 번 일으켜주시길 간절히 기도한다.

신학공부의 보람

환갑 무렵에 야간신학교를 다녔다. 목사가 되려고 그런 것은 아니다. 청년시절부터 교회학교 교사로 섬겨, 주로 교육부서의 임원을 맡아 일하면서 필요를 느껴서 그랬다. 여러 가지 책을 참고해 가르치면서도, 과연 내가 가르치는 게 맞는지 영 미심쩍었다.

'제대로 공부해서 사역을 감당해야지….'

직장 은퇴를 5년쯤 앞두고, 한결 마음의 여유도 있어, 여기저기 알아보았다. 낮에 직장을 다니면서 밤 시간에 공부할 수 있는 곳이 있었다. 봉천동에 있는 밥죤스신학교였다. 우리 교회 담임목사님 소개로 입학해 보니, 다른 신학교와 달랐다. 집중성경학교 같은 곳이었다. 다른 신학교에서 가르치는 과목도 있었지만, 졸업할 때까지, 구약과 신약 전체를 한 번씩 훑도록 커리큘럼이 짜여 있었다. 딱 1장으로 되어 있는 유다서를 가지고, 한 학기 내내 강의하기도 하니 알 만하리라.

미국의 중상위권 밥죤스대학교 출신이 우리나라에 선교사로 와서 세운 50년 전통의 학교라서, 반쯤은 영어강의였다. 통역하는 우리나라 목사님의 실력이 탁월해서 내용을 이해하는 데 조금도 어려움이 없었다.

원래는 4년을 다녀야 했으나, 겨울학기를 운영해, 3년 만에 졸업하였다. 조직신학, 성경지리, 헬라어, 교회사 등등을 비롯하여, 성경 66권을 한차례 훑는 공부를 마치니, 비로소 눈이 열렸다. 내가 가르치는 내용이 전체 신학에서 어떤 위치에 있으며, 그 한계가 무엇인지를 어느 정도 가늠할 수 있었다.

신학교를 졸업하자마자, 우리 교회에서 평신도대학을 맡겨서 인도하였다. 평신도이지만 신학공부를 했으니 맡겼고, 나도 겁내지 않고 감당할 수 있었다. 성경, 사도신경, 주기도, 구원, 예수 그리스도, 하나님, 창조, 인간, 부부, 이단, 헌금, 기도, 찬송, 전도, 성령, 교파, 죽음, 예배, 성례, 종말 등 여러 가지 사항에 대한 오해와 진실을 공부하는 시간이었다. 신학공부를 한 보람을 톡톡히 느꼈다.

평신도대학만이 아니다. 매주 주보에 성경공부 원고를 게재하고 있다. 최근에는 성경 난하주의 내용을 음미하였다. 하나만 그 예를 들어본다. "여호와 하나님이 땅의 흙으로 사람을 지으시고 생기를 그 코에 불어넣으시니 사람이 생령이 되니라"(창2:7)에서, '생령'에 난하주가 달려 있다. '히 생물'이라는 난하주다, 히브리어 원문으로는 '생물'이라는 것! 원어로는, '생령(living soul)'이 아니라 '생물(생명체)'이라니, 새삼스럽게 그 의미가 무엇일지 곱씹어 보았다. 인간은 영적인 존재이기도 하지만, 생물(생명체)로서, 다른 생명체와도 상통한다는 점을 잊어서는 안 된다는 게 히브리어 원문의 깨우침이 아닐까?

이런 식으로, 〈창세기〉에서부터 〈요한계시록〉까지의 난하주 가운데, 특별히 차이가 나는 구절들만 살폈는데 참 은혜로웠다. 신학공부를 하지 않았으면 그냥 지나칠 뻔한 내용들이었다. 요즘에는 성경의 난해어구들만 모아 살피고 있다. 이것도 유익하다.

한 가지 예를 들어보자. "하나님이 이르시되, '우리'의 형상을 따라 우리의 모양대로 우리가 사람을 만들고…"(창1:26)에서, 왜 '우리'라는 표현을 하셨을까? 이때는 아직 삼위일체 교리가 형성되기도 전인데 왜 그랬을까? 구약학자인 차준희 교수의 책에서 해명해준다. 고대 근동에서 이 표현은 "심사숙고하였다", "대화하였다"는 뜻이란다. 인간 창조를 얼마나 공들여서 하셨는지 보여주는 표현이라니, 감사하기 짝이 없다.

요즘 신학교 입학생이 줄어들어 걱정이라고 한다. 특히 신대원은 더 심각하다고 한다. 타개할 방법이 하나 있다. 평신도들을 받아들여 교육시키면 어떨까? 은퇴를 앞둔, 비교적 여유가 있는 평신도들에게 문호를 활짝 열어 입학하게 하면 재정에도 도움이 될 것이다. 이미 각 분야의 전문성을 지닌 평신도들에게 신학공부를 시키면, 자신감을 가지고, 목회자를 도와 여러 사역을 감당하지 않겠는가? 내가 그렇게 공부해, 직장 은퇴 후에도 여전히 교회에서 신나게 섬기고 있듯이 말이다.

아침톡 간증

　7년째 지인들에게 아침톡을 보내고 있다. 핸드폰 화면 하나 분량으로 써서 전송한다. 처음에는 지인들에게 전도 목적으로 보냈다. 아주 노골적인 메시지도 많았다. 예수님 만세! 성경 최고! 교회의 매력!

　환갑 무렵 심하게 앓다 일어나 그 넘치는 감사를 주체할 수 없어 그랬다. 그러다 제동이 걸렸다. "제발, 기독교 이야기만은 보내지 마세요." 불신자 지인들의 아우성이었다.

　절필할까? 많이 고민했다. 아침톡 보내는 목적이 전도인데, 그 글만은 보내지 말라니, 더 이상 아침톡을 보낼 이유가 없지 않은가? 그러다 문득 이런 생각이 들었다. '하나님이 햇빛을 주실 때, 사람을 가려서 주시던가? 아니지 않은가?'

　종교 색깔을 빼고 그냥 내 생활을 나누기 시작하였다. 일상의 자잘한 사연들, 만난 사람 이야기, 겪은 일 이야기 등등을, 토요일과 주일, 공휴일만 빼고 아침 7시면 꼬박꼬박 보낸다. 직접 전도에서 간접 전도 또는 생활전도로 전략을 바꾼 셈이다. 물론 신앙적인 메시지도 이따금 보낸다. 가끔 잊을 만하면 슬쩍 끼워 넣듯이 그렇게 보낸다. 튀면 어쩌나 조마조마한 마음으로.

이렇게 7년간 아침톡을 보낸 결과 어떤 변화가 생겼을까? 내 아침톡 때문에 교회 나가겠다는 사람은 아직 없다. 하지만 달라진 게 있다. 기독교 얘기라면 손사래 쳤던 이들이 지금은 가만히 있다. 얼마 전에 기독교연합신문에 실은 '기절초풍할 일'이란 부활 관련 글을 모든 지인에게 보냈어도 누구 하나 거부 반응을 보이지 않았다. 다만 '기독교의 부활은 정신적인 부활이지 육체적 부활은 아니지 않느냐?' 이런 댓글을 보내왔기에, 그렇지 않다는 설명을 길게 써서 보내는 즐거움을 누렸다. '격리 기간의 은혜'라는 글을 읽은 불교 신자와는 석가모니의 신격화 문제로 대화가 시작되어, '인간이었던 석가가 나중에 신격화되는 데는, 성경의 영향을 받은 것으로 보인다'는 내 나름의 가설을 초기불교 공부한 지식을 바탕으로 이야기해도 반발하지 않았다. "기회가 되면 이 점에 대해 가르침을 받고 싶습니다." 이렇게 반응하여 놀라웠다.

내가 즐겨 쓰는 글투를 흉내내어 "아멘"이라고 댓글을 다는 불신자도 있다. 지금은 교회에 나가지 않지만, 나중에 나가게 되면 내가 다니는 교회에 함께 나가고 싶다는 이도 있다. 매일 아침 1시간 정도 공들여 보내는 아침톡이 헛수고는 아닌 듯하다.

어떤 지인은 묻는다. "어떻게 매일 글을 쓸 수 있나요? 너무 힘들지 않으세요?" 맞다. 처음에는 부담스럽기도 했다. 새날이 밝아 오는데 마땅한 글감이 없어 쥐어짜기도 했다. 하지만 이제는 글이 밀려 있다. 어떤 글부터 먼저 보내야 할지 고민할 정도다. 어떻게 이럴 수 있을까? 교회 덕분이고 하나님 은혜다.

고등학교 졸업하고 상경해 다닌 우리 교회는 개척교회였다. 주보에 목사님의 설교 요약문을 만들어 매주 실었다. 일정한 분량으로 줄여야만 그 코너에 실을 수가 있었다. 그 일을 20년 넘게 하였으니, 요약해 글쓰는 훈련을 제대로 받은 셈이다. 그게 몸이 배어서 그런지 어떤 사연이든 핸드폰 화면 하나 분량의 글로 표현하는 게 전혀 어렵지 않다. 순전히 우리 교회 덕분이다.

또 하나는 하나님 은혜다. 어릴 때부터 호기심이 풍부하게 하셨다. 더욱이 아침톡을 하면서 대충 보거나 들어서는 글을 쓸 수 없으니 매사 유심히 관찰하다 보니 나날이 섬세해졌다. 사람이든 유튜브든 책이든 영화든 아주 뚫어져라 본다. 그 결과 남들은 그냥 지나칠 일에서도 감동을 느끼기 일쑤다. 어느 날은 아현초등학교 앞 골목에서 참새 한 마리가 땅에서 움직이는 것을 보았다. 자세히 보니, 발로 걷는 게 아니라 온몸으로 뛰는 것이 아닌가! 그걸 아침톡으로 나누자 신기해들 했다.

아침톡 지인이 자꾸만 늘어 1천명을 넘었다. 은퇴하며 노후가 외로울까 염려했으나 아니다. 지인들과 소통하며, 삶의 신비와 희로애락을 날마다 나누니 즐겁기 그지없다.

고마운 한글

여러 해 전 숭례문이 불탔을 때, 국보 1호가 사라졌다며 통탄해들 했다. 하지만 우리 진짜 국보 1호는 훈민정음이다. 숭례문 없이도 살 수 있으나, 훈민정음 없이는 한국인으로서 사람다운 삶을 누릴 수 없기 때문이다.

지금 내가 이 글을 자유자재로 쓸 수 있는 것도 훈민정음 덕분이다. 아직도 한문을 빌어쓰고 있다면 얼마나 답답한 노릇일까? 쓰는 이도 괴롭거니와 그 어렵고 복잡한 한문 칼럼을 과연 우리 독자 가운데 몇 사람이나 읽고 반응할 수 있을까? 생각할수록 고마운 세종대왕이요, 훈민정음이다.

역사의 발전이란 무엇일까? 역사의 주인공 노릇을 하는 인간의 수가 늘어가는 한편, 그 인간이 개인적으로는 이전보다 더 자유롭고, 사회적으로는 이전보다 더 평등한 관계를 맺는 것이라고들 한다. 그렇게 볼 때, 한글이야말로 우리를 그렇게 만들어 준 최고의 은인이다. "어리석은(못 배운) 백성이 말하고 싶은 바가 있어도, 마침내 제 뜻을 다 펼쳐내지 못하는 경우가 많아, 내가 이것을 불쌍히 여겨 새로 스물여덟 글자를 만들었으니…" 이 훈민정음 서문의 이상이 이루어진 세상에 우리는 살고 있다. 말하고 싶은 것을 누구나 제대로 마음껏 표현한다. 그 결과, 교육 강국이 되어 문맹률이 가장 낮은 나라로서, 경제대국으로 부상하여 있다. 정치적인 면에서도, 아테네 이후 민주주의의 모범국으로 추앙받고 있다. 정보화 선진국이 되어, 거의 모든 정보를 국민이 공유해, 더 이상 함부로 독재할 수 없다.

그럼에도 아직 훈민정음 즉 한글에 대해 오해하고 있는 게 여럿 있다. 한류가 퍼져, 이 나라 저 나라에 한국어학과가 개설되고 한글공부 모임이 늘어가고 있는 이때, 어떤 외국인이 다가와 한글에 대해 물으면 제대로 대답해 줄 수 있어야 한다. 국어국문학과 출신으로서 세 가지만 알리고 싶다.

첫째, 한글과 한국어는 다르다. "세종대왕이 한글 만들기 전에는 어느 나라 말을 했나요?" 이렇게 묻는 사람도 있다. 세종대왕이 만든 게 우리말(한국어)인 줄 아는 게다. 한국어는 우리말이고, 한글은 우리말을 적는 문자(알파벳)이다. 우리말은 단군 때부터 있던 것이고, 그것을 발음대로 적는 글자가 없어 한자와 한문을 빌어서 기록하다가, 세종대왕이 만들었다. '훈민정음(訓民正音 : 백성을 가르치는 바른 소리)'이라는 원래의 명칭을 그대로 썼더라면 이런 혼동이 생기지 않았으련만, 1910년 무렵 '한글'이라고 이름을 바꾸면서 문제가 생겼다. 글자와 글은 다른 법인데, '한글'이라고 고쳐 불렀으니, 국민의 의식에 혼란이 일어난 것이다. 글자가 모여 글이 되건만, 글과 말을 적은 단위로서의 글자인 '훈민정음'을 '한글'이라 함으로써, '한글=국문' 또는 '한글=한국어'라고 오해하게 만든 셈이다. 조선어학회라는 학회 이름을 광복 후 '한국어학회'가 아니라 '한글학회'라 잘못 바꾼 것도 국민을 혼란에 빠뜨린 두 번째 처사다.

둘째, 세계기록문화유산으로 지정된 것은 한글이 아니다. 어떤 특정 문자를 세계기록문화유산으로 지정하지는 않는다. 문자를 문화유산으로 지정한다면, 중국의 한자, 일본의 가나, 서구어의 알파벳 등도 지정받아야 할 것이다. 세계기록문화유산으로 지정된 것은 책으로서의 훈민정음(해례본)이다. 세상에 문자가 많지만, 그 만든 사람이 누구인지, 원리와 활용하는 방법은 무엇인지 훈민정음 해례본처럼 상세하게 밝혀 놓은 책은 없다. 일제강점기에 안동에서 발견되어 현재 간송미술관(성북구 소재)에서 소장하고 있으니 하나님 은혜다.

셋째, 1938년에 한글 교육 금지 조치가 내려졌으나, 그해에 한글판 개역 성경전서가 출판되었다는 사실도 알아야 한다. 일제가 우리말을 못 쓰게 하고, 한글 교육을 금지했으나, 교회에서는 우리말과 한글 성경 및 한글 사용이 가능했다. 그 결과, 당회회의록들이 한글로 남아 있다. 기적 같은 일, 하나님의 특별한 섭리가 아닐 수 없다.

"하나님 너무 걱정 마세요"

"하나님, 너무 걱정 마세요. 제가 잘해 볼게요."

지인의 딸이 하나님께 올린 기도란다. 첫아이를 낳은 지 얼마 되지 않아, 남편이 교통사고 후유증으로 목 아래가 마비가 되었을 때 드린 기도라고 한다. 얼마 전, 지인한테 이 말을 듣는 순간 감동이 밀려와 주체할 수 없었다.

억장이 무너지는 것 같은 상황에서, 나도 이분처럼 기도할 수 있을까? 내 걱정이나 자식 염려가 아니라, 하나님부터 걱정할 수 있을까? 충격이었다. 도대체 내 죄가 얼마나 크기에 이러시느냐, 왜 하필이면 우리 남편에게 이러시느냐며 원망하며 목 놓아 통곡할 만도 한데, 오히려 하나님 걱정 마시라고 했다니, 놀라웠다.

그렇게 말만 한 게 아니라, 그 후로 지금까지 지극 정성으로 남편을 돌보고 있는 이 며느리를, 그 시댁 식구들이 하늘처럼 떠받들고 있다고 한다. 가톨릭 신자라니, 아마도 불신 가족들이었다면 며느리한테 감격해 성당에 나가고 있을지도 모를 일이다. 참 신앙이 무엇인지, 진짜 기도가 무엇인지 깨우쳐주는 실화이다. 하나님의 심정부터 헤아릴 수 있어야 진정한 믿음이리라.

10년 전 환갑 무렵, 나를 덮친 병마로 1년 4개월간 심하게 앓을 때 나는 이렇게 하지 못했다. 명색이 장로이면서 절망했다. 영영 회복되지 못할 것만 같았다. 건강할 때 늘 입에서 흘러나오던 찬송도 그쳤다. 기도도 멈추었다. 어서 데려가 주시라는 기도만 나올 뿐이었다.

아내는 달랐다. 틀림없이 나을 거라며, 하나님께서 치유해 주실 거라며, 기도원, 병원과 한의원, 유명한 곳이라면 억지로 나를 데리고 가지 않은 곳이 없었다. 좋은 약이라면 무엇이든 해다 먹였다. 3일, 7일, 한 달, 40일 금식기도도 밥 먹듯이 했다.

아내의 정성 때문이었을까? 어느 주일, 예배를 마치고 나오는 길에 하나님은 말끔히 나를 회복시켜 주셨다. 중풍병자의 친구 넷이서 들것에 환자를 뉘어, 예수님 계시는 집의 지붕을 뚫고 달아내려, 마침내 예수님으로부터 신유의 은혜를 얻었다는 마가복음의 기사처럼 내가 그랬다. 내 믿음이 아니라, 순전히 아내의 믿음을 보시고 고쳐 주신 듯하다. 기적같이 치유 받은 그 날(2014년 8월 17일)을 제2의 생일로 알아 기억하며 늘 감사하고 있지만, 참 부끄러운 일이다. 그 1년 4개월 동안, 그렇게 축 처져 있는 나를 보며, 우리 하나님은 얼마나 기막혔을까? 숱한 은혜 가운데 지금껏 인도해 주었건만, 장로라는 사람이 그까짓 병마 앞에서 이렇게 속절없이 무너지다니, 하면서 속상해하셨겠다는 생각을 이제야 해 보게 되었다. 지인 딸의 위대한 신앙을 보며 비로소 개안한 것이다.

지인의 딸처럼, 이렇게 기도했어야 한다.

"하나님, 제가 아프다고 너무 걱정 마세요."

이렇게 하나님부터 안심시켜야 했다. 누구보다 하나님께서 나를 걱정하신다는 사실을 믿는다면 그랬어야 한다. 가정의 한 기둥인 남편이 갑자기 쓰러졌을 때, 절망하며 신세타령하는 대신, 남편을 세상에 보내신 하나님께서 얼마나 놀라고 계실까? 얼마나 걱정하실까? 이것부터 생각하며 그 하나님을 위로한 지인의 딸처럼 나도 하나님을 안심시키는 기도를 먼저 했어야 한다.

"제가 해 볼게요."

이러면서 건강 회복을 위해 백방으로 뛰었어야 한다. 아내가 데리고 가기 전에, 내 스스로 노력했어야 한다. 어서 나아 다시 영광돌릴 수 있게 해 달라며, 최선을 다했어야 마땅하다. 장로답게 그랬어야 한다. 진인사대천명(盡人事待天命)이라는 말 그대로, 야곱처럼 내가 할 수 있는 일은 다했어야 마땅하다. 나는 그러지 못했지만, 지인의 딸은 지금껏 그렇게 하고 있다. 아들이 초등학생이되도록 한결같이 남편과 아들을 돌보며 지내고 있다니 천사가 따로 없다. 평생 나를 깨우치는 죽비다.

나의 해방일지

　최근 지인의 권유로 본 드라마가 있다. 〈나의 해방일지〉다. 경기도에서 싱크대를 제작하고 농사도 짓는 어느 부부의 삼남매 이야기인데, 진지한 주제에 끌려 16화까지 다 보았다. 그 가운데 기독교 신앙인인 우리한테 특별히 인상적인 장면이 하나 있었다. 그 집 아들이 여자 친구와 헤어지는 대목에서 주고받는 대화가 그것이다.

　"우리 서로 축복하면서 헤어지자."

　"너, 교회 다니니?"

　남자 주인공이, 서로 축복하며 헤어지자니까, 대뜸 그 여자 친구가, 너 교회 다니냐고 물었다. 어린 시절 주일학교 경험이 있는지는 몰라도, 극중에서 남자 주인공이 신자로 나오지는 않는다. 신자가 아닌 줄 알기에, 그 여자 친구도 이렇게 물은 것이겠다. 네가 교회도 다니지 않으면서 웬 축복 운운하느냐고 한 것이겠다.

　이 장면을 보면서 생각했다. 아, 세상 사람들이 생각하는 크리스천의 이미지는, 축복하는 사람들이구나!

　가만히 생각해 보니 맞다. '축복(祝福)'이라는 말은 '복을 빌어 줌'이다. 이 말은, 복을 내려줄 수 있는 초월자가 있을 때만 유효한 말이다. 구약의 예언자들이 반복해서 지적한 것처럼, 인간이 만든 우상은 복을 내려줄 능력이 없다. 오직 창조주 하나님만이 우리에게 복을 내려주실 수 있다. 그러니 그 하나님을 믿는 크리스천들의 '축복'은 진짜로 그 복을 임하게 하는 능력 있는 행위다. 크리스천만의 특권이다.

　"너 교회 다니니?"

　이 말은, 교회 다니는 사람은 당연히 이웃을 위해 축복하면서 살아야 한다는 기대를 담고 있다. 과연 나는, 우리는 지금 그런가? 반성하게 하는 대사였다. 입만 열었다 하면 향기로운 축복의 말을 하는 사람으로 살고 있는지, 아니면 그 반대로 무서운 저주의 말, 독기어린 말을 더 하며 살고 있지는 않은지 돌아보게 하는 말이었다.

　두 아들의 아비로서, 자식 교육에 힘쓰지 않은 듯해서 늘 미안하다. 남의 자식은 열심히 가르치면서 왜 제 자식한테는 무심하냐는 핀잔을 들어왔다. 오직 한 가지만은 자랑할 게 있다. 자녀들을 축복한 것이다. 아이들이 학교에 갈 때마다, 축복을 말 한마디씩을 건넸다.

"감사한 하루!",

"행복한 하루!",

"복된 하루!"

새로운 표현을 개발하면서 이렇게 축복하던 어느 날이었다. 내가 깜빡하고 축복하지 않자, 문간에 서서, 오늘은 왜 축복해 주지 않느냐며 기다리는 것이 아닌가? 그 축복 덕분일까? 둘 다 장성해서 교회에서 찬양으로 섬기며, 학교 졸업하고 직장 생활 잘하고 있으니 감사하다.

'축복'의 대립어는 '저주'다. 축복이 그대로 실현되는 것처럼 저주도 마찬가지다. 우리가 저주한 대로 상대방에게 그 저주가 임한다. 하나님은 우리의 기도를 다 들어주시기 때문이다. 그러니 저주를 함부로 해서는 안 된다. 특히 요즘처럼 가짜 정보에 휘둘려 그래서는 곤란하다.

20여 년 전에 중앙아시아 카자흐스탄에서 지낸 적이 있다. 그때 본 영화가 잊히지 않는다. 우리로 치면 〈춘향전〉 같이 유명한 영화인데, 스토리는 로미오와 줄리엣과 유사하였다. 원수 집안의 총각 처녀가, 집안의 금기를 깨고 사랑에 빠지고, 부모는 극렬히 반대한다. 반대해도 사랑을 포기하지 않자, 출전하는 아들의 등 뒤에 대고, 그 아버지가 저주의 말을 한다. 그 아들은 전투에서 이겼으나, 안심하고 등을 보인 채 돌아서다, 비겁하게 뒤에서 날린 적수의 화살에 맞아 죽는다. 영화 전체의 설정과 카자흐스탄의 문화에 비추어, 아들이 죽은 원인은 아버지의 저주 때문이다. 구약에서, 예언자의 예언이 그대로 실현되는 것처럼, 카자흐스탄 문화에서도 그렇다. 말한 대로 이루어진다. 축복하면 복이 오고, 저주하면 화가 임한다고 믿는다. 이방인이라고 무시하는 마음이 있었지만, 그때 그 문화를 알고 내 생각을 바꾸었다.

보은하려다 받은 은혜

"세상에, 이렇게 좋은 곳에 무료로 계시다니, 부럽네요."

은퇴 후 내가 매일 나가는 정동 입구의 동양빌딩 5층 사무실에 찾아오는 분마다 이구동성으로 하는 말이다. 교통 좋은 데다 햇빛도 찬란하게 쏟아져 들어오지, 멀리 남산타워가 보이는 전망까지, 내가 생각해도 환상이다.

"어떻게 이런 곳에?"

모두가 궁금해하며 묻는다.

"보은하려다 받은 은혜지요."

정말이다. 은혜 갚으려다 받은 복이다. 무슨 말인가?

박이정이라는 출판사한테 은혜 갚으려다 터진 대박이다. 은퇴를 5년쯤 앞둔 어느날, 박이정출판사 대표한테서 전화가 걸려왔다.

"우리 출판사 설립 30년사 편집위원으로 참여해 주세요."

이 출판사는 내 책을 다섯 권이나 내 준 곳이다. 잘 팔리지도 않는 전문 학술서를 다섯 권이나 출판해 준 것을 늘 고맙게 여겨왔던

터에, 이런 전화를 받았다.

'아, 드디어 은혜 갚을 기회가 왔구나!'

이 생각이 들어 흔쾌히 수락하고, 국어학, 출판학 등 다른 분야 편집위원들과 함께 열심히 참여해 30년사 책이 나와 잔치까지 열렸다. 책이 나왔으니, 다른 위원들을 다시 만날 일이 없건만, 출판 학계의 부길만 교수가 불러냈다.

"정동 동양빌딩에서 매달 열리는 출판역사연구회 발표회에 오세요."

편집위원으로 만난 부 교수의 학식과 인품에 매력도 느낀 데다, 출판역사에 대한 호기심이 발동해 참석하니 참 재미있었다. 나도 몇 차례 발표하면서 회원들과 사귀었는데, 동양빌딩 주인인 박원경 박사, 그 제자로서 5층에 있는 책봄출판사 대표인 한은희 선생도 있었다.

그 인연으로, 우리 교회 50년사 책을 책봄출판사에 맡겨, 최종 교정을 보던 날, 책봄출판사 대표한테 슬쩍 한마디를 던졌다.

"내가 곧 은퇴하고 어디 갈 데가 없는데, 혹시 여기 나와 있으면서 교정 봐 주면 안 돼요?"

내 말이 떨어지자마자 화색이 돌면서 하는 말이 걸작이었다.

"그렇잖아도 우리가 기도하는 제목이었어요. 저희는 디자인만 할 줄 알지 교정 능력은 없어, 돈을 주고 외부에 맡겼었거든요. 어서 오세요."

이래서 은퇴하자마자, 집에서 걸어 20분 거리인 이 출판사에 매일 나오고 있다. 어쩌다 있는 약간의 교정 일 외에는 내 글 쓰고, 사람 만나다 집에 온다. 이른바 삼식이 세끼를 면해 아내한테도 떳떳하기 짝이 없다.

그야말로 은혜 갚으려다 도리어 곱절로 받은 은총이 아닐 수 없다. 만약 5년 전, 박이정 대표가 전화를 걸어왔을 때, 그 요청을 거절했더라면? 출판학 전공 부길만 교수를 만날 일은 없었을 것이다. 부 교수를 만나지 못했다면, 동양빌딩도 그 주인인 박원경 박사와 책봄출판사도 만날 수 없었을 것이다. 그랬다면 내가 은퇴 후 이곳에 매일 나와 행복한 시간을 가지는 일도 없었을 것이다.

구약성경 〈에스더〉 생각이 난다. 모르드개와 유대 민족 전체가 하만의 모략 때문에 몰살당할 위기를 역전시킨 사건이 그것이다. "그날 밤에 왕이 잠이 오지 아니하므로 명령하여 역대 일기를 가져다가 자기 앞에서 읽히더니"(에스더 6:1). 바로 이것이다. 우연히 잠이 오지 않아 우리로 치면 왕조실록을 읽다가, 모르드개의 공적을 발견해, 마침내 모르드개는 물론 유대 민족 전체가 기사회생한다.

만일 그날밤 왕이 잠을 잘 잤더라면 실록을 읽는 일도, 모르드개의 공로를 발견하는 일도 없었을 것이며, 모르드개와 유대민족은 몰살당하고 말았을 것이다. 하나님의 은혜가 아닐 수 없다.

내가 출판사의 은혜를 갚으려 마음먹은 것도 하나님의 은혜요 섭리다. 어떤 은혜이든 배은망덕하지 말고, 기꺼이 갚으려 노력하며 살 일이다.

잊지 못할 사람들

　살다 보면, 잊히지 않는 사람이 있다. 두고두고 생각나는 사람이다. 다시 만나고 싶고 어떻게 지내는지 궁금하다. 내가 오래 살았던 아현동에서 만난 두 분이 그렇다.

　우리 교회가 있는 서울 마포구 아현2동에는 도로에 인접한 분식점이 몇 개 있었다. 지금은 개발되어 고층아파트가 들어서서 입주하는 중이지만, 몇 년 전만 해도 그랬다. 그 가운데 한 분식점 아주머니가 지금도 생각난다. 중학교 때 가난한 친척집에 있으면서, 수제비를 너무 많이 먹어서 그런지, 밀가루 음식을 즐기지 않아 자주 갈 일은 없었지만, 그 아주머니를 잊을 수 없다.

　언젠가 황사가 극성을 부리던 봄날, 휴교 조치까지 내린 때였다. 고1이던 큰아들이 밤참을 먹고 싶대서, 11시쯤 그 분식점을 찾아갔더니 문이 닫혀 있었다.

　다음날 열려 있기에, 들어가서 물었다. 왜 어제 열지 않았는지 문자 대답하였다.

　"가뜩이나 먼지 든 음식을 파는데, 황사가 그렇게 심한 날 어떻게 문을 열어요?"

아줌마는 분식을 포장하면서 혼잣말처럼 말을 이었다.

"저승에 가면, 사람들에게 먼지만 먹이고 왔다고 할 거야."

저승이란 말을 쓴 것으로 미루어 교회에 다니는 분은 아니겠지만 그 말을 듣는 순간, 감동했다. 이렇게 양심적으로 가게를 운영하다니, 여느 종교인보다도 나은 듯해서 그랬다. 한번 꼭 다시 만나고 싶다.

또 한 분이 있다. 지금은 없어졌지만, 그 분식점 아래 삼거리에 대호약국이 있었다. 그 약국의 약사님은 얼굴에 파란 흉터가 있는 분이었다. 오광근 선생님으로 기억한다. 하얀 약사복에 명찰을 붙이고 있었다.

그분은, 약을 사러 가면, 여느 약사와는 다른 모습을 보여주었다. 대부분은 어떻게든 약을 많이 팔려고 안달한다. 바짝 마른 내가 지나가면 불러들여, 살찌게 해주겠다며 비싼 약을 먹인 약국도 있다. 살찌고 싶은 욕심에 그 약 먹었다가, 살은 쪘지만, 거기 넣은 스테로이드 성분 때문에, 하마터면 큰일 날 뻔한 적도 있다. 그렇게 현저하게 문제가 있는 약국이 아니더라도, 1일분 약을 달라면 무조건 3일분을 안겨주기 일쑤인데, 그분은 그러는 법이 없었다.

"그거 조금만 참으면 낫습니다. 약 먹을 필요 없어요. 그냥 가세요."

대개 이런 식이었다. 한번은 큰아들 녀석이 무릎이 아프다고 호소하기에, 무슨 큰 병인가 싶어 데리고 갔더니, 이러는 것이었다.

"이거 성장통입니다. 애들이 한참 성장하면서 뼈가 미처 몸의 성장 속도를 따라오지 못해 일시적으로 생기는 통증입니다."

그래서 약 좀 달랬더니 이랬다.

"약 먹일 필요 없어요. 그냥 가세요. 가만 두면 저절로 나아요."

원 세상에, 이런 약사가 있다니, 감동했다. 잊을 수 없는 약사다. 약을 팔기 위해 사는 분이 아니다. 아픈 사람을 도와주려고 사는 분이다. 이분이 교회 다니는지 아닌지도 모르지만, 존경한다. 지금 어느 약국에 계신지는 모르나, 오늘도 아마 자기 약국에 찾아온 손님들한테 씩 웃으면서, 이러고 있지 않을까?

"약 먹을 필요 없어요. 조금만 참으면 저절로 나아요."

이 두 분, 그 후로 만난 적 없지만, 여전히 내 뇌리에 선명하게 새겨져 있다. "과거는 현재의 기억 속에 있다."라고 한 어거스틴의 말처럼, 그분들은 내 기억 속에 생생히 살아있다. 좋은 기억의 주인공들이다. 교회를 다니다 그만둔 지인들한테서 자주 듣는 말이 있다. 교회에서 만난 사람과의 좋지 않은 기억 때문에 발길을 끊었다는 말이다. 심지어 목회자한테 받은 상처도 있다. 다시 그런 사람 만날까봐 교회 못 나가겠다니, 참 안타까운 일이다.

아현동 분식점 아주머니, 대호약국 약사, 이 두 분을 내가 못 잊듯, 나도 그랬으면 좋겠다. 나를 만난 사람마다 오래 기억하며 고마워하는 크리스천으로 살고 싶다.

3월 한 달은

"나, 학교 있을 때, 해마다 3월 한 달은 위장 장애로 고생했어."

얼마 전에 만난 대학 동창의 말이다. 고교 교사로 근무할 때, 3월이 되어 반이 바뀌면, 예전 담임이 일러준단다. 누구누구는 문제 학생이라고 죄다 알려주지만, 내 친구는 싹 무시한 채, 똑같이 대했다고 한다.

선입견 없이, 모든 학생을 똑같이 대하는 것은 물론, 학생과 라포(친밀한 관계)가 형성되기 전에는 아무 말도 하지 않았다는 내 동창, 그래서 그랬을까? 이른바 문제 학생들도 이 선생의 말만은 잘 들었다고 한다. 3월 한 달에만 두 번 사고 쳤던 어떤 문제 학생도 1년을 조용히 지냈다고 한다. 다른 학교로 전화했더니만, 다음 해 3월에 그 학교 학생부장이 전화해서, 그 학생이 큰 사고를 쳤는데, 다른 누구와도 대화하기를 거부한다며 도와달라더란다. 찾아가 만나 해결했는데, 그때 그 학생이 한 말이 충격이었단다.

"그동안, 저를 믿어준 사람은 선생님밖에 없었어요. 그 믿음에 배신하지 않으려 1년을 노력했는데…"

그렇게 말하던 그때 그 학생의 말투와 표정과 몸짓은 죽을 때까지 잊을 수 없노라고 했다. 죽어라 공부하지 않고 당구만 쳐서 꼴등이던 어떤 학생도 내 친구한테는 속맘을 털어놓더란다. 그 부친을 만나 당구 시키라고 하자 처음에는 노발대발했으나 진심으로 상담한 결과 허락받았고, 그 학생은 지금 누구나 아는 프로 당구 선수 아무개라고 한다.

동창의 말을 듣는 나도 감동이었다. 내가 물었다.

"그런데 왜 위장 장애가?"

"한 달간은 말도 조심했어. 그리고는 학생들 하나하나 관찰하느라 초긴장했던 모양이야. 왜 3월마다 위장 장애가 있었는지, 나중에야 알았어."

나도 교직에 있었으나, 이 말 듣고 많이 부끄러웠다. 교수는 연구를 많이 해야 한다며, 교육에는 그다지 힘을 쏟지 않았기 때문이다. 이미 밝혀진 사실을 전달하는 교사와 달리, 새로운 사실을 밝히는 교수의 책임을 더 중요하게 여긴 결과다. 내가 받은 은사가 그것이라고 생각해 크게 후회하지는 않지만, 학생들 하나하나를 관찰하느라 습관적인 위장 장애로 고생했다는 동창 앞에서는 침묵할 수밖에 없었다.

3월마다 위장 장애를 겪었다는 동창의 이 이야기를 들으면서, 우리 민속의 한 대목이 떠올랐다. 정월 대보름까지, 새해맞이 마을행사(동제)의 책임자가 반드시 목욕재계를 하는 등 일정한 금기를 지키는 관행이 그것이다. 언행을 조심하고, 어류와 육류도 먹

지 않고, 술과 담배를 끊으며, 부부가 한 방에 들지 않았다. 한 해
동안 신께서 보호해 주시기를 바라는 마음을 이렇게 표현했다 하
겠다. 복음이 들어오기 전, 우리 조상들이 절대자에 대한 신앙을
어떻게 드러냈는지 보여주는 사례인 셈이다. 이른바 자연계시라
하겠다.

　내 동창이 새로운 학생들을 맡으면서 말조심도 하고 라포 형성
을 위해 노력한 것은, 교육을 신앙으로 승화한 행위라고 여겨진
다. 정결한 몸과 마음가짐으로 학생들을 대했다니, 학생들 하나하
나를 마치 하나님처럼 생각했는지도 모를 일이다. 젊은 시절에 교
회에 나가 열심이었으나, 건축하려고 모은 헌금을 교인 한 사람이
가지고 도망치는 사건을 몇 번 겪으면서, 그만 교회에 환멸을 느껴
발길을 끊고 있다는 내 동창이지만, 지극히 신앙적인 자세로 학생
교육에 임했다고 여겨진다. 교회만 안 나갈 뿐이지, 어쩌면 하나
님의 마음으로 학생들을 품고 사랑하는 사람이 아닐까 생각되어,
내 자신을 돌아보게 한다.

한국교회의 미래를 걱정하는 소리가 높다. 목회자들의 책임이 크다. 내 동창이 3월마다 위장 장애를 앓았던 것처럼, 그렇게 양 떼 하나하나의 특성을 이해하려 가슴앓이 했던가? 학생들과의 라포(rapport)가 형성되기 전에는 아무 말도 않았던 것처럼, 설교하기 전에 양들과의 소통에 정성을 쏟았던가? 지인들로부터 목회자에 대해 이러쿵저러쿵 여러 소리를 듣곤 한다. 대부분 이 두 가지에 소홀해 생긴 아쉬움이다. 실력만 좋다고 좋은 교사가 아니듯, 설교만 잘한다고 좋은 목회자는 아니다. 새해 3월을 맞으며 생각해 본다.

흥얼흥얼 찬송하는 은사

명색이 장로인 내가 열등감을 가진 게 하나 있었다. 방언을 비롯해서, 이른바 성령님의 신비한 은사를 체험하지 못한 데 대한 콤플렉스가 그것이었다. 오순절교회 계통의 영향을 받은 교인들 가운데, 방언을 자랑하거나 방언으로 기도할 때면 그랬다. 사도행전에 나오는 방언은 외국어로서의 방언이지, 오늘날의 방언과는 다르다는 것을 잘 알면서도 그랬다.

방언은 못하지만, 내게는 글쓰기 은사가 있지 않은가? 이렇게 달래기도 하지만, 신비한 은사라고는 할 수 없으니, 내심의 열등감은 여전하였다. 그러다 얼마 전, 내게도 신비한 은사가 하나 있다는 것을 발견했다. 흥얼흥얼 무시로 찬송하는 은사다.

언제부터인지는 몰라도 하루종일 흥얼거린다. 걸어갈 때나 무슨 일을 할 때나 흥얼댄다. 대부분 복음송 아니면 찬송가다. 집에서 아내를 도와 설거지할 때도 찬송이 나온다. "당신, 힘들지 않은 척하려고 일부러 찬송하는 거죠?" 아내는 그렇게 놀리지만 아니다. 저절로 나온다.

혼자 있을 때만 흥얼거리는 게 아니다. 다른 사람과 함께 걸어가다가도 흥얼거리기 일쑤다. 은퇴하기 전, 교내에서 동료 교수와 함께 점심 먹으러 가던 어느 날이었다. 무심코 흥얼거렸던 모양인데, 동료 교수가 핀잔했다. "노래는 혼자 걸을 때나 하시지요." 의도하지 않은 결례를 범한 셈이다. 더욱이 그분은 불교 신자였으니 퍽 거북했겠다.

언제부터 흥얼거렸을까? 아마도 2013년 지독한 우울병으로 일 년 넘게 고통 받다가 극적으로 치유 받은 후부터가 아니었나 싶다. 나날이 경험하는 삶의 기쁨과 감사를 지인들에게 아침톡(처음에는 아침문자)으로 전하면서 찬송도 함께 터져 나오기 시작한 듯하다. 물이 고이면 저절로 흘러넘치게 마련이듯 아마 그러지 않았나 싶다. 다시 건강해져 보고 듣는 세상은 이전의 세상이 아니었다. 모든 게 하나님의 은혜요 감사 투성이였다. 그 감격을 아침톡으로 간증했지만 그것만으로는 부족해, 나머지 감사의 물결이 입술을 타고 찬양으로 흘러나와 지금까지 이어지는 듯하다.

"다른 사람 있을 때는 제발 절제하세요."

얼마 전 아내가 이렇게 충고했다.

"내가 하고 싶어서 하는 줄 알아요? 그냥 저절로 흘러나오는 걸 낸들 어떻게 해요?"

이렇게 변명하다가 퍼뜩 깨달았다. 방언만이 아니라, 내가 무시로 찬양을 흥얼거리는 것도 성령님의 특별한 은사라는 사실을!

도대체 어떤 찬양이 흘러나올까? 궁금해서 며칠 전에는 메모해 보았다.

"잠시 머물 이 세상은 헛된 것들뿐이니 주를 사랑하는 마음 금보다도 귀하다."

"나는요 세상에 있을 맘 없어요. 이 세상 이 세상 나의 집은 아니요."

"아버지 사랑합니다. 아버지 경배합니다. 아버지 채워 주소서 당신의 사랑으로."

"사랑하는 나의 아버지 이름 높여 드립니다. 주의 나라 찬양 속에 임하시는 능력의 주께 찬송하세."

삼성 코엑스 전시장에서, 넥슨의 창업주 김정주 회장의 자살 사건을 화제로 어떤 회사 상무와 대화한 직후 흘러나온 찬양이 〈잠시 머물 이 세상은 헛된 것들뿐이니〉, 〈나는요 세상에 있을 맘 없어요〉 이 두 찬양이었다. 이 세상의 부귀가 얼마나 헛된 것인지 절감한 충격을 이 찬양으로 고백하게 성령님께서 역사하신 것이리라. 이어서 〈아버지 사랑합니다〉, 〈사랑하는 나의 아버지〉, 이 두 곡으로 내 시선을 온전히 하나님께만 향하도록 단속하신 것이리라.

유튜브에 보니, 늘 흥얼거리는 사람이 행복한 사람이란다. 이제 더 이상 방언의 은사를 부러워하지 않겠다. 찬송 흥얼거림의 은사를 모두가 누렸으면 좋겠다.

버선발로 새벽기도하러 간 권사님

　우리나라 초기 교인들의 발자취에 대한 책을 요즘 집중적으로 읽었다. 전택부 선생, 이덕주 교수가 쓴 책들에 목회자와 평신도의 미담이 많아 실려 있어 감동적이었다. 책을 읽으면서 문득 우리 고향 교회의 김다복 권사님 생각이 났다. 내 친구의 할머님이고 생전의 모습을 지금도 기억하고 있다. 책에 실릴 만한 신앙의 위인이라는 생각이 들었다. 언젠가 그 교회 장로인 내 자형(姊兄)을 통해 자세히 들었던 이 권사님의 사연은 이렇다.

　김 권사님은 처녀 때부터 믿은 분이다. 우리 옆 동네인 새터도마부락 김씨네 집안으로 시집오셨다. 그 동네에서 가장 가난한 집이었다. 게다가 남편은 믿지 않는 분이었다. 하지만 권사님은 새댁이 되어서도 여전히 열심히 신앙생활을 했다.

　가까운 동네에 교회가 없자, 처음에는 거의 10리 너머에 있는 서두교회를 다녔다. 나도 세례 받은 교회지만, 권사님이 새터도마리에서 그 교회까지 가려면 서너 마을을 거치고, 몇 개의 야산을 넘고, 방죽을 지나야 했다. 하지만 권사님은 하루도 빠짐없이, 그야말로 눈이 오나 비가 오나, 주일예배는 물론 매일 새벽기도를 드리러 다니셨다.

눈이 많이 오는 날이 문제였다. 고무신 살 돈도 없을 만큼 가난했기에, 짚신을 삼아서 신었다. 집을 나서서 걸으면, 한 오리쯤에 있는 만대라는 부락쯤에서 그만 짚신 코가 떨어져 버려서(요즘말로 짚신의 올이 다 풀어져 버려서), 더 이상 신을 수가 없게 되었다. 짚신을 벗은 채 버선발로 그냥 눈길을 걸어서 교회까지 갔다.

그 언 발로 교회에 도착하면, 장로님들이 난롯불을 쬐고 있다가, 달려 나와 맞이했다. 그 먼 거리에서 어떻게 이렇게 언발로 오셨느냐고, 더 이상 말을 잇지 못한 채, 그냥들 얼싸안고 한참씩 울었다.

권사님은 평생 가난하게 사셨고, 남편한테 일 않고 전도하러 다닌다고, 교회 다닌다고 숱하게 머리끄덩이를 잡히는 고초도 겪었다. 교회 나가기 때문에 가난하게 산다고 이웃사람들한테 조롱도 받았다. 하지만 항상 당당했다. 잘사는 사람들이 이분한테 하대하고 싶어도, 워낙 꼿꼿하게 말하고 행동하니까 감히 아무도 하대하지 못했다. 택하신 족속, 왕 같은 제사장, 거룩한 나라, 그의 소유된 백성으로서의 자존감을 지키며 사신 분이라 하겠다.

이분 대에는 가난했으나 지금 그 집안은 인근에서 모두가 존경하는 가정이다. 큰아드님이 장로를 거쳐 목사가 되어 교회를 섬기다 작고했다. 손자 중에서 목사가 셋, 장로가 둘이다. 장손자인 김백경 목사는 장로회합동측 전주노회장을 역임했으며, 셋째 손자인 김복경 장로는 건축 일을 하는데, 아이엠에프 때 남은 다 놀아도 이분은 일거리가 밀릴 정도로 돈을 많이 벌어 교회를 섬겼다.

권사님의 기도는 남달랐다. 마룻바닥에 엎드려서 기도하셨다. 물론 그때야 의자가 없는 때이기도 하지만, 항상 마룻바닥에 엎드린 채 기도하셨다. 만군의 주이신 하나님께 감히 앉아서 기도드릴 수 없어 그랬을 것이다. 하나님을 대하는 자세부터가 달랐다 하겠다.

그분의 기도 내용과 어조도 특별했다. 보통은 대표기도를 포함해서 기도할라치면, 웅변하듯이, 마치 저 멀리 계시는 하나님한테 하듯 하기 일쑤인데, 김다복 권사님의 기도는 그렇지 않았다. 개인기도든 대표기도든 그러는 일이 없었다. 바로 아주 가까이 하나님이 계시는 것처럼, 그렇게 나지막하게 간절히 기도하였다. 그 기도를 여러 번 들었다는 우리 자형의 기억으로는, 지금까지 살아오면서 많은 기도를 들어봤지만, 김 권사님의 기도 같은 기도는 들어보지 못했다고 한다.

그분은 가셨으나, 어느새 칠순을 바라보는 나도 그분처럼 새벽기도하러 매일 교회에 간다. 하지만 폭설이 내리거나 폭우가 쏟아지면 빼먹기 일쑤이니 부끄럽기 짝이 없다. 간절함과 정성이 부족한 탓이리라. 이번 주에 맡은 대표기도만이라도 흉내를 내보고 싶다. 목에서 힘을 빼고, 옆에 계시는 하나님께 말씀드리듯 그렇게 자연스럽게 기도해야지 마음먹어 본다.

행복한 우리 가정

우리 문화에서, 자랑하는 것은 미덕이 아니다. 특히 가족 자랑은 조심해야 한다. 지인들과 나누는 아침톡에서 가족 이야기를 몇 차례 하자, 자제하라고 친구가 조언해 주어 명심하고 있다. 그럼에도 5월 가정의 달을 맞아 이런 주제의 원고를 쓰라는 필진들의 요청을 받아 부득불 간증한다. 미리 결론을 말한다. 아래의 모든 행복은 하나님의 불가항력적인 은혜의 결과다.

"우리 아들이 교수여. 주일헌금, 아들이 용돈으로 주는 거여."

재작년에 돌아가신 우리 어머니가 고향 교회 교우들한테 자랑한 말씀이다. 누가 묻지도 않건만 이렇게 늘 자랑했다며, 장례식장에서 고향 교회 사모님이 들려 주셔서 알았다. 헌금 없으면 교회 가기 부담스러우실까봐 매월 약간의 용돈을 보내 드렸더니, 동네방네 소문내셨던 모양이다.

"열이나 되는 이복 남매 간에 싸우는 일 없이 잘 지내는 것, 모두 하나님 믿기 때문이야."

고향 동네 사람들이, 우리집 이야기를 하다 맨 끝에 늘 이렇게 마무리한다고, 사모님이 덧붙여 말씀해 주었다. 이 전언을 들으며 깨달았다. '아, 우리가 잘 살면, 하나님 이름이 높여지는구나!'

6남매를 두신 우리 친어머니는 내가 초등학교 5학년에 올라갈 무렵 돌아가셨다. 새어머니가 들어오셨고, 4남매가 더 늘어 10남매가 되었다. 장례식장에서 편지를 써서 낭독했다. 그 일부는 이렇다.

"고맙습니다 어머니. 제가 열두 살, 초등학교 5학년 때 우리 집에 오신 어머니. 아직 어린 저와 동생 보살피랴, 시부모님 봉양하랴, 농사일 하랴, 이복동생들 낳고 건사하랴 고생하신 어머니, 수고 많으셨습니다. 어머니 덕택에 누이동생이 셋이나 생겨, 오빠 소리 실컷 들을 수 있어서 정말 좋았습니다. 고맙습니다.

다른 집 새어머니들은 전실 자식을 학대하기도 한다던데, 그런 일 한 번도 없이 저와 동생을 돌봐주셔서 고맙습니다. 그 덕분에 구김살 없이 지금 이렇게 살고 있습니다. 고맙습니다. 물론 어머니도 사람이셨기에 친자식들과 전실 자식인 저희를 아주 똑같이 대할 수는 없었습니다. 그러나 그 점에 대해 조금도 미안해하지 말고 떠나세요. 이 세상 어떤 새어머니도 똑같이 대할 수는 없대요. 그건 저희도 마찬가지에요. 어머니를 친어머니처럼 똑같이 생각하며 모시지는 못했어요.

어머니, 고맙습니다. 이제 떠나시는 어머니께 감사할 것 하나 더 말씀드립니다. 교회 안 나가시던 어머니께서 어느 날부터 예수님 믿고 담배도 끊고 열심히 교회 나가신 것, 정말 고맙습니다. 헌금 부담이라도 덜어드리려 약간의 돈을 매달 넣어드렸더니, 아주 적은 성의를 적다 나무라지 않고 크게 받아 주신 어머니, 부끄럽고 고맙습니다."

아내 자랑도 해야겠다. 환갑을 앞두고 내가 지독한 우울증으로 헤맬 때 보여준 아내의 사랑은 지극했다. 1년 4개월 내내, 새벽기도하며 매일 햇볕 쬐며 운동시키기, 명의와 명약 찾아 전전하기, 연약한 몸으로 그렇게 했다. 잘 안 낫자, 금식기도에 들어가, 3일, 7일, 40일 금식기도를 밥 먹듯이 하였다.

비 온 뒤에 땅이 굳는다더니, 과연 그렇다. "뼈 중의 뼈, 살 중의 살"이라는 아담의 고백을, 이런 과정을 거치고 나서야 나는 비로소 절실하게 깨달았다. 보지 않고도 믿는 자가 더 복되다고 하신 주님의 말씀처럼, 이런 아픔 없이도 사랑하는 부부들을 나는 존경한다.

내친 김에 자식 자랑도 하겠다. 아들만 둘인데, 둘 다 직장을 잡아, 적성에 맞는 부서에서 일하는 것도 고맙지만 더 감사할 게 있다. 매주 주일예배 시간에 38세 큰아들은 오르간 반주하면서 찬양 선창을, 32세 둘째아들은 베이스기타를 치며 섬기고 있으니 무한 감사하다. 제발 짝을 만나 가정만 이루면 더 원이 없겠다.

혼자만 잘 살믄

"혼자만 잘 살믄 무슨 재민겨?"

우리나라의 농부 철학자 전우익 선생의 말이다. 그분의 책 제목이기도 하다. 자꾸만 각자도생으로 치닫는 이 각박한 시대에 더욱 생각나는 말이다. 내가 아무리 잘 살아도 이웃이 못 살면 절대 행복할 수 없는 게 인간이라는 일깨움을 준다.

이 말은 사실이다. 친구 가운데 치과의사가 있는데, 예전에 아주 잘나갈 때는 어찌나 돈이 많이 벌렸는지 갈퀴로 긁듯이 모았다고 한다. 하지만 남매가 열 남매이고, 그 가운데 가난한 동생들이 많아 툭하면 도와달라며 원망하기 일쑤라서, 잘 살기도 참 힘들단다. 모든 남매가 함께 잘 살아야지, 혼자만 잘 산다고 절대 행복할 수 없다는 사실을 그 말을 듣고 알았다.

7년간 지인들에게 아침톡을 보내면서 내가 깨달은 진리도 이런 것이다. 어느 날 아침톡을 받은 친구가 이렇게 댓글을 달았다. "이 교수, 가족 자랑은 아침톡으로 보내지 마. 행복하지 않은 사람들한테는 고통일 수가 있어."

그때 또렷이 깨달았다. 아, 함께 잘 살아야지, 혼자 행복하다고 되는 게 아니구나! 다시는 아침톡에 가족 자랑은 하지 않으려 조심하고 있다. 그런데도 최근에 실수했다. 끼니마다 아내가 차려 놓은 음식 앞에서, "먹을 게 너무 많아 무엇부터 먹어야 할지 고민"이라는 아침톡을 보내자, 어떤 지인이 천만 뜻밖의 댓글을 보내와서 놀랐다. 딱 한마디 "아침 테러 수준"이라고 보내왔기 때문이다. 내 아내의 음식 솜씨가 좋아서 그런 줄 오해했거나, 아내가 어떤 음식을 줘도 군말 없이 잘 먹는다는 사실을 자랑하는 줄로 생각했던 게 분명하다. 전혀 자랑할 의도가 없이 보낸 아침톡이지만, 그분한테는 '테러 수준'의 글로 읽혔다니, 얼마나 조심스러운 일인가!

이 사건 이후에 내 기도도 달라졌다.

"하나님, 우리 교우들 앞에서, 마음껏 내 자랑을 할 수 있는 날이 오게 해 주세요."

아직 취업 못해 걱정하고 있는 교우 앞에서, 어찌 내 자식 직장 잘 다닌다는 말을 할 수 있단 말인가? 큰 질병으로 고생하는 교우 앞에서, 어찌 나는 그런 대로 건강하다고 자랑할 수 있으랴? 이런 생각이 들어 이렇게 기도한다. 제발 우리 서로 맘껏 자랑하며 지낼 수 있는 그런 날을 맞이하게 해 주시라고 간구한다.

그래서 그런가? 나는 이른바 간증집회를 마냥 좋아하지는 않는다. 언젠가 지방에서 목회하는 고등학교 동창이, 금요일마다 집중적으로 열리는 서울 어느 대형교회의 줌 간증집회에 들어가보라고 했으나 시큰둥하게 반응했다. 나도 한두 번 들어가 보았지만,

예수님 믿으면 만사형통이라는 메시지 일색인 게 마음에 걸리기 때문이다.

그 간증들이 모두 사실이라고 믿지만, 예수님 믿는다고 모두 만사형통인 것은 아니지 않은가? 내가 보기에 예수님 잘 믿어도, 불의의 사고로 남편이 교통사고를 당해 의식불명인 경우도 있다. 어쩌다 빚보증 잘못 서서 물질적으로 어려운 교우도 있으며, 탁월한 재능을 가졌으면서도 하는 일마다 어그러져 기를 못 펴고 사는 교우도 있다.

성경을 봐도 그렇다. 사도 바울이 그런 분이다. 모든 것 버리고 주님만 위해 온몸을 바쳐 전도여행에 투신하였으나 순교를 당했다. 우리나라 초기교회 신앙인들의 자료를 보다 보면 안타까운 경우도 있다. 자녀들도 잘돼야 하는데, 독립운동가들의 후손처럼 그렇지 못한 사례도 있는 게 엄연한 사실이다.

우리 교회에서는 간증을 잘 시키지 않아서 좋다. 간증을 한다 해도, 고난 속에서도 굿굿이 버티고 있는 분들을 세우면 어떨까 싶다. 그래서 다수의 청중들이 그 간증을 들으면서, 아, 나만 어려운 줄 알았더니 저분도 아프구나! 그런데도 믿음으로 잘 견디고 있구나! 이런 위로를 받았으면 좋겠다.

"혼자만 잘 살믄 무슨 재민겨?" 이 말이 우리 신앙인의 고백이었으면 좋겠다. 혼자 복 받아 누리고 자랑하기 위해서가 아니라, 함께 잘 살기를 기도하며 나누는 즐거움으로 살았으면 좋겠다.

장로가 아직도

"장로인데 아직도 연구해요?"

언젠가 ㄱ대 대학원에 출강했을 때, 학과장인 교수가 나한테 한 말이다. 차 마시며 환담하다가, 내가 장로라니까 대뜸 이렇게 물었다. 한참 물이 올라, 책도 여럿 내고, 여기저기 학회에 나가 왕성하게 발표하는 것을 잘 아는 그 교수가 던진 질문이었다. 그 말을 듣고 퍽 당황했다.

무슨 소린가 했더니만, 대부분의 교수가, 장로가 되면 더 이상 연구하지 않더라는 것이었다. 교회 일 하느라 바빠서 그렇다고 했다. 충격이었다. 정상이 비정상이 되는 순간이라고나 할까? 장로 안수 받는다고 더 이상 연구하지 않다니? 교수가 장로가 되면, 더욱 연구를 많이 해서 하나님께 영광을 돌려야 하는 게 아닐까? 두 가지 일의 균형을 이루려 애써야 하지 않을까?

최근에는 이런 일도 있다. 저술가로도 유명하고, 유튜브에서도 인기인 ㅅ대 어떤 교수의 책을 읽고 같은 주제를 다룬 유튜브에 들어가 봤다. 어느 기관의 초청을 받아 한 강의였다. 명불허전, 명강의였다. 그런데, 거기 달린 학생의 댓글 가운데, 이런 게 있었다.

"교수님, 학교에서 얼마나 인기 없는지 아세요? 학생 논문 지도나 잘하세요. 이런 데 나와서 강의 말고…"

같은 교수로서, 정신이 번쩍 나게 하는 댓글이었다. 내게도 학생들이 이런 불만을 품지는 않았을까 켕겼다. 그러는 한편, 지금 생각해도 참 자랑스럽게 행동한 기억도 떠올랐다. 언젠가 방송대학에서 고소설의 배경지인 진주에 내려가서 현지 촬영을 하겠느냐고 요청하였으나, 우리 대학 강의시간과 겹쳐 단호히 사양하였다. 그러자 전화 수화기 너머 이런 소리가 들려 왔다. "남들은 서로 출연하고 싶어 하는 강의이건만, 싫다니!" 하는 것이었다. 내 얼굴을 널리 알릴 수 있는 기회라는 걸 알지만, 봉직하는 학교 학생들과의 강의 약속을 변경하면서까지 출강하고 싶지는 않았다.

에피소드 하나를 더 소개한다. 초대 총장 비서실에 근무했던 지인이 들려준 이야기다. 신자인 어떤 교수가, 강의 시작할 때면 늘 이렇게 자랑했다고 한다.

"지금 이 시간에도 내 아내가 집에서 나를 위해 간절히 기도하고 있어요. 강의 잘하게 해 주시라고."

그 학생들이 보였다는 반응이 걸작이다.

"쯧쯧쯧! 왜 하나님은 한 번도 사모님 기도에 응답하지 않으시는 걸까?"

부인의 기도를 자랑하기 전에, 충실하게 강의 준비를 해서, 학생들에게 만족을 주었어야 하건만 그렇지 못한 것이리라. 좋은 강의는 연구해야 가능하다.

내가 제일 하기 싫어한 강의가 있다. 남의 책에 있는 것을 그대로 전달하는 강의다. 그러기 싫어서 계속 연구하였다. 남들이 연구하지 않은 새로운 영역을 개척하곤 했다. 탈북자를 만나 북한의 구전설화와 민속을 조사한 것, 중앙아시아 고려인을 만나 강제 이주담과 구전설화를 채록해 연구한 것이 그 대표적인 사례다.

은퇴 후에도 계속 연구하고 있다. 그 결과를 책으로 출판한다, 앞으로 쓰고 싶은 책이 30종을 넘는다. 관성 또는 가속도가 붙은 모양이다. 더러 외부에서 요청하면 기꺼이 강의도 한다. 연구한 게 축적되어 그런지, 어떤 주제이든, 그리 어렵지 않게 준비해 강의할 수 있으니 감사하다. 더러 잡문도 쓴다.

그러면, 장로 직분에는 소홀했을까? 장로가 된 후, 교육부를 맡아서, 교회 내 장년부 대상 성경공부를 여러 해 인도했으며, 교회학교 교사와 부장 일도 병행하였다. 환갑 무렵에는 신학교도 다녔다. 졸업 후, 그 지식으로, 평신도대학을 인도하고, 새 신자 양육용 책자를 두 종이나 만들었으며, 지금도 새 신자 교육을 담당하고 있다.

지금 생각하니, 세상 일과 교회 일의 균형을 잡으려 노력한 것, 참 잘한 일이다. 그때 그 교수, 다시 만나면 이러겠지. "아니, 은퇴 후에도 아직 연구를?"

참 목회자를 만난 복

복 가운데 좋은 사람 만나는 복이 최고다. 회고해 보면 내가 바로 그런 복을 누리는 사람이 아닌가 한다. 가족, 친구, 선배, 후배, 스승, 목회자 등등 내 삶의 마디마디에서 꼭 필요한 분들을 그때그때 하나님께서 만나게 해 주셨다.

내가 만난 좋은 목회자는 어떤 분일까? 지방에서 고등학교를 졸업하고 상경한 1974년부터 지금까지 50년째 출석하고 있는 교회의 이준영 원로목사님이 그분이다. 내가 집사에서 장로에 이르도록, 가까운 거리에서 모시며 특별한 모습을 많이 보았다. 직접 들은 사연도 많다.

이따금 부흥집회를 다녀오면 그 사례금을 모두 교회에 헌금으로 바쳤다. 환자를 위해 기도하고 받는 사례비도 마찬가지였다.

부흥회 때 은혜 받은 사람들이 편지할 경우 한 번도 답장하지 않았다. 편지가 오고가서 친해지면, 본교회의 목회자를 경시하거나 관계가 소원해져서 그 교회에 덕이 되지 않는다고 보아 그랬다고 한다. 그 교회 목회자에 대한 예의가 아니라는 것이다.

다른 교회에 다니던 분이 우리 교회로 옮겨오는 것을 꺼렸다. 멀리 이사 왔다든가, 이명증서를 해 왔다거나, 분명한 사유가 있어야만 허용했다. 요즘 문제가 되는, 이른바 수평이동을 반기지 않았다. 순수하게 새로 믿어 나온 분들을 환영하였다. '나중에 천국에 가서 주님한테 '양 도둑놈'이라는 책망을 들을까 봐 그런다'는 게 그 이유이다.

목회생활 30년 동안, 고향 부모님 모시고 잠잔 게 딱 하루라고 한다. 교회일로 내려갔다가 차가 없어 부득이 부모님 댁에서 자고. 첫차로 상경해 새벽기도회를 인도했다고 한다. 어느 날엔가는 새벽기도 인도 후 부모님께 내려가 집안일을 돌봐 드리고 저녁 때 상경하려고 하자, 그 어머니께서 다른 것도 고장 났으니 고쳐주고 다음날 올라가라고 부탁하셨으나 거절했다고 한다. "저는 주님의 종입니다. 그런 말씀 하시면 제 마음만 괴롭습니다." 목회자는 아무나 하는 게 아니라는 생각이 들게 하는 대목이다.

이분은 빚지고는 못 사는 분이다. 누가 밥을 사든가 돈을 드리든가 무엇을 해드리면 반드시 갚는다. 그 까닭을 여쭈니 하신 말씀이 있다. "이 지상에서 누리면 천국에서 받을 상이 없다." 하늘에 보물을 쌓으라는 성경말씀을 백 퍼센트 믿고 사는 분이라 하겠다.

우리 교회 예배당을 증축할 때의 일이다. 세월이 흘러 층도 높이고 길이도 늘이는 공사를 할 때, 우리 부부는 신혼으로서 가난한 시간강사 처지였다. 건축헌금에는 참여해야겠고, 부부가 앉아 고민하다가, 아내가 제의했다. 아내한테 선물로 끼워주었던 결혼반지를 바치자는 것이었다. 미안했지만 달리 방법이 없었기에, 예배 시간에 헌금 봉투에 넣어 바쳤다. 교회는 계획대로 증축되었고, 그 반지는 까마득하게 잊고 살았다. 은퇴하시기 직전 어느 날, 예배 후 우리를 부르시더니, 금고에서 무엇인가를 꺼내서 주시는 것이 아닌가. 예전에 바쳤던 반지였다. "아니, 그때 팔아서 증축헌금에 보태시라고 바쳤던 것인데 도로 주시다니요?" "그 정성이 중요한 거야. 그 정성을 하나님이 받으셔서, 이 반지 안 팔고도 교회 증축 잘 되었잖아? 평생에 한번 주고받는 결혼반지를 어떻게 팔아서 쓸 수가 있단 말인가? 정성 바친 걸로 되었어. 가져 가."

때때로 어리거나 젊은 사람을 위해 기도할 경우에는 당신의 생명을 걸곤 했다. "저는 살 만큼 살았으니, 제 생명을 떼어서라도 살게 해 주세요." 이런 기도 때문일까? 다시 소생한 교우들이 있다.

이 목사님은 교인들한테 무엇을 시키기 전에 솔선수범하였다. 헌금도 가장 많이, 기도도 가장 자주 길게 하셨다. 지금은 연로하여 요양병원에 계시지만, 교회 안팎의 수리와 청소는 물론 화장실 변기가 막히면 서슴없이 맨손으로 뚫곤 하셨다. 설교와 삶이 겉돌지 않는 분이었다.

이런 목회자를 만나, 그 삶을 직접 보고, 그 삶에서 우러나온 설교를 듣게 하신 하나님의 은혜에 감사하기 짝이 없다. 물론 부작용도 있다. 이렇지 않은 목사는 목사로 보이지 않으니 탈이다.

참 잘한 일들

70여 년 살아오면서, 잘한 일 몇 가지가 있다. 인생을 다 살아야 완전한 평가가 가능하겠지만, 지금 생각할 때 그렇다는 것이다.

첫째, 중학교 3년 내내 만화방에 빠져서 산 일, 지나고 보니 잘한 일이다. 학교 공부를 소홀히 한 나머지, 수학과 영어의 기초가 부실해 평생 고생하고는 있지만, 그 후로는 일체의 잡기에 눈길 한 번 주지 않고 살게 되었으니 결과적으로 잘한 일이다. 고등학교에 들어갈 즈음, 정신을 차려 학업에 몰두해야겠다는 생각을 가지도록 역사하신 하나님의 은혜 덕택이다. 사고총량의 법칙이 있다는데, 그렇게 볼 수도 있다. 일생 사고 칠 것을 중학교 3년간 한꺼번에 쳤는지도 모를 일이니 말이다. 어려서 착실히 지내다 나이 먹어 늦바람이 나서 방황하는 것보다는 백번 낫지 않나 싶다.

역사는 반복되는 것일까? 내 아들도 그랬다. 중학교 때 오락이며 컴퓨터게임에 몰두하는 게 아닌가? 그럼에도 불구하고 나는 믿는 구석이 있었다. 저러다 중독이 되어 폐인이 되면 어쩌나 하는 걱정도 없지 않았지만, 3년 내내 만화로 허송세월한 나도 개과천

선해 곧잘 지내고 있으니 어쩌랴, 기도하며 기다려 주었다. 다행히 중독에 빠지지 않고, 아예 컴퓨터와 게임을 전공으로 삼아 공부해, 컴퓨터 프로그래머가 되어 게임회사에 다니고 있으니 감사할 따름이다.

환갑 무렵에 동네 초등학생들을 모아, 글쓰기와 토론을 3년간 매주 지도한 적이 있다. 첫 시간에 내가 중학교 때 만화에 빠졌었다는 이야기를 했더니, 아이들이 예기치 않은 반응을 보였다. "어릴 때 만화에 빠져야 교수가 된다는 이야기인가요?" 정색을 하고 이렇게 말해 주었다. "공부도 하면서 만화를 봤어야 해요. 그랬다면 더 유능한 교수가 되어 있을 거예요. 여러분은 꼭 그래야 해요."

둘째, 박사과정 공부를 하다가 그만두고 중등학교 교원임용고사 준비하다가 다시 박사과정 공부를 마무리한 것도 잘한 일이다. 그 이유는 하나였다. 하던 일은 마무리를 지어야지, 만약 임용고사에 합격해 중·고등학교 국어 교사가 된다 하더라도, 학생들한테 무엇이라 가르친단 말인가? 하던 일은 반드시 마쳐야 한다고, 중도에 포기해서는 안 된다고, 적어도 이 말은 못하지 않겠는가? 내가 실천하지도 않은 일을 뻔뻔하게 가르칠 자신이 없었다.

오직 이 이유 때문에, 다시 박사과정에 들어가서 공부를 마치기는 했으나, 교수가 된다는 기약은 없었다. 하지만 박사과정 수료 단계에서 기적이 일어났다. 모교에 자리가 난 것이다. 같은 전공의 은사님이 다른 대학으로 이직하면서 채용 공고가 났고, 응모해 마침내 임용되었으니 은혜가 아닐 수 없다. 그때 기적 같은 기회가 왔더라도, 만약 박사과정을 밟지 않았다면, 자격 미달이라 불가능할 뻔했으니 아찔하다.

물론 교사도 교수도 다 소중한 직업이다. 다만 내 경우는 가르치는 일보다 연구하는 일이 더 즐거운 체질이라, 교사보다는 교수가 더 어울렸다. 대학에서 새로운 연구 아이디어를 마음껏 논문과 책으로 쓰고, 그 참신한 연구 결과를 학생들에게 신바람 나게 강의하다 은퇴했으니, 이보다 더 행복한 일은 없다. 그러니, 힘들지만 박사과정 공부를 마무리하기로 마음을 바꾼 것은 참 잘한 일이다.

셋째, 고졸 후 상경해 어느 교회에 출석할까 하다가, 개척교회인 지금의 우리 교회에 다니기로 결정한 일도 참 잘한 일이다. 북아현동에 오래 되고 큰 교회도 여럿 있었지만, 아현동 산동네의 우리 교회를 다니면서, 참 많은 훈련을 받았다. 출석 교인이 30여 명 정도밖에 안 되는 교회이다 보니, 찬양대, 교회학교, 청년회 모든 부서에 사람이 절대적으로 필요하였고, 그 모든 일에 쓰임을 받았다.

지방에서 올라와 외로운 타향살이지만, 우리 교회가 있어서 견딜 수 있었다. 작은 교회다 보니 가족같이 친밀한 교제 가운데, 정을 느끼며 지냈다. 무려 8년간이나 청년회장직을 맡았다. 대형교회에는 인물이 많아, 어지간한 학력이 아니면 구역예배 리더 되기도 불가능하다고 한다. 30명 교회에서 500명 교회로 성장하기까지, 나도 장로가 되어 섬기고 있으니, 이 또한 참 잘한 일이다.

취리히 성경해설을 읽는 기쁨

책 읽기 좋은 이 가을, <취리히 성경해설 성경전서>(대한성서공회, 2021)를 읽고 있다. 스위스 취리히 개혁교회 총회에서 발간한 책의 번역본이다. 21세기 초까지 발전해 온 성서학의 열매를 일반 독자들이 맛볼 수 있게 해 준다. 세상에 좋아져서, 독일어와 스위스어를 몰라도, 개혁교회의 원조인 독일과 스위스 성서신학의 열매를, 여기서 풍성히 만끽하고 있으니 감격스럽다.

평소에 궁금했던 것을 새롭게 풀어주는 대목이 계속 나온다. 몇 가지만 소개한다.

1. 창세기 1장 27~28절의 해석

"땅을 정복하라, 바다의 모든 생물을 다스리라 하시니라."

이 구절은 생명 세계를 다스릴 권리가 사람에게 있다고 주장하는 근거가 되어 왔고, 오늘날 자주 비판을 받는다. 사람들이 지구 환경을 파괴하게 한 책임이 이 구절 때문이라는 것이다. 인간 중심주의로 치달아 자연을 함부로 해치도록 부추겼다는 비난이다.

취리히 성경해설을 보면, 이는 사실이 아니다. 사람의 '다스림'에는 한 가지 중요한 요소가 빠져 있었다. 자신에게 딸린 것들을 마음대로 죽이고 살릴 수 있는 권리는 없었다. 동물도 사람도 서로 다른 쪽을 먹고 살 권리가 없었다. 홍수 전의 채식도 그 증거다. 각종 동물 함께 사는 것이, 하나님이 의도한 창조 세계의 원래 모습이다. 무분별한 육식이 오늘날 얼마나 지구를 위험에 빠뜨리고 있는지 절감하는 이때, 이 해석은 의미심장하다.

2. 여자 창조(창세기 2장 21~22절)

요즘은 애완동물의 시대다. 애완견, 애완묘를 비롯해 각종 동물들을 집에서 기르면서, 동물병원이 성업 중이다. 동물 호텔에 장례식장과 추모공원도 나와 있다. 이 현상을 보고 있노라면, 인간은 배필 없이도 살 수 있는 존재인가 하는 의문을 품을 만하다. 이에 대해 취리히 성경해설은 이렇게 답한다.

"사람은 동물 세계에서 짝을 발견하지 못한다. 창조주는 사람에게서 한 부분을 꺼내어 그것으로 그의 짝을 창조하신다(2:21~22). 성경을 읽는 사람은 여기서 갑자기 전체 이야기의 요점을 이해하게 된다. 외로움으로 괴로워하는 아담은 다름 아닌 바로 남자이다. 그의 외로움을 사라지게 돕는 배필은 여자이다! 남자는 여자에게서 '자신과 같은 사람'을 발견했다. 남자와 여자가 서로 마주 보면서 사람(사람들)의 외로움은 끝이 난다."

애완동물만으로는 부족한 것이 인간이라는 사실을 명료하게 일깨워주는 해석이다. 그럼에도 불구하고, 여러 가지 여건 때문에, 배우자 대신 애완동물로 그 외로움을 해소하려는 시도는 가엾은 일이다.

3. 소돔 사람들의 악(창세기 19장)

소돔 사람들을 멸망으로 이끈 악은 무엇일까? 동성애일까? 이 문제에 대해, 취리히 성경해설은, 소돔 사람들의 행동이 머금고 있는 의미를 새롭게 통찰하게 한다. 동성애 이전에 사회적 약자인 나그네에 대한 무자비한 폭력임을 지적한다.

"(나그네를 후하게 대접한 아브라함이나 롯과는 달리) 하나님이 계시지 않는 것처럼 행동한다는 점이 실제로 증명되기 시작한다. 소돔의 남자들이 롯의 집을 에워싼다. 소돔 사람들은 그들에게 온 사람들(두 천사)과 상관하리라(5절)고 하면서 그들을 내놓으라고 요구한다. 전통적인 풀이에 따르면 이런 것들은 대부분 동성애를 가리키는 것으로 이해되어왔다. 그런데 여기서 또한 주목할 것은, 사사기 19장의 비슷한 이야기에서처럼 여자이든 남자이든 낯선 사람들을 욕보이려는 욕구이다. 어떤 사람의 아내나 딸이 성폭행 당하면, 그 사람의 명예도 손상되는 것이다! 선을 넘어서는 파괴의 분위기를 느끼게 된다."

과학만 발전하는 게 아니라 성서신학도 나날이 발전하고 있다. 이 시대에 살아 그 열매를 맛보고 있으니 무한 감사하다.

어떤 시어머니

우리나라에만 있는 문학이 있다. 경북 안동을 중심으로 한 지역에서 지어지고 읽혔던 한글 제문(祭文)이 그것이다. 사람이 죽었을때, 1주기와 2주기(탈상) 때, 주로 여성들이, 고인의 영전에서 읽었는데, 함께 듣는 사람들이 눈물바다가 되었다고 한다. 한문 제문과는 달리, 한글 제문은 누구나 알아들을 수 있어서, 그런 감동력을 발휘했다 하겠다.

나는 대학에서 강의할 때부터 한글 제문을 연구하고 싶어 자료를 모으기 시작했다. 진품명품 프로그램의 영향으로 구하기가 어려웠으나 하나님 은혜로 해결되었다. 나보다 먼저 수집해 오던 홍윤표, 박재연 두 분 교수가, 내 소식을 듣고는 흔쾌히 모든 자료를 건네주었다. 다른 일로 바쁘니 나더러 마음껏 연구하라는 것이었다.

긴 것은 4미터도 넘는 두루마리 필사본들은 마치 성경의 두루마리를 연상시켜 더욱 흥미로웠다. 여러 해에 걸쳐 틈틈이 해독하는 작업을 진행해 드디어 5년 만에 출판되었다(《이승과 저승을 소통하는 한글 제문>>, 책봄, 2024). 은퇴해 시간이 많아졌기에 가능한 일이었다.

모두 40편의 두루마리를 해독하여 현대문으로 다듬으면서 확인한 사실이 있다. 며느리가 시어머니를 애도하는 제문은 한 편도 없다는 점이다. 부모님, 남편, 아내, 형수, 조부모, 외조부, 며느리, 자형, 언니, 올케, 누나, 누이, 고모부 등 아주 다양한 대상을 향하여 제문을 올리고 있으나, 시어머니에 대한 제문은 없다니 충격이었다. 효부상도 있건만 왜 제문은 없을까?

왜 그럴까, 아침톡 독자들한테 물었더니 댓글이 다양했다. 시집살이가 고되어서 그랬을 거라는 대답이 압도적이었다.

"딸 같은 며느리 없고, 친정 엄마 같은 시어머니 없습니다. 시금치도 안 먹는다고 하지 않습니까?"

대부분 이런 댓글이 달리고 있을 때, 고향에 있는 큰누나한테서 전화가 걸려왔다. 아침톡 읽고 걸었단다. 누나의 시어머님은 달랐다는 미담이었다.

"우리 시어머님은 과부인데도, 평생 동네 사람들한테 며느리인 내 자랑만 했어. 시장에서 흔한 황석어젓 사다 반찬해 드려도, 동네에 나가서, '우리 며느리가 황석어 사다 별미 만들어 주었다'고 하는 등, 내 흉은 조금도 안 보고, 잘하는 점만 소문내셨어."

"동네사람들이나 친척들은, 내가 천하 제일의 효부인 줄 알아 글쎄."

내가 한마디 거들었다.

"그래도 친어머니와는 달리, 속에 있는 말은 못했겠지요?"

"아니야. 다 좋다고만 하시니 불만이 있을 수 없었지. 시어머니 돌아가셨을 때 많이 울었어."

누나 시댁은 기독교 가정이다. 믿는 집안의 시어머니답게 처신한 분이라는 생각이 든다. 하지만 교회 다니는 모든 시어머니가 이렇지는 않은 듯하다.

은사이신 목사님의 어머니 이야기를 사모님한테 들은 적이 있다. 노사모님은 권사님이셨는데, 교회에서는 사랑의 권사님으로 추앙받는 분이었으나, 집에서는 달랐다고, 노사모님 돌아가신 후 언젠가 회고했던 말씀이 잊히지 않는다.

주일날 교회에서 예배하고 교제할 때는 친절하기 짝이 없는 얼굴이었지만, 귀가해 안방에 들어서자마자, 버선부터 벗어 던졌다니 충격이었다. 아무리 신앙이 좋아도 원로사모님 역시 수직적 질서를 강조하는 유교문화에서 한 발자국도 벗어나지 못했기 때문이리라. 오늘날 한국교회가 가부장제적 유교문화의 영향력에서 자유롭지 못한 것처럼 말이다. 이 원로사모님이 돌아가셨을 때 과연 사모님이 진심으로 슬퍼했을까 싶지 않다.

여기 비춰 보면, 우리 사돈댁은 시골교회 장로 어머니로서 복음을 믿는 분답게 사신 분이다. 며느리의 단점은 말하지 않고 장점만 자랑했다니, 돌아가셨을 때 누나가 많이 울 수밖에 없었겠다.

우리 부부도 언젠가 며느리를 맞을 텐데, 사돈댁처럼 살고 싶다. 며느리를 내가 사랑하는 '아들의 배필', 하나님이 짝지어 주신 사람으로 존귀하게 대해 주고 싶다. 우리가 세상 떠났을 때 진심 어린 눈물을 흘릴 수 있을 만큼.

듣기 좋았던 말들

지금까지 살아오면서 남이 나한테 해 준 말 가운데 가슴 뛰는 말들이 있다. 이 또한 하나님의 은혜라고 생각한다.

"그 자리에 꼭 있어야 할 사람!"

언젠가 고등학교 국어 교사인 대학 동창이 한 말이다. 국어 교사가 되려고 입학한 모교에서, 교사가 아니라 교수가 되어 연구하고 강의하고 있는 내게, 그 말은 큰 격려였다.

인생은 묘하다. 원래 목표대로 중고등학교 교사가 되었다면, 이런 말을 듣기는 어려웠을 것이다. 나는 새로운 것 연구하기는 즐기지만, 이미 만들어진 교재 내용을 충실히 전달하는 중·고등학교 수업은 즐겁지 않은 사람이다. 교사로 있었다면, 필시 '그 자리에는 어울리지 않는 사람'이라는 말을 들었을 게 뻔하다.

"미국에 와요. 나랑 23개 주 자동차로 여행합시다. 비행기 표만 끊어 와요."

언젠가 미국에 안식년 가 있던 동창 교수가 전화로 이렇게 말했다. 미국 여행의 동행이 되어 달라는 요청이었다.

"혼자 돌면 되지 굳이 왜 나를?"

이렇게 묻자 그 대답이 엉뚱했다.

"이 교수랑 함께 여행하면, 하나님이 함께하셔서 안전할 것 같아…."

일찍부터 교회 다니는 분이며, 한참 연상인 분이 이렇게 말해 놀랐다. 하나님이 나와 동행하실 게 분명하므로, 나와 여행하면 덩달아 자신도 보호를 받으리라고 믿어서 그런다니! 그때 대학 자체평가위원 일을 맡고 있어 응하지는 못했지만, 지금도 생각하면 각별하다.

꽤 오랜 시간 교유한 그분이 무슨 근거로 나를 그렇게 보았을까? 가만히 생각해 보니, 짚이는 게 있었다. 가장 큰 것은 뭐니 뭐니 해도 1996년에 한글본 〈설공찬전〉을 발견한 일이 아닐까 싶다. 〈홍길동전〉보다 100년 전에 씌어진 소설로서, 한글로 읽힌 최초의 소설이요, 500여 년간 역사에서 사라진 줄로만 알았던 이 소설의 발견은, 신앙의 눈으로 보면, 하나님의 주도면밀한 섭리의 결과다. 이분도 신앙인이기 때문에, 이 기적 같은 사건을 보면서, 나를 하나님이 동행하는 사람으로 확신해 이런 요청을 하기에 이른 듯하다.

이 작품 발견 무렵, 실제로 그렇게 고백한 사람도 있다. 그 사실이 신문에 보도되고 여러 매체에서 한참 다룰 때 만난 불신자 한 사람이, 발견 과정을 듣더니만 이렇게 말해서 놀랐다.

"우연이 아니군요. 이 선생님이 믿는 하나님이 도와주신 거네요."

그때 알았다. 하나님 믿으라고 강요하지 않아도, 이런 일을 통해서도 전도가 된다는 사실을 깨달아 더욱 더 연구에 매진하게 되었다. 맞다. 각자 맡은 자리에서 최선을 다하는 것이 전도다. 내가 만약 논문 표절이라든가 교수로서 함량 미달이었다면, 그 불신자는 뭐라 했을까? "장로라는 사람이 저런 걸 보니, 하나님은 없나 보군." 아마 이랬으리라.

"형은 적이 없어서 부러워요."

국립민속박물관에 근무하던 후배가 어느 날 해 준 말이다. 적이 없는 게 부럽다니? 반문하자, 자신은 적이 많다고 했다. 가만히 생각하니, 적대적인 사람이 있으면 마음 편하기 어렵겠다. 원수는 외나무다리에서 만난다는 속담처럼, 만나고 싶지 않은 사람을 언제 어디서 만날지 몰라 마음이 불편할 듯하다. 아직 내게 그런 사람은 없으니 다행이다.

"닮고 싶은 사람!"

50년간 만나고 있는 교회 동갑 장로가 언젠가, 내 개인 다큐를

촬영하는 자리에서, 나를 두고 한 말이란다. 나는 그 장로를 닮고 싶은데, 이렇게 말했다니 참 감사했다.

지인 하나는 딸한테서 이런 말을 들었다며 좋아한 적이 있다. "세상에서 아빠를 가장 존경해."라고 했다며, 그렇게 기쁠 수가 없었다고 했다. 그러면서 덧붙인 말이 걸작이었다. "혹시라도 내 딸이 그 말 취소할까봐, 조심하고 있어." 나도 그렇다. 내게 감당하기 어려울 만큼 좋은 말 해 준 사람들이 실망하지 않도록, 남은 인생길 반듯하게 걸어가야 하겠다.

앞자리의 은혜

내 버릇 중의 한 가지는 앞자리에 앉는 것이다. 교회에서도 항상 맨 앞에 앉는다. 주일예배 때는 장로석이 따로 있어서 거기 앉지만, 새벽기도회, 수요기도회의 경우 맨 첫 줄, 설교자 바로 앞에 앉는다.

언제부터 앞자리에 앉을까? 아마도 대학 다닐 때부터였던 듯하다. 장학금을 받아야만 대학 공부를 할 수 있기에 기를 쓰고 앞자리에 앉아 교수의 강의를 들었기 때문이다. 어떤 과목이든 맨 앞에 앉아, 때로는 교수가 열변을 토하면서 튀기는 침도 맞아 가며 집중해 강의를 들었다.

그러다 보니, 교수들이 강의하다 학생들한테 반문할 때면 앞자리의 내게 하곤 했다. 아마 교수들도 내 얼굴을 남들보다 잘 기억했을 것이다. 앞자리에 앉다 보니, 나는 나대로 교수의 강의를 아주 선명하게 이해하고 기억할 수 있었다. 처음부터 끝까지 자세히 듣지, 그것을 필기하였다가 시험을 치르니, 항상 성적이 좋을 수밖에 없었다. 당연히 4년 내내 장학 혜택을 받아 졸업할 수 있었다.

　4학년 2학기 초에, 결핵성 늑막염으로 며칠간 결석한 적이 있다. 그때 문병 온 학우가 말해 주었다. "복규 씨가 앉던 자리는 우리가 비워 두고 있어요." 항상 그 자리에 앉다 보니 아예 그 자리는 이복규 자리로 학우들이 기억하여 그렇게 배려했던 모양이었다.

　세 살 적 버릇 여든까지 간다고 했던가. 대학 다닐 때의 그 버릇은 졸업 후에도 지속되고 있다. 학회에 참석해도 맨 앞자리는 내 자리다. 대개는 비워두지만, 나는 거기 앉아서 발표자를 응시하며 듣는다. 얼마나 집중해서 듣는지 나는 잘 몰랐는데, 언젠가 단국대에서 열린 한국비교민속학회 학술대회 때, 안동대 임재해 교수가 발표를 끝내고 나서 내게 다가와 이렇게 말하였다.

　"그동안 발표 많이 하였지만, 이 선생님만큼 열심히 들어주는 사람은 처음입니다."

　교수의 강의를 한마디도 놓치지 않으려고 몰입해서 들었던 대학 시절의 버릇이, 사회에 나와서도 이어졌고, 발표자한테 강한 인상을 남겼던 모양이다.

부작용도 있었다. 교수가 되어, 전체 교직원 회의에 참석했을 때의 일이다. 당연히 맨 앞자리에 앉았다. 대부분 뒷자리에 앉아 이따금 조는 사람도 있다는데, 나는 맨 앞자리에 앉아 있다가 뒷자리로 쫓겨났다. 맨 앞자리는 학장, 처장 등 보직교수들 자리라 평교수는 앉으면 안 되는 것이었다.

흔히들 말한다. 앞자리는 금자리라고. 그런데 참으로 희한한 일은, 말은 그렇게 하면서도 앞자리에 앉는 것을 꺼린다는 점이다. 언젠가 한동안 극동방송 조찬기도회에 참석한 적이 있는데, 설교도 참 좋고 특송도 은혜스러운 모임인데도, 자꾸만 뒤에만 앉으려고 들어, 앞자리만 텅 비어 보기 싫었다. 그러자 주최 측에서, 중간 이후부터는 아예 노란 띠를 둘러서, 뒷자리에는 앉지 못하게 만들어 놓는 게 아닌가. 좋은 아이디어라는 생각이 들면서도, 은혜스러운 예배나 기도회에서까지 왜 우리가 앞자리에 앉지 않아 이런 조치까지 동원해야 하나 싶었다.

앞에서 말했듯, 우리 교회에서 맨 앞자리는 내 자리다. 설교자의 일거수일투족을 자세히 보고 느끼며 설교를 듣는 감동은, 아마도 뒷자리에 앉는 사람들은 알 수 없을 것이다. 뮤지컬을 관람할 때 로얄석에 앉아서 보는 것과, 저 위층 C석 싸구려 자리에 앉아서 보는 것은 천양지차이다. 위층의 뒷자리에 앉으면 출연자의 얼굴도 제대로 보이지 않는다. 예배 때도 마찬가지다.

교회 모든 집회 때 맨 앞자리에 앉다 보니 생기는 단점도 하나 있다. 무슨 일이 있어서 빠질 경우, 금세 교우들이 알아차린다. 왜 오늘 안 왔느냐, 무슨 일이 있었느냐, 바로 물어온다. 그러니 여간해서는 빠지기도 어렵다.

고희를 앞둔 지금 생각해 보니, 앞자리에 앉는 버릇은 하나님이 주신 큰 은혜이다. 돈이 없어 장학금 받으려다 생긴 버릇이지만, 사회에서나 교회에서, 앞자리에 앉아서 누린 복이 아주 크다. 하나님 부르실 때까지 앞자리에 앉아 예배하고 싶다.

달라도 너무 다른

임문혁

달라도 너무 다른

아내와 나는 달라도 너무 다르다. 우선 자고 깨는 잠 스타일부터 다르다. 아내는 올빼미형이고, 나는 종달새형이다. 아내는 하루 종일 뭉그적거리다가 저녁이 꽤 깊어져야 일에 발동이 걸린다. 집안 치우고 정리 정돈하는 것이며, 설거지, 세탁은 물론 기독교 방송 시청을 밤늦게까지 하는 것은 보통이다. 내가 새벽 4시쯤 잠이 깨어 세면하고, 몸 푸는 가벼운 운동하고, Q.T 하고, 그날 분량 책을 한참 읽을 때까지 아내는 여전히 꿈나라를 헤매고 있다. 나는 저녁 9시가 지나면 하품이 나오고 눈꺼풀이 내려앉는다. 늦어도 9시 뉴스만 끝나면 잠자리에 들어야 한다. 이처럼 아내는 올빼미형이고, 나는 종달새형이다. 달라도 너무 다르다.

그 다음, 아내는 깔끔쟁이고 나는 털터리다. 아내는 먼지라면 질색이다. 사람이 살다보면 얼마간의 먼지는 어쩔 수 없는 것 아닌가 싶은데, 어제 닦은 장롱을 오늘 또 닦고, 아침에 닦은 책상을 오후에 또 닦고, 좀 전에 닦은 식탁을 또 닦는다. 반면에 나는 나혼자 있으면 청소기를 돌리지 않는다. 아내가 보지 않으면 어제

신은 양말을 다시 신고 나가는 날도 자주 있다. 외출했다 돌아와서도 아내가 없으면 나는 결코 옷을 털지 않는다. 이처럼 아내는 깔끔쟁이고, 나는 털터리다. 달라도 너무 다르다.

차를 마시는 것도 다르다. 아내는 커피 광이고 나는 커피 기피맨이다. 아내는 아침에 일어나면 우선 먼저 빈속에 커피부터 한 잔 마시고 본다. 어떤 날은 새벽 참에 두 잔을 마시기도 한다. 도대체 하루에 몇 잔이나 마시는지 알 수가 없다. 그러나 나는 좀처럼 커피를 마시지 않는다. 가끔 아내가 권해오면 못 이기는 척 한 잔 마셔주는 것이 고작이다. 이처럼 아내는 커피 광이고, 나는 커피 기피 맨이다. 달라도 너무 다르다.

이러한 차이가 신앙생활에서라고 어찌 없을 수 있겠는가.

우선 아내는 부르짖는 기도파요, 나는 묵상기도파다. 기도할 게 얼마나 많은데 뜨겁게 간절히 부르짖어 기도해야 하지 않겠느냐, 그러면서 아내는 한번 자리에 앉으면 최소한 두세 시간은 기도해야 된다는 사람이다. 아내는 날 보고 겨우 입술만 달싹거리며 한 시간도 채 채우지 못하고 일어나는 장로가 장로 맞느냐고 따진다. 그러면 나는 하나님이 귀머거리냐고, 왜 그렇게 소리를 질러야 들으시느냐고 대든다. 요점 핵심만 조곤조곤 아뢰면 다 알아들으시고, 30~40분도 충분하다고 항변한다. 이처럼 아내는 부르짖는 기도파요, 나는 묵상기도파다. 달라도 너무 다르다.

다음, 아내는 청각형 신자이고, 나는 시각형 신자다. 아내는 하루 종일 라디오를 틀어놓고 극동방송을 듣거나 기독교 채널 TV를

시청한다. 나는 서재로 들어가 문을 닫고, 조용히 말씀을 묵상하고 기도를 드린다. 주로 설교집이나 신앙서적을 통해 은혜를 받는다. 나는 아내에게 그렇게 하루 종일 시끄러우면 마음은 언제 가라앉히며, 생각은 언제 깊이 하느냐고 힐난하고, 아내는 예수님은 책을 쓴 적이 없으시다고, 언제나 육성으로 직접 말씀하셨다고 따진다. 고저장단과 음색을 통해 감정이 고스란히 생생하게 전달되는 것을 좋아한다. 이처럼 아내는 청각형 신자이고, 나는 시각형 신자이다. 달라도 너무 다르다.

그뿐만이 아니다. 아내와 나는 기도하는 장소도 다르다. 아내는 기도원파요, 나는 골방파다. 아내는 기도원에 가서 많은 사람들과 함께 찬송하며, 목청껏 소리 지르며 통성으로 방언으로 기도해야 기도한 것 같다는 사람이다. 반면에 나는 아무도 없는 골방에 들어가야 집중이 되고, 하나님과 1:1로 만날 수 있고, 하나님의 세미한 음성을 들을 수 있다고 생각하는 사람이다. 이처럼 아내는 기도원파요, 나는 골방파다. 달라도 너무 다르다. 그러나 신앙생활의 형태 또는 기도와 찬양의 스타일이 다르다고 그것이 무슨 큰 문제이겠는가. 자기의 성격과 형편에 맞게 기도하고, 하나님을 만나면 되지 않겠는가. 들어서 알든 읽어서 알든 주님을 바로 알기만 하면 되지 않겠는가.

오늘도 우리 부부는 한 사람은 기도원에서 부르짖어 기도하고, 한 사람은 골방에서 묵상으로 기도한다. 한 사람은 하루 종일 방송을 틀어놓고 말씀과 찬양을 듣고, 한 사람은 성경을 펴고 눈으로 읽는다. 그래도 하나님께서는 오늘도 우리 모두의 기도를 들으시고, 늘 우리와 함께하신다.

하나님은 며느리 편

우리 며느리는 나쁘다. 나빠도 많이 나쁘다. 삼십 년 넘게 애지중지 키운 아들을 담쑥 안아 가더니, 이제는 멀고 먼 땅 끝 카자흐스탄으로 데려가고야 말았다. 그 동안도 우리 부부는 아들과 손자 손녀들을 자주 보지 못했는데, 이제는 언제 한번 만나볼지 기약도 없다. 그런데도 하나님은 여전히 며느리 편을 드시고, 우리 부부의 기도보다 며느리의 기도를 더 잘 들으시는 것 같다.

애초에 아들은 목사가 되겠다는 생각이 전혀 없었던 아이다. 더구나 선교사가 되어 먼 나라로 나가겠다는 생각을 어찌 꿈엔들 했겠는가. 아들은 대학도 안 가려 했고, 어찌어찌 대학에 들어가서도 공부는 별로 신경도 안 쓰고, 기타만 딩딩거리던 녀석이다. 그런 녀석을 신학 공부를 시키시고, 목사 안수를 받게 하시고, 선교사로 부르시고, 카자흐스탄으로 보내신 것은 하나님께서 며느리의 기도를 들으시고, 전적으로 며느리 편을 드셨기 때문이라고 생각한다.

우리 아들은 키도 작고, 체력도 약하고, 성격도 소심한 아이다.

착하긴 하지만 행동이 느리고, 야무진 구석이라곤 없는 지극히 평범한 그저 그렇고 그런 아이다. 학교 다닐 때는 공부도 별로 잘 하지 못했고, 사교성도 적고 언변도 없었다.

아들이 중학교 2학년 여름방학 때 취미로 기타를 배우고 싶다고 했다. 제가 배우고 싶어하고, 악기 하나쯤은 다룰 줄 아는 것도 나쁘지는 않을 것 같아 허락을 했다. 그랬는데 그 이후로 이 녀석이 공부는 별로 신경도 안 쓰고 거의 매일 기타만 딩딩거리며 기타에 빠져 사는 것이었다. 그렇게 몇 년이 지나고 고3 가을도 제법 깊어진 어느 날 아들 녀석이 내게 뜬금없는 질문을 해왔다. "아빠, 대학은 꼭 가야만 하는 건가요? 대학을 안 가도 얼마든지 보람 있는 삶을 살 수 있는 것 아닌가요?" 가슴이 철렁했다. 그래 그렇다. 그럴 수도 있다. 더구나 그때 나는 고등학교 교사였다. 다른 사람들에게는 인생에서 학벌이나 대학공부가 다는 아니라고 말하기도 했지만 막상 내 아들이 대학을 안 가면 안 되느냐고 물었을 때, 순간 눈앞이 캄캄하고 가슴이 답답해지는 것이었다. 숨을 한번 꾹 참고 침을 꿀꺽 삼켰다. 왜 이 녀석이 그런 생각을 했을까? 뭐라고 말해줘야 할까? 주님! 어찌해야 하나요? 뭐라고 대답해야 하나요? 저에게 지혜를 주세요.

그런 아들이 기독교 대학의 기독교학부에 들어갔다. 거기서도 다른 공부는 별로 신경도 안 쓰고 음악 관련 과목만 강의를 열심히 듣고 기타만 딩딩거렸다. 3학년 재학 중 군에 입대하여 제대한 후 복학하여 학교를 마쳤다. 그 후 대학 선배가 출석하는 교회에 청년부 찬양 인도자로 일하게 되었고, 거기서 며느리가 될 처녀를 만나게 된다. 며느리는 일찍이 소명을 받고, 카자흐스탄에 단기선교, 중기선교를 두 번 다녀왔고, 결혼하여 가족이 선교사로 나갈 마음을 먹고 동역할 배우자를 찾고 있는 중이었다. 아들은 며느리와 사랑에 빠졌고 결혼하여 해외 선교사로 나가는 데 동의하는 데 이르렀다. 그래서 아들은 며느리와 결혼하고 늦은 나이에 신대원에 입학을 하여 신학공부를 마치고 드디어 목사가 되었다. 꿈같은 일이다. 선교 훈련을 받고 준비하여 총회 파송 선교사가 되어 3월 16일 파송예배를 드리고 23일에 가족 4명이 카자흐스탄으로 출국하게 된다.

이 모든 일은 하나님께서 계획하시고, 연출하시고, 며느리에게 배역을 맡기셔서 꾸민 드라마다. 대학을 안 가면 안 되느냐고 묻던 아들은 대학뿐 아니라 대학원까지 졸업하고, 꿈에도 생각지 않은 선교사가 되었다. 아들의 난감한 질문에 당황하면서 제게 지혜를 달라고 했던 기도에 응답하시고 '지혜'라는 이름을 가진 며느리를 보내주셨다. 하나님은 참으로 못 말리는 분이시다. 하나님은 며느리 편이시다. 하나님께서 카자흐스탄에서도 우리 가족 선교사들과 늘 동행하시고, 보호하시고, 인도해 주실 것을 믿고 감사하며 기도드린다.

달이 웃고 별이 윙크하는 이유

사과가 떨어진다. 왜 떨어질까? 사람들은 만유인력 때문이라고 말한다. 사과가 떨어지는 것을 보고 뉴턴이 만유인력을 발견하지 않았느냐고 되묻는다. 그러나 그건 사람들이 뭘 몰라서 하는 소리라고 나는 생각한다. 사과가 떨어지는 것은 만유인력 때문이 아니라 떨어질 때가 되었기 때문일 것이다. 얼마 전에 돌아가신 이어령 선생도 사과가 떨어지는 것은 사과가 사과나무 가지에 올라가 달렸기 때문이라고 말했다. 사과가 그 높이까지 오르지 않았더라면 어떻게 땅으로 떨어질 수 있겠느냐고 되물었다. 뉴턴은 떨어지는 사과는 설명할 수 있어도 높은 가지에 올라가 익어가는 사과의 생명에 대해서는 아무것도 답하지 못한다고 말했다. 그러면서 이어령 선생은 떨어지는 땅이 아니라, 하늘을 향해 올라가는 가지와 이파리들의 기적에 주목해야 한다고 말했다. 거기 무엇이 있기에 그처럼 작은 사과 씨 하나가 텅 빈 허공을 향해 올라가는지, 이파리들이 햇빛의 에너지를 흡수해 중력에서 탈출하는 깃털을 만들었는지, 태양처럼 둥글게 둥글게 익어가는 생명의 법칙, 그 많은 겨울과 바람을 이겨낸 깃털의 가벼움을 주목하라고 말했다.

그 말을 들으며 나는 또 곰곰 생각했다. 왜, 달은 저렇게 환하게 웃을까? 별들은 왜, 저렇게 반짝반짝 반짝일까? 왜, 봄 여름 가을 겨울 계절은 다채롭게 바뀔까? 누가, 왜? 비도 내려 보내고, 눈도 내려 보낼까? 왜, 예쁜 새들은 노래하고, 실바람이 불어오고, 시냇물은 저리 흐를까? 왜, 철 따라 온갖 꽃들은 피어날까? 사람들은 천체의 운행과 궤도, 그리고 별들의 공전과 자전에 관하여 말한다. 태양과 달의 빛과 반사를 설명한다. 중력과 부력과 기압과 온도와 풍향이 어떻고 저떻고 떠들어댄다. 그런데 나는 그런 말들이 도무지 납득이 되지 않는다. 그렇다고 치자, 그렇다면 그런 과학적 현상은 왜, 어째서 일어나는 것일까? 과학자들은 그런 현상은 설명해도 그런 현상이 일어나는 진짜 이유는 설명하지 못한다.

나는 많은 궁금증을 가지고 끙끙대다가 어느 날 갑자기 그 이유를 알아냈다. 그것은, 젊은 연인들이 사랑하는 사람을 위해 기발하고 다양한 이벤트를 벌이는 것을 보는 순간, 그래, 바로 이거야! 하고 내 무릎을 쳤다. 우와! 유레카! 나는 달이 웃고 별이 윙크하는 이유를 알았다. 비가 오고 눈이 오고 바람이 부는 이유, 철 따라 꽃이 피는 이유를 알았다. 그렇다 누군가를 사랑하게 되면 별의별 좋은 것, 아름다운 것들을 꾸미고 만들고, 신호를 보내고 관심을 끌기 위해 온갖 수단을 다 동원한다.

그렇다면, 우리게 주어지고 벌어지는 이 온갖 아름답고 다양하고 신기한 일들은 누군가가 우리를 사랑하기 때문에, 관심을 끌려고 신호를 보내고 이벤트를 벌이는 것이다. 그런 분이 계신 것을, 그분이 그런 일을 벌이시는 것을 지금까지 우린 눈치 채지 못한 것이다. 그런 분을 우리가 어찌 사랑하지 않을 수 있겠는가. 그분에게 나도 내 미소와 윙크를 보낸다. 마음의 꽃다발을 보낸다. 눈물방울과 휘파람과 콧노래를 보낸다.

저 환하게 웃는 달을 좀 봐
저렇게 반짝이는 별들을 좀 봐봐
봄 여름 가을 겨울
비도 보내시고 눈도 보내시고
새들 노래 실어오는 바람이며
저 시냇물, 철 따라 온갖 꽃들
보내시는 걸 좀 봐
그래, 맞아
그분이 우릴 사랑하시는 게 틀림없어
때때로 신호를 보내고
특별 이벤트를 벌이시는 거야

안 계신 아버지가 계셨다

우리 아버지는 내가 어릴 때 일찍 돌아가셨다. 그래서 나는 홀어머니 밑에서 어린 동생들과 함께 가난하게 살 수밖에 없었다. 어렵고 힘들 때마다 아버지가 그리웠고, 아버지가 있는 아이들이 부러웠다. 시골 고향에서 중학교도 겨우 어찌어찌 힘들게 졸업하고 공부가 더 하고 싶은 나는 가방 하나 달랑 들고 무작정 상경을 했다. 먼 친척 아저씨가 경영하는 약국에 점원으로 들어가 약국에 딸린 좁은 골방에 기거하면서 낮에는 일을 하고 밤에는 야간 고등학교에 다녔다. 고향에서 헐벗고 굶주리는 어머니와 동생들 생각에 눈물겨웠고 아버지가 원망스러웠다.

그렇게 힘들게 고등학교는 졸업을 했지만 대학은 더 이상 꿈 꿀 수 없었다. 공사장 인부, 막노동, 외판원, 공장 직공 등을 전전하다가 소집 영장을 받고 군에 입대해야만 했다. 3년을 군복무에 보내고 제대하여 사회에 돌아왔으나 사정은 달라진 것이 하나도 없었다. 줄판에 글씨를 써서 등사로 찍어내는 인쇄방법이 많이 쓰이던 시대라서, 필경 일을 배워 필경사로 일하면서 학업의 꿈을 놓지 않았다. 그러나 정규 대학 진학의 문은 그리 호락호락하게 열리지 않았다. 다시 아버지가 그리웠다. 아버지가 원망스러웠다. 그때, 어려운 여건 때문에 교육 기회를 놓친 사람들을 위한 새로운 교육 제도가 생겼는데, 그게 바로 방송통신대학이었다. 이 새로운 제도 인 방송통신대학이 나에게 구원의 빛이 되어 주었다.

방송통신대학 2년을 마치고(그때는 방송통신대학이 2년제 대학이 었다.) 4년제 대학에 편입학을 하게 되었다. 고등학교를 졸업한 뒤 10년이 되는 해였다. 낮에 일을 해서 가족의 생활비를 벌고 내 학 비도 마련해야 되기 때문에, 대학도 역시 고등학교 때처럼 야간 대 학에 들어가야 했다. 삼십 대 중반이 되어 드디어 대학을 졸업하고, 중등교사 임용고사에 합격하여 중학교 국어 교사가 되었다.

그렇게 기쁠 수가 없었다. 열심히 공부하고 열심히 가르쳤다. 기쁜 일이 겹쳤다. 교사가 된 다음 해 한국일보 신춘문예에 내 시 가 당선되어 시인으로 등단하게 된 것이다. 아버지 산소엘 갔다. 아버지, 아버지의 아들이 대학 공부를 마치고 교사가 되고, 아버지 가 이루지 못하신 문학의 꿈을 제가 대신 이루었습니다. 새삼 아 버지가 그리웠다. 중학교에서 몇 년 근무하다가 명문 고등학교로 전근을 하게 되었다. 공부에 대한 목마름이 가시지 않았고, 공부에 계속 배가 고팠다. 그때 마침 한국교원대학교에 대학원이 개설되 어 현직교사 파견 위탁 교육 제도가 시행되었다. 그 과정에 선발되 어 석사학위 과정을 공부할 수 있는 기회를 얻었다. 또 한 번 내게 다가온 구원의 빛이었다. 석사과정을 마치자 이번에는 박사과정까

지 개설되고, 나는 다시 박사과정에 입학하는 영광을 얻었다.

　중졸로 그치고 말았을 나의 학벌은 이제 박사로 바뀌었다. 나는 이제 대학 교수를 꿈꾸게 된다. 그러나 수많은 도전에도 불구하고 대학 교수의 꿈은 끝내 이루어지지 않았다. 다시 아버지가 그리웠다. 이럴 때 나에게도 아버지가 계셨더라면 사정은 달라질 수도 있었지 않을까?

　그런데 대학교수는 안 되고, 생각지도 않았던 장학사가 되는 길이 열리고, 장학사를 거쳐 중고등학교의 교감 교장이 되는 일이 내 앞에 펼쳐졌다. 고등학교도 못 갈 형편이어서 야간 고등학교를 다닌 내가 고등학교 교장이 되었다. 시인이 되고, 박사가 되고, 교회에선 장로가 되었다. 다시 아버지를 생각한다. 아버지, 아버지가 안 계셔도 저 이만큼 왔습니다. 어머니 건강하시고, 동생들 다 잘 자라 가정을 이루고 잘 살고 있습니다. 저 제법이죠?

　인생의 거의 대부분을 아버지 없이 살면서 나는 늘 아버지가 안 계신다고 생각했다. 그리고 나는 이 모든 것이 내가 열심히 노력해서 이룬 것이고, 거기에 운도 따라주었기 때문이라고 생각했다. 그러나 지나고 나서 되돌아보니 그것이 아니었다. 나에게 결코 아버지가 안 계신 것이 아니었다. 내 곁에는 항상 언제나 아버지가 계셨다. 더 크신 아버지가, 진짜 아버지가 계셨던 것이다.

세상 어떤 아버지보다 능력 있고, 멋있고, 누구보다 날 사랑하시는 아버지가 계셨던 것이다. 묵묵히 나의 등 뒤에서 나를 지켜보시고 보호하셨던 것이다. 때론 손잡고, 때론 안고 업고, 어떤 때는 무동을 태우고 여기까지 오신 것이다. 꼭 필요한 때에, 꼭 필요한 일을 이루신 것이다. 세상 사람들은 안 계시다고 생각하는 하나님 아버지가 안 보이게 살아계신 것이다.

"목사 사모는 싫어요!"

딸 바보인 나도 딸을 시집보내야 할 때가 가까워지자 눈에 띄는 청년들마다 사윗감으로 저울질해 보는 버릇이 생겼다. 주위에서 은근히 내 딸을 마음에 두고 자기 아들 자랑을 하는 사람도 심심찮게 생겨났다. 겉으로는 기분 상하지 않게 딸 아이 핑계를 대면서 적당히 넘기지만 속으로는 재빨리 평가를 내리고 낙제점을 주곤 하였다. 그런데 참으로 이상한 것은, 이렇게 저렇게 연을 대오는 신랑감 중에 장로 아들 또는 목사 아들이면서 목사 지망생들이 많았다는 사실이다.

내가 장로이고 딸 아이가 청년부 회장, 부회장을 도맡은 리더이며 성가대 솔리스트이다 보니 아는 목사님, 장로님, 목사 지망생들이 며느리 감, 사모 감으로 눈독을 들이지 않았겠는가. 그럴 때마다 딸애는 목사 사모가 될 생각이 없으며, 우리도 딸의 생각을 존중할 수밖에 없다고 말하곤 했다. 무늬만 장로고 권사지, 제 자식 문제 앞에선 안 믿는 세상 사람들과 다를 바 없었던 것이다. 게다가 아닌 척하면서 교만이 가득하였다. 딸애는 제법 괜찮은 대학의

성악과를 졸업하였고 석사 학위를 가진 중등학교의 음악 교사였으니, 웬만한 가정 웬만한 청년은 눈에 차지도 않았던 것이다. 가문 따지고, 재산 따지고, 직업 따지고, 게다가 외모까지 따졌으니, 다른 신자들이 볼 때 저 사람들이 장로, 권사가 맞나 그랬을 것이다.

그런데 우리 부부의 속마음을 아는지 모르는지, 딸아이는 제법 좋은 조건의 여러 청년을 다 마다하고 가문도, 재산도, 학벌도, 직업도, 게다가 외모까지도 어느 것 하나 평균점 이상을 줄 수 없는 우리 교회 청년을 그것도 몇 살이나 나이가 어린 후배를 신랑감이라고, 결혼하고 싶다고 알려왔다. 마음 하나는 참 바르고 신앙심이 깊은 청년이라는 것이었다. 아내는 머리를 싸매고 드러누웠고, 나도 속에서 열불이 났지만 딸과 다른 교인들 앞에서 드러내놓고 반대할 수가 없어 속만 태우고 있었다. 지루한 전쟁이 계속되었고 언제 어떻게 끝날지 도무지 알 수 없었다. 그러나 다 아시지 않는가. 자식 이기는 부모는 없다. 나는 예정된 백기를 들었고, 아내는 인정할 수 없는 패배에 주름살을 펴지 않았다.

결혼 이듬해에 하나님은 드디어 우리의 교만을 꺾는 매를 드셨다. 딸이 첫 아이를 임신한 상태에서 귀가 잘 들리지 않는 증세가 생겨 진찰한 결과 뇌에 종양이 생겨 크게 자랐다고 했다. 그 종양이 청각 신경을 눌러 귀가 들리지 않게 되었다는 것이다. 임신 중이었기 때문에 당장 수술을 할 수가 없어 출산 후에야 열 시간 넘는 대수술을 하게 되었다. 종양이 암이 아니라서 생명은 건졌으나, 완전히 회복되어 정상적인 활동이 가능하리라던 기대는 몇 년이 지나도 이루어지지 않았다. 워낙 큰 수술이라서 일부 뇌신경이 손상을 입었고, 종양이 위험한 곳에까지 파고들어 자라서 다 제거할 수가 없었다. 한쪽 귀가 들리지 않게 되었고 몸의 균형을 잘 잡을 수가 없어 집 안에서의 가벼운 보행 정도는 가능하나 정상적인 활발한 활동은 힘들게 되었다.

더구나 그렇게 자랑하던 음대 출신의 소프라노 음은 고저장단에 맞춰 자연스럽게 낼 수가 없으니 성가대 찬양은 이제 더 이상 할 수도 없게 되었다. 경영학과를 졸업하고 작은 회사에 다니던 사위는 사표를 내고 딸애의 수술과 입원에 병간호에 전념하였고 그렇게 백수가 되었다. 그 후 사위는 온 가족의 기도와 담임 목사님의 인도로 신학대학원에 입학하여 신학을 공부하고 목사가 되었다. 그렇게 목사 사모는 싫다고 거부했던 딸은 빙 돌아서 결국은 목사 사모가 되었고, 세상적인 가치 기준으로 교만했던 우리 부부는 코가 납작해지고, 결혼을 반대했던 사위를 볼 때마다 미안한 마음을 감출 수가 없게 되었다.

이렇게 해서 우리 가정은 아들 목사, 며느리 선교사, 사위 목사, 딸 사모, 우리 부부 장로 권사 가정이 되었다. 다른 사람들은 속도 모르고 그런 우리 부부를 보고 칭찬하며 부러워한다. 세상에 하나님이 얼마나 장로님 권사님 가정을 사랑하시면 당신의 일꾼으로 들어 쓰시겠느냐고, 얼마나 복 받은 가정이냐고 말이다.

그래요 하나님! 목사 사모는 싫다고 한 말 취소할게요. 하나님, 하나님은 정말 못 말리는 분이십니다. 주님 뜻이 옳습니다. 순종하고 따르겠습니다. 부족하고 어리석은 종들이지만, 앞으로도 계속 지켜 보호해 주시고, 인도해 주시고, 늘 함께해 주시옵소서.

낳고 낳고 낳으니라

신약성경을 펼치면 맨 앞에 '마태복음'이 나온다. 마태복음은 이렇게 시작된다.

"아브라함과 다윗의 자손 예수 그리스도의 계보라 아브라함이 이삭을 낳고 이삭은 야곱을 낳고 야곱은 유다와 그 형제를 낳고 … 살몬은 라합에게서 보아스를 낳고 보아스는 룻에게서 오벳을 낳고 오벳은 이새를 낳고 이새는 다윗왕을 낳으니라 다윗은 우리야의 아내에게서 솔로몬을 낳고 … 야곱은 마리아의 남편 요셉을 낳았으니 마리아에게서 그리스도라 칭하는 예수가 나시니라"

처음 성경을 읽을 때는 참 지루하고 재미도 없었다. 무슨 낯선 이름들이 계속 나오며 '낳고 낳고 낳으니라'만 계속 반복된단 말인가. 그러나 그 후로 계속 읽을수록 이 비밀이 크고 놀라우며, 낳고 낳고 낳는 복이야말로 복 중에서도 큰 복임을 알게 되었다. 창세기를 보면 "하나님이 자기 형상 곧 하나님의 형상대로 사람을 창조하시되 남자와 여자를 창조하시고 하나님이 그들에게 복을 주시며 하나님이 그들에게 이르시되 생육하고 번성하라 땅에 충만하라"(창 1:27~28)고 하셨고, 아브라함에게 "내가 네 자손이 땅에 티끌 같게 하리니 사람이 땅의 티끌을 능히 셀 수 있을진대 네 자손도 세리라"(창 13:16) "하늘을 우러러 뭇별을 셀 수 있나 보라 네 자손이 이와 같으니라"(창 15:5) "내가 네게 큰 복을 주고 네 씨가 크게 번성하여 하늘의 별과 같고 바닷가의 모래와 같게 하리니"(창 22:17)라고 말씀하신다.

그런데 요즘 우리나라 젊은이들이 결혼을 안 하려하고 아이도 낳지 않으려 해서 나라의 인구가 계속 줄고 있다고 걱정이 이만저만이 아니다. 이런 현실을 맞고 보니, 낳고 낳고 낳는 일이 얼마나 중요하며 복된 일인지 실감하지 않을 수 없다. 그런데, 낳음에는 몸의 낳음과 영의 낳음이 있을 것이다. 아이를 낳는 것은 몸의 낳음이요, 전도하고 양육하여 하나님의 사람으로 다시 태어나게 함은 영의 낳음이다. 우리 믿는 사람들은 몸의 낳음에서도 생육하고 번성하겠지만, 그에 못지않게 말씀에 따라 전도하고 제자 삼아 영적 사람을 낳는 일에도 힘쓰고 애써야 할 것이다.

나는 지금까지 신앙생활을 하며 전도도 하고 주일학교 교사도 하며 영적 낳음에 나름대로 참여하였다. 그런데 그 중에서도 '일대일 제자양육 성경공부'를 통해 낳고 낳고 낳는 기쁨과 보람을 느끼게 되었다. 일대일 제자양육 성경공부는, 신앙의 정도가 상당한 훈련 받은 교사가 초신자를 일대일로 양육하는 교육 프로그램이다. 개발된 교재를 통해 기독교의 핵심 진리를 체계적으로 가르치고 배우므로 이 과정을 마치면 신앙도 깊어지고 올바른 진리 위에

튼튼하게 서게 된다. 나와 일대일로 공부한 초신자가 신앙이 깊어지고 진리에 바로 서서 성장하는 모습을 지켜보는 기쁨은 다른 어떤 기쁨에 비할 수가 없다. 초창기에 나와 일대일로 공부한 S집사가 처음에는 기독교와 교회에 대하여 부정적인 생각과 비판적인 시각을 지니고 있었고 성경에 대해서도 상당히 많은 의문을 품기도 했었는데, 공부를 하면서 점점 더 신실하고 믿음이 깊어지게 되었다. 몇 년 후에는 S가 일대일 제자양육 성경공부 지도자 훈련을 받고 이끄는 이가 되어 다른 제자 K를 가르치고, 그 제자 K가 P를 가르치게 되는 역사가 일어났다. I가 S를 낳고 S가 K를 낳고 K가 P를 낳은 셈이다. 나의 첫 제자 S는 작년에 우리 교회의 장로가 되었다. 할렐루야!

이제 우리나라 청년들도 적령기를 놓치지 말고 제 때 제 때 결혼하여 예쁜 아기들을 낳고 낳고 낳아서 하늘의 별과 같이 바닷가의 모래알 같이 셀 수 없이 번성하기를 기도한다. 또한 우리 교회도 수많은 영혼들을 전도하고 양육해서 하늘의 별과 같이 바닷가의 모래알 같이 셀 수 없이 번성하기를 기도한다.

낄끼빠빠

요즈음 교회에서도 청소년들과 소통이 잘 되지 않는다. 내 딴에는 좀 가까이 다가가 대화를 시도해보지만 그들이 쓰는 줄임말을 알아듣기가 여간 어려운 게 아니다.

여러 명의 학생들이 모여 있는 쪽으로 다가가서 뭐라고 말을 붙이면 의아한 눈빛으로 바라보는가 하면, 어떤 친구는 "웬 갑툭튀?"(웬 일로 갑자기 튀어나와?)라고 하며 어깨를 으쓱해 보인다. 내가 그들에게 궁금한 게 있어서 물어보고 싶다고 말하면 "어쩔TV 저쩔TV?"(그래서 어쩔 건데요 저쩔 건데요)라는 반응이다. '너희들은 어른들에게 물어보고 싶은 게 없느냐'고 물으면 그들은 분명히 "안물안궁!"(안 물어보고 안 궁금한데요)이라고 대답할 것이다. 큰맘 먹고 내가 커피를 사겠노라고 하면 그들은 이구동성으로 "아아"(아이스 아메리카노)를 주문할 것이고, "장로님은 따아(따뜻한 아메리카노)시죠? 라떼(나 때는 말이야)는 절대 시키지 마세요!"라고 말할 것이다. "라떼 좋아하시는 어른은 TMI(투 머치 인포메이션 - 너무 많은 말을 한다)거든요" 라는 말을 덧붙일 것이다. 커피를 마시며 이런 저런 말로 억지로 대화를 이어가려 애쓰면, 누군가는 자꾸 그러시는 건 "무지개매너"(매우 매너가 없음)"이니 "낄끼빠빠"(낄 때 끼고 빠질 때 빠지라)하시라고 중얼거릴지도 모른다. 그러면 나는 '빼박캔트'(빼도 박도 못함) 신세가 되는 것이다.

물론 그들도 우리들의 말을 잘 알아듣지 못할 것이다. 그들이 '보릿고개'라는 말을 알아들을까? '짚신', '구멍 난 양말 기워 신기', '깜지 쓰기' 같은 말을 알까? '형설지공(螢雪之功)'이란 말을 알아들을까? 모를 것이다. 알아듣지 못할 것이다.

어찌 청소년들뿐이겠는가. 회사의 경영진들은 노조의 말을 알아들을 수 없다고 하고, 노조원들은 경영진의 말을 이해할 수 없다고 한다. 보수 진영에서는 진보 진영의 말을 알아들을 수 없다고 하고 진보는 보수의 말을 이해할 수 없다고 한다.

이게 바로 바벨탑의 언어가 아니겠는가. 벽돌을 만들어 단단하게 구워내고 벽돌에 역청을 발라 쌓아 올려 도시를 세우고 하늘까지 닿을 높은 탑을 쌓고자 하지만 언어가 혼잡해지자 서로의 말을 알아들을 수 없게 되고, 말이 안 통하니 쌓던 탑은 무너지고 세상 곳곳으로 흩어져버린 것이다.

지금까지 우리는 물질의 탑, 육신의 탑, 탐욕의 탑인 바벨탑을 쌓아 왔다. 그러다 보니 우리의 언어가 혼란된 것이다. 자기 욕망에 따라 각자 자기 말만 하고 상대방의 말을 알아듣지 못함으로써 닫힌 말에 갇혀버린 것이다. 어떻게 하면 닫힌 문을 열고 서로의 말을 알아듣고, 소통하며 새로운 세계를 건설할 수 있을까? 물질의 말 대신 정신의 말, 육신의 말 대신에 영의 말, 탐욕의 말 대신에 사랑의 말을 한다면 서로 알아듣고 소통할 수 있지 않을까? 그렇다면 그런 말은 어떤 말일까? 사도행전 2장에 그 답이 나와 있다.

오순절이 되었을 때, 그들이 다 함께 한 곳에 있을 때 그 언어는 불꽃의 형상으로 하늘에서 내려온다. 난데없이 맹렬한 바람 같은 소리가 났고, 그들은 여러 다른 언어로 말하기 시작했다. 그러나 세계 각지에서 모인 순례자들의 귀엔 그들 각자의 모국어로 들렸다. 바대 사람, 메대 사람, 엘람 사람, 메소포타미아, 유대, 갑바도기아, 본토와 아시아, 부루기아와 밤빌리아, 이집트, 구레네에 속한 리비아 여러 지역에서 온 방문객들, 로마에서 이주해 온 유대인과 개종자들, 크레타 사람과 아라비아 사람들까지! 이들이 다 갈릴리 사람들인데 이들이 하는 말이 각 사람의 모국어로 다 알아들을 수 있었다. 서로 소통이 되는 말, 이것이 열린 성령의 말이다.

이제 우리는 이런 언어를 꿈꾼다. 청소년은 청소년의 말을 하고 노인은 노인의 말을 하지만 다 알아들을 수 있는 언어, 경영자는 노동자의 말을 노동자는 경영자의 말을 이해할 수 있는 언어, 보수는 진보와 진보는 보수와 소통할 수 있는 언어, 동은 서를 서는 동을 품어 안을 수 있는 사랑의 언어, 그것은 바로 하늘에서 내려온 사랑의 언어 - 성령의 언어가 아닐까!

MBTI

요즈음 MBTI가 대세다. MZ세대들 사이에서는 MBTI를 모르면 이상한 사람 취급을 받을 정도다. 이렇게 요즈음 MBTI가 대세이다 보니 젊은 사람들은 처음 만나는 사람끼리도 서로 MBTI 유형이 무엇이냐고 직접 물어서 대략적인 상대방의 성격과 특성을 파악하고 금방 가까워지기도 한다. 신세대다운 현상이다.

우리 교회 목사님 세 분을 MBTI 유형에 따라 분석해 본 적이 있다. 우리 교회 원로목사님과 새로 부임하신 목사님은 많은 부분에서 너무 다르시다. 원로목사님은 사색적이고 정적이지만, 새 목사님은 활동적이고 운동을 좋아한다. 원로목사님은 말씀이 별로 없으시고 여간해서는 속내를 잘 드러내지 않으신다. 어쩌다 한마디 하셔도 낮은 소리로 느릿느릿 우물우물 말씀하시는데, 새 목사님은 만나면 무슨 말이든지 건네야 속이 시원하고 당신이 생각하는 바를 속에 담아두지 않고 그때그때 표현한다. 높고 분명한 어조로 빠르게 또박또박 말씀하신다. 원로목사님은 과일이 무르익어 저절로 떨어질 때까지 기다리는 분이고, 새 목사님은 실 뭉치가 엉키면 몇 군데 뚝뚝 끊어서 확 풀어버리는 분이다. 원로목사님이 성경 속의 의사 누가를 닮았다면, 새 목사님은 사도 베드로를 닮았다고 나 할까. 이 두 분 목사님의 MBTI 유형은 원로목사님이 INTP(논리학자형)라면, 새 목사님은 ENTJ(지휘자형)가 아닐까 싶다.

그런가 하면 맨 처음 우리 교회를 개척하신 설립자 목사님은 1% 미만의 가장 흔치 않은 독특한 성격 유형의 목사님이셨다. 조용하고 신비로우며 지칠 줄 모르는 영적 소망을 지닌 분으로, 이 땅에 하나님의 나라를 이루는 데 조금도 게으르지 않았으며, 목적을 달성하고 지속적으로 긍정적인 영향을 미치기 위해 계획을 세워 철저히 이행해 나가신 분이었다. 이상주의자이자 양심적이고 도덕적인 생활에 힘쓰며 어려운 성도들을 성심으로 도우셨던 설립자 목사님의 MBTI 유형은 아마 INFJ(지지자형)일 것이다.

목사님들뿐 아니라 장로님, 권사님, 집사님들의 MBTI 유형도 적용해 보았다. 김 장로님은 논리적인 의사결정에 근거하여 행동하고 순서를 세우고 합리적으로 작업을 완료하신다. 깔끔하게 정돈된 공간을 선호하신다. 성실하고 책임감이 강하며 충성심과 인내심이 강하시니 김 장로님의 MBTI 유형은 아마 ISTJ(관리자형)일 것이다. 이 권사님은 자선 봉사활동을 많이 하신다. 당신과 의견이 다르고 성격이 다른 사람과도 잘 맞추어 일하시며 겸손하고 온유하시다. 자신의 성과를 주장하거나 내세우지 않으셔서 함께 일하기 좋은 분이시니 이 권사님의 MBTI 유형은 아마 ISFI(옹호자형)일 것이다. 그런가 하면 박 집사님은 어떤 근거나 이론에 바탕을 두고 행동하며, 지식을 흡수하거나 활용하는 것에 보람을 찾는다. 개혁하거나 개선해 나가는 데 관심이 많으며, 표면적인 잡담보다는 새로운 의견이나 아이디어를 교환하는 것을 선호하시니 박 집사님의 MBTI 유형은 아마 INTJ(건축가형)일 것이다. 청년부의 최양은 밝고 사교적이고 다른 사람들을 즐겁게 하는 것을 좋아한다. 공감성이 강하고 감정 변화와 인간관계에 대한 통찰력이 높으며 미적 감각이 있고 세련된 최 양의 MBTI 유형은 아마 ESFP(엔터테이너형)일 것이다.

사람마다 외모가 다르고 성격과 기질이 다르기 때문에 어느 유형이 좋고 어느 유형이 나쁘다고 말할 수는 없을 것이다. 각 유형에는 그 나름의 장점도 있고 단점도 있다. 목사님들도 각자 그 유형에 맞는 목회를 할 것이고, 하나님께서는 그 사람의 성격과 기질에 맞는 방법으로 적재적소에 사역자로 사용하실 것이다. 목사님뿐 아니라, 교회의 성도들도 사람마다 외모가 다르고 성격과 기질이 다르다. MBTI가 절대적인 것은 아니지만 이 도구를 적절히 잘 활용한다면 자기 자신은 물론 상대방을 이해하고 수용하는데 많은 도움이 될 것이고, 신앙 공동체의 화합과 융합에도 유용할 것이다. 교회의 직분이나 부서 배치에도 성격 유형에 맞게 직무를 부여함으로써 운용의 묘를 살릴 수도 있지 않을까 하는 생각을 해 본다.

인공지능(AI) 목사님

코로나 19로 인해 오랫동안 비대면 온라인 예배가 드려졌다. 이렇게 되면서 성도들은 온라인 예배에 점점 익숙해지고 온라인 예배의 편리성과 개별성이 새롭게 인식되고 있다. 구태여 멀리 교회까지 가지 않고도 집에서 개인의 형편과 환경에 따라 편안하게 예배드릴 수 있다.

그뿐 아니라 채널만 돌리면 전국 유명 교회의 예배가 방송으로 송출되고 있어 성함만 들어도 금방 알 수 있는 인기 있는 목사님들의 설교를 골라 들을 수도 있다. 형편이 이렇게 되고 보니, 미래의 교회는 그렇게 많은 재정을 투입하여 교회 건물을 건축할 필요가 없을 것이라는 생각도 하게 된다. 영상을 촬영하고 온라인으로 보낼 수 있는 컴퓨터와 방송 장비를 갖춘 작은 공간만 있으면 될 것이고, 교회도 도시마다 지역마다 마을마다 있을 필요도 없게 된다. 좀 심하게 말하면 한 나라에 교회는 하나만 있어도 된다. 그렇게 되면 목사님도 한 분만 계시면 된다. 아니 그 한 분도마저도 필요 없을지 모른다.

　인공지능, 로봇, 빅데이터 등 첨단 기술을 바탕으로 한 4차 산업 시대가 도래하므로 직업 세계도 혁신적 변화가 예고되고 있다. 신기술에 의해 대체 위기에 처해 있는 직업이 있는 반면, 새롭게 주목받을 직업도 존재한다. 미래에 사라질 직업 순위 1위로 텔레마케터가 올랐다. 뒤이어 회계사, 소매 판매업자, 부동산 중개인, 비행기 조종사, 편집자, 슈퍼 점원, 일반 사무원, 택시 운전기사, 경비원 등도 미래에 없어질 직업으로 꼽혔다. 한국고용정보원에서도 제품 조립원과 청원경찰, 미화원 등 비교적 단순하고 반복적인 직업들은 사라질 가능성이 높다고 분석했다. 교사와 일반의사, 항공 관제사 등 전문직도 선정됐으며, 특히 로봇의 발달로 로봇 일자리가 대신하여 직업이 사라지는 속도도 가속화되고 있다. 코트라 도쿄무역관 관계자는 "AI진화에 따라 산업구조 및 일하는 방식의 격변이 예상된다"라며 "사회 상황 변화에 따른 인력 재배치, AI를 활용한 산업 입지도 확보해야 한다"라고 제언했다. 우리나라는 특히 저출산 고령화 대책으로 AI가 주목받는데다가, IT 강국인 만큼 변화가 더 빠를 것"이라고 예상했다.

목사님들이 하시는 일 중에 가장 많은 비중을 차지하고 시간을 가장 많이 할애하여 신경을 쓰는 일이 아마 설교일 것이다. 그런데 이 설교문을 인공지능(AI)이 작성하고 휴머노이드 목사가 설교를 한다면 어떻게 될까?

몇 해 전 이세돌 9단과 알파고의 바둑 대국이 있었다. 알파고는 딥마인드가 개발한 컴퓨터 프로그램이다. 잘 아시다시피 총 5국으로 치러진 대국에서 알파고는 4승 1패로 승리했다. 가장 복잡하고 경우의 수가 많으며 예측하기 어렵고 상대방의 반응에 따라 그때그때 대처해야 하는 바둑에서 알파고가 승리했다면 그보다 훨씬 덜 복잡한 다른 분야에서는 과연 어떠하겠는가.

AI가 엄청난 자료와 성경 내용과 예화나 간증 자료 등등의 빅데이터를 활용하고, 심리학, 철학, 웅변, 연설, 화법, 문장 수사법 등등을 학습하고, 최상의 구조로 엮어서 감동적이고 설득력 있게, 치밀하고 정교하게 컴퓨터 프로그램에 의해 설교한다면 어떤 목사님이 이를 능가할 수 있을까? 이 때가 되면 목사라는 직업은 소멸될지도 모른다. 그때가 되어도 떠나지 않고 계속 사역하실 목사님은 어떤 목사님일까? 그때에도 없어지지 않고 대면 예배가 드려지는 교회는 과연 어떤 교회일까? 심각하게 고민하고 대비해야 하지 않을까?

특별한 은사

이제 고인이 된 소설가 최인호 선생의 〈인연〉이라는 수필집에는 어느 칼국수 집 이야기가 나온다. 칼국수 집 사장의 어머니는 전업주부였는데, 유독 칼국수를 잘 만드셨다. 하여 어머니의 오랜 소원은 칼국수 집을 내는 것이었다. 그러나 보수적인 법조계 교수 남편이 허락해 줄 리가 없었다. 그래서 아들이 어느 날 아버지 몰래 은행 돈을 융자하여 작은 칼국수 집을 차려드렸다. 어머니 소원을 들어드린 것이다.

개업 첫날, 아침부터 저녁까지 손님이 한 사람도 없었다. 문을 닫으려는데 한 사람이 문을 열고 들어왔다. 그리고 연이어 세 사람이 함께 들어와 자리에 앉았다. 모두 칼국수를 시켰다. 생전 처음 손님을 맞은 어머니는 긴장감으로 손을 떨며 칼국수를 만들기 시작했다.

한 십 분이 지났을까, 드디어 칼국수가 다 끓었다. 그런데 한 젓가락을 맛본 어머니는 칼국수 4인분을 통째로 쓰레기통에 버렸다. 이 칼국수를 도저히 손님에게 내놓을 수 없다는 것이었다. 어머니는 다시 칼국수를 만들기 시작했다. 한 20분이 지나자, 손님이 화를 내기 시작했다. 아들은 손님에게 양해를 구했다. 드디어 두 번째 칼국수가 완성되었다. 그런데도 어머니는 이번에도 맛을 본후, 다 끓인 칼국수를 다시 쓰레기통에 부어버렸다. 이유는 형편없는 칼국수를 손님에게 내놓을 수 없다는 것이었다.

30분이 지나자 화가 난 손님 세 사람이 자리를 박차고 일어나 나가버렸다. 한 사람이 남았다. 웬일인지 그 사람은 신문을 보며 기다려 주었다. 다시 칼국수가 나왔다. 어머니의 얼굴에서는 땀이 비 오듯 흘러내리고 있었다. 그 손님은 드디어 칼국수를 먹기 시작했고, 어머니는 그 옆에서 안절부절 못하고 서 있었다. 손님은 칼국수를 다 먹고 국물까지 후루룩 다 마셨다. 그리고 어머니에게 이렇게 말했다.

"내가 칼국수를 좋아해서 온갖 동네의 칼국수를 다 먹어 봤지만 이렇게 맛있는 것 처음 먹어봅니다. 이 집은 분명히 단골들로 넘쳐날 겁니다. 이렇게 정성을 다해 만든 음식을 어디서 먹어보겠습니까?"

손님의 예언대로 칼국수 맛은 곧 소문이 나기 시작했고, 식당은 개업한 지 한 달도 안 돼서 유명해졌다. 사람들이 재료값을 줄이고 이윤을 많이 남겨야 한다고 충고하면 어머니는 이렇게 말한다.

"나는 내 국수를 많은 사람이 정말 맛있게 먹어주는 게 좋습니다."

우리 교회 한 권사님의 칼국수 맛도 일품이다. 특별한 재료가 들어간 것도 아니고 별달라 보이지도 않는데 입맛을 끌어당기는 깊은 맛이 있다. 한 권사님은 칼국수뿐만 아니라 다른 음식도 잘 만드신다. 음식솜씨가 좋으시다. 그리고 음식 만드는 것을 무척 좋아하신다. 한 권사님은 우리 교회 식당 봉사부장이시다. 우리 교회 성도들이 교회에서 점심을 맛있게 먹을 수 있는 것은 다 한 권사님 덕분이다.

사실 음식을 만드는 것은 결코 쉬운 일이 아니다. 좋은 재료를 사기 위해 시장을 봐야지, 가지고 와서 씻고 다듬어야지, 썰고 자르고 조리해야지…. 그런데도 그런 것을 권사님은 귀찮아하지도 않으신다. 뚝딱뚝딱, 조물조물, 보글보글 금방 만들어 내신다. 권사님은 음식 만드는 것이 재미있다고 하신다. 사람들이 맛있게 먹는 것을 보면 행복하다고 하신다.

음식을 만드는 게 행복한 사람은 식재료를 사러 가는 시간부터 행복하다. 이것은 이렇게 해서 먹이고, 저것은 저렇게 해서 먹여야지. 먹는 사람이 맛있게 먹으며 행복해 하는 모습을 떠올리면 본인은 먹지 않아도 절로 행복해진다. 10분 먹으려고 3시간 걸려도 즐겁고, 다듬고 손질하며 아 이 채소는 어쩌면 이렇게 싱싱하고 향기로울까, 이 생선은 어쩌면 이렇게 신선하고 통통할까 감사하며 찬송하고, 썰고 볶으며 완성된 음식을 기대하며 기도한다.

요즘 TV를 보면 음식 관련 프로그램이 무척 많다. 요리법, 맛집 기행, 한국인의 밥상, 골목식당 등등 수도 없이 많다. 그리고 요리 잘 하는 '쉐프'들의 인기가 연예인을 능가할 정도다. 그런가 하면

'대통령이 드셨던 자장면'이라고 하면 사람들이 줄 서서 기다리고, 대통령이 자주 찾았던 칼국수집이라고 해서 그 집 앞에 문전성시를 이루기도 한다.

음식솜씨도 하나님이 주신 특별한 은사라고 생각한다. 우리 교회 한 권사님은 음식을 잘 만드는 은사를 받으신 분이다. 한 권사님도 TV에 나오는 유명 쉐프 못지않게 인기가 많으시다. 권사님은 전도도 떡볶이 전도, 부침개 전도 같은 음식 전도를 하신다. 맛있는 김치를 담가 한 그릇 담아 들고 이웃집 문을 두드린다. 맛있는 김치와 부침개 떡볶이에 마음이 저절로 녹는다.

딱 둘만 남은 것처럼

새해에는
이 세상에 딱 둘만 남은 것처럼
그렇게 살았으면

이 세상에
딱 둘만 남게 된다면
하나에게 있어 하나는
얼마나 소중할까

이 세상에
딱 둘만 남게 된다면
하나의 고독은 하나가 덜어 주고
하나의 병고는 하나가 보살펴 주고
하나의 열매는 하나와 나누어 먹고
하나의 일은 하나가 도울 수밖에 없는데

그러므로
하나는 하나가 아니요
둘이며, 둘은 둘이 아니고
하난데

이 세상에
딱 둘만 남았을 때
하나가 없다면?

그런데, 우주에는
딱 하나씩만 살고 있는 별도
있다고 한다.

새해에는
이 세상에 딱 둘만 남은 것처럼
그렇게 살았으면

  우리가 살고 있는 오늘날의 이 세상은 너무 험하고 힘들고 삭
막합니다. 그래서 새해를 맞이하여 지금부터 좀 엉뚱한 상상을 해
보도록 하겠습니다. 성경 창세기에 나오는 아담과 하와처럼, 만약
에 이 세상에 딱 둘만 남게 된다면 그 둘은 서로 소중히 여기고 아
끼고 도와주고 사랑할 것이고, 이 세상은 천국이 되지 않을까 그런

생각에서 펼치는 상상입니다.

이 세상에 딱 둘만 남은 한 사람을 '담아'라 부르고 또 다른 하나의 이름은 '와하'라 부르기로 합니다. 이 세상에 담아와 와하 딱 둘만 남게 된다면, 담아에게 와하는 얼마나 소중한 존재일까요? 와하에게 담아는 얼마나 소중한 존재일까요?

이 세상에 딱 둘만 남게 된다면, 와하가 따온 과일 열매는 담아와 나누어 먹을 것이고, 담아가 잡아 온 짐승의 고기는 와하와 나누어 먹을 것입니다.

이 세상에 딱 둘만 남게 되었을 때, 담아가 집을 지으면 와하가 도와줄 것이고, 담아가 길쌈을 하면 담아가 도와줄 것입니다.

이 세상에 딱 둘만 남게 되었을 때, 담아가 외로우면 와하가 달래주고, 와하가 슬퍼하면 담아가 달래줄 것입니다.

이 세상에 딱 둘만 남게 되었을 때, 담아가 아프면 와하가 병간호를 해주고, 와하가 피곤하면 담아가 안마를 해줄 것입니다. 담아는 와하에게 노래를 불러주고, 와하는 담아와 함께 춤을 출 것입니다. 함께 아침 해를 맞고 저녁놀을 감상할 것입니다. 함께 자고 함께 일어날 것입니다. 그러므로 담아의 기쁨은 와하의 기쁨이 되고, 와하의 슬픔은 담아의 슬픔이 될 것입니다. 그러므로 둘이 아니고 하나입니다.

그런데, 그렇게 살다가 만약 담아가 죽고 와하 혼자만 남게 된다면 와하는 얼마나 슬플까요? 그러다가 와하가 죽고 담아 혼자만 남게 다면 담아는 얼마나 슬플까요?

그런데도, 지금 우리가 살고 있는 이 세상에는, 다른 사람은 아예 없다는 듯이 마치 자기 혼자만 살겠다는 듯이, 욕심을 부리고 남을 미워하고 무시하고 해코지하는 사람들이 얼마나 많은지 모릅니다.

이제 새해를 맞이하여, 이 세상에 딱 둘만 남은 것처럼 서로 소중히 여기고 아끼고 도와주고 사랑하며 삶으로써 이 세상을 천국으로 만들면 얼마나 좋을까 그런 상상을 해 보았습니다.

내리사랑, 치사랑

    김 장로님이 핸드폰을 열어 손주의 사진을 보여주며 자랑이 끊어질 줄 모르신다. 이제 막 걸음마를 시작했다며 이목구비가 뚜렷한 게 정말 잘 생기지 않았느냐고 동의를 구하신다. 사람들이 손주가 할아버지를 빼닮았다고 한다며 입이 귀에 걸리신다. "손주 자랑을 하려거든 만 원을 내고 하시라"는 박 장로님의 은근한 놀림에도 김 장로님은 개의치 않고 입에 침이 마르도록 자랑을 이어 가신다.

    나도 처음 손주를 보았을 때 그 녀석이 얼마나 예쁘고 사랑스러웠는지 모른다. 나를 보고 방긋 웃을 때는 가슴이 환해지며 그렇게 행복할 수가 없었다. 설익은 발음으로 '하버지'하고 부를 때, 뒤뚱뒤뚱 걸어와서 내 품에 안길 때 이 녀석을 위해서라면 내 생명도 아깝지 않게 내놓을 수 있겠다 싶었다. 말 한마디 행동 하나하나가 다 예뻤다. 무조건 사랑스러웠다.

    내가 할아버지가 되었을 때, 나는 내 할아버지를 떠올리지 않을 수 없었다. 내가 내 손자를 예뻐하고 사랑하듯이 내 할아버지도 나를 그렇게 예뻐하고 사랑하셨겠구나 그런 생각을 하게 되었던 것이다. 사실 우리 할아버지는 좀 엄한 분이셨다. 그래서 겉으로 그렇게 드러나게 정을 내보이시거나 살갑게 대해주시지는 않으셨다. 나도 할아버지를 좀 어려워하고 가까이 다가가지를 못했다. 그러나 지금 와서 생각해보니 겉으로 표현을 하지 않으셨을 뿐 속으로는 얼마나 사랑하고 귀여워해 주셨을지 미루어 짐작이 가고도 남는다. 겉으로 드러내지 않으셨을 뿐 늘 나를 자애로운 시선으로 지켜보시고, 아껴주시고, 맛있는 과자도 주머니에 담아와 손에 쥐어주시곤 했다. 식사도 할아버지 상에서 함께 하고 할아버지 상에만 오르는 귀한 고기반찬도 내 숟가락 위에 얹어주셨다. 잠도 할아버지 할머니와 함께 잤다. 어려서 일찍 천자문과 붓글씨 쓰기를 가르쳐 주시는가 하면 예의범절도 하나하나 가르쳐 주셨다. 내가 잘못된 행동을 하면 엄하게 꾸짖으시고 때로는 회초리로 종아리를 때리기도 하셨다. 그런 때 나는 그런 할아버지가 무섭고 두렵기도 했다.

나는 내가 할아버지가 된 지금에 와서야 할아버지의 마음을 헤아리며 후회하고 있다. 왜 그때 좀 더 가까이 다가가 '할아버지! 할아버지!' 하고 부르며, 얘기도 하고 말씀도 듣고 그러지 못했을까. '난 할아버지가 좋아요!' '사랑해요 할아버지!' 그러면서 애교도 부리고, 무얼 좀 사달라고 떼도 좀 쓰고 그러지를 못했을까 후회가 된다.

어른들로부터 아래로 흘러내리는 사랑을 우리는 '내리사랑'이라 부르고, 자손들이 웃어른들께로 올려드리는 사랑을 '치사랑'이라고 부른다. 그런데, 물이 위에서 아래로 흐르듯 사랑도 내리사랑이 많고 자연스럽지 치사랑은 내리사랑을 당할 수 없다고들 말한다. 맞는 말이다. 자손들이 부모님의 은혜에 십분의 일만큼만 해도 큰 효자라 하지 않던가.

김 장로님의 손주 자랑 값으로 맛있는 커피 한 잔씩을 얻어 마시고, 오후 예배를 드리면서 나는 다시 늦게야 또 깨닫는다. 하나님의 사랑이야말로 전형적인 '내리사랑'이구나. 김 장로님이 손주를 사랑하시는 것처럼, 내 할아버지가 날 사랑하셨던 것처럼 하나님은 우리를 사랑하시는 거로구나. 꼭 필요한 것을 가르치시고, 귀찮은 훈련도 시키시고, 잘못하면 때로 엄하게 꾸짖으시고, 회초리도 드시지만 속 깊이 자애로운 눈길도 바라보시며, 지키시고 보호하시고, 인도하시는구나. 그것도 모르고 나는 하나님이 엄하시고 두려운 분이라고만 생각하며 가까이 다가가지도 못하고 주변만 빙빙 돌았구나 싶어 후회막심이다.

하나님도 할아버지와 같은 '하'자 줄인데, 한없는 내리사랑이신데, 내가 십분의 일만 치사랑으로 올려드려도 하나님은 열 배로 기뻐하실 텐데 그러지를 못했구나. 이제 앞으로는 자주 찾아뵙고 대화 나누며, 우리 막내 손녀가 그러듯이 '저도 하나님이 좋아요!' '하나님 사랑해요!' 애교도 좀 부리면서 살아야겠다. 하나님이 가르쳐주신 대로 아름답게 살아, 하나님이 핸드폰 열고 내 사진 열어 보이시며 자랑하실 수 있도록! 빳빳한 만 원짜리 꺼내시며 '오늘 커피는 내가 사지!' 그러실 수 있도록!

아들을 보내놓고

아들이 선교사가 되어 먼 나라로 떠난 지 1년이 되었다. 아들과 며느리, 손자, 손녀 네 식구는 지난 해 4월에 카자흐스탄으로 선교를 떠났다. 그동안 계절이 네 번 바뀌고 해가 바뀌었다. 낯선 땅, 낯선 문화, 언어도 안 통하는 낯선 나라로 가서, 어떻게 말은 잘 배우고 있는지, 어디서 어떻게 필요한 물품은 사는지, 어려운 일이 있을 때 누구에게 도움을 청하는지, 밥은 제대로 먹고 잠은 잘 자는지, 추위와 더위는 어떻게 이기는지…. 아들과 며느리는 그렇다 쳐도 어린 손자, 손녀는 어떻게 적응하고 살 것인지, 안쓰럽고 마음이 아프다. 특별히 명절이나 생일 때가 되면 그립고 보고 싶고 안타까운 마음에 안절부절 못하겠다. 기도 자리에 앉으면 아들 선교사 가족에 대한 기도뿐이다.

지금까지 살아오면서 몇 번 아들과의 이별을 겪었다. 첫 번째 이별은 대학에 들어가서 기숙사 생활을 하게 되면서다. 학기가 시작되면 기숙사에 들어가서 생활을 하다가 학기가 끝나고 방학이 되어 집에 돌아오곤 했다. 그때 아들의 빈 방을 열어보면 허전하고 문득문득 보고 싶고 걱정이 되곤 했었다. 잠은 잘 자는지, 밥은 제대로 챙겨 먹는지, 생활은 규칙적으로 잘 하는지, 강의는 제대로 잘 듣고 있는지, 안 좋은 친구들과 어울려 곁길로 빠지지는 않는지…. 기도 자리에 앉으면 아들 기도가 거의 대부분을 차지했었다.

아들과의 두 번째 이별은 휴학을 하고 군에 입대했을 때다. 기숙사에 들어갔을 때와는 비교도 되지 않을 만큼 걱정이 되고 신경이 쓰였다. 최전방 휴전선 근처 위험한 환경으로 들어간 아들 생각에 기도 시간은 더 길고 더 간절했다. 밥은 잘 먹는지, 잠은 잘 자는지, 고된 훈련은 잘 견디는지, 상급자에게 미움을 받거나 매를 맞지는 않는지, 아픈 데 없이 몸은 성한지…. 아들이 입대하기 전에는 잘 눈에 띄지도 않던 군인들이 자꾸 눈에 들어왔다. 길에서 다른 군인들을 만나면 다 내 아들로 보이고, 그래서 다가가 등 두드려주고 뭐라도 사 먹이고 싶었다. 그렇지만 이 이별은 2년이 지나고 제대함으로 끝이 났다.

아들과의 세 번째 이별은 결혼하여 분가해 나가면서 벌어졌다. 결혼시켜 내 보내고 나서 숙제를 마친 학생처럼 홀가분한 마음도 없지 않았지만 한편으로는 집안이 휑한 것 같았고, 허전하기도 했다. 새로운 걱정도 생겼다. 어떻게 밥벌이는 해서 가족을 건사하는지, 서로 다투며 삐걱거리지는 않는지, 늘 신경이 쓰여 기도하다 보면 아들네 가족 기도가 대부분을 차지했다. 손자 손녀가 태어나면서부터는 그 녀석들이 그립고 보고 싶어졌다. 그러나 가끔 집으로 찾아와 주어 만날 수 있고 마음만 먹으면 찾아가 볼 수가 있었으니 이 헤어짐은 그리 큰 아픔은 없었다.

그러나 온 가족이 먼 나라로 선교를 떠난 이번의 이별은 지금까지의 그 어떤 이별과는 비교가 되지 않을 만큼 아주 크고 특별한 이별이다. 보고 싶어도 그리 쉽게 가 볼 수도 없고 오고 싶어도 여간해서는 올 수도 없다. 앞으로 몇 년이 지나야 만나 볼 수 있을지 기약이 없다. 내 나이 이제 70대 중반인데, 내 생전에 선교 사명 다하고 돌아오게 될지 그것도 알 수가 없다. 여러 가지 걱정도 많고, 문득문득 그립고 보고 싶고 애가 탄다. 날마다 무릎 꿇고 선교사 아들 가족을 위하여 기도하다가 문득 어떤 아버지 한 분이 생각났다.

우주의 먼 행성 낯선 지구별로 외아들을 보낸 아버지, 그 아버지는 멀고 먼 낯선 별에 아들을 보내놓고 얼마나 마음이 아팠을까? 얼마나 걱정되고, 안쓰러웠을까? 안절부절 애태우며 기도하셨을까? 그 외아들이 십자가에 달려 피 흘리고 죽어갈 때, 하나님 그 아버지의 가슴은 얼마나 찢어졌을까? 내 아들을 카자흐스탄에 선교사로 보내놓고서야, 이제사 겨우 이 땅에 아들을 선교사로 보내 순교케 하신 하나님 아버지의 심정을 헤아려 본다.

발빠진 쥐

전철은 요즈음 내가 가장 애용하는 교통수단이다. 전철은 요즘 더욱 심해진 교통체증에도 구애받지 않으며 정확한 시간에 나를 원하는 목적지에 데려다 준다. 레일 위를 달리기 때문에 버스나 승용차처럼 도로의 굴곡에 따라 요동치지 않아서 책을 읽기에도 안성맞춤이다. 냉난방이 잘 되어 있어 춥지도 덥지도 않다. 전철을 타고 객차 안의 승객들을 보며 저 사람들은 무슨 일을 하고, 어떤 생각을 하며, 어떤 삶을 살까, 나름대로 이런 저런 생각을 펼쳐 보는 것도 이동 시간을 지루하지 않게 보내는 방법 중의 하나다. 게다가 나 같은 노년층에게는 무임승차라는 혜택까지 준다. 그래서 나는 전철을 고맙게 잘 이용하고 있다.

그런데 언제부턴가 전철역에서 내가 도무지 이해할 수 없는 좀 이상한 안내 방송이 나오곤 하는 것이었다.

"발빠진 쥐! 발빠진 쥐!"

전동차가 멈추고 문이 열리면 어김없이 이런 안내방송이 나온다. 그래서 나는 내 나름대로 생각해 보았다. 아하, 요즈음은 사람

들이 개나 고양이 같은 애완동물을 무척 사랑해서 보살피고 기르고 그러는데, 지하철 공사에서는 참 특이하게도 쥐 같은 동물에 관심을 가지고 관리하고 있다는 말인가? 지하철역 구내의 음식물 쓰레기나 과자 부스러기 같은 것을 쥐들로 하여금 먹어치우게 하려는 것인가? 에이, 그런 것보다 쥐가 더 골치 아플 텐데…. 그렇다면 내가 모르는 무슨 신통한 쥐의 효용이나 용도가 있는 것인가? 아무리 생각해도 도저히 이해가 안 되고 궁금증만 늘어났다. 그냥 흔하디흔한 그런 쥐가 아니라 내가 모르는 새로운 특별한 종류의 쥐가 있는가? 내 눈엔 한 마리도 보이지 않는 쥐가 어쩌다 발이 빠졌을까? 쥐가 발이 빠졌는데 우리 보고 어쩌란 말인가? 그 발빠진 쥐를 발견하면 잘 구조해주라는 말인가?

　하도 궁금하고, 도저히 참을 수가 없어서 찾아가 역무원에게 물었다.

　"발빠진 쥐! 발빠진 쥐!" 이런 안내방송이 계속 나오는데, 발빠진 쥐가 어디 있나요?

"하하하! 쥐는 없구요, 어르신 <발빠짐 주의> 하시라구요."

아하 이런 세상에! 내가 방송을 잘못 들었구나. 순간, 얼른 보청기를 더듬어본다. 전동차와 승강장 사이 틈새에 빠진 건 쥐가 아니라 칠십 넘긴 무자생 쥐띠 내 고막이었다.

우리의 감각기관은 불완전하다. 얼마든지 잘못 보고, 잘못 듣고, 잘못 느낄 수 있다. 성경에 보면 발람 선지자는 하나님의 사자가 자기가 가는 길을 막아선 것을 보지 못했다. 나귀는 눈으로 보고 두려움을 느끼고 뒷걸음질 쳤는데, 발람은 전혀 보지 못했다. 오죽했으면 나귀가 입을 열어 말을 했겠는가. 엘리 제사장도 하나님의 말씀을 전혀 듣지 못했다. 그러나 어린 사무엘은 하나님의 음성을 들었다. 물론 사무엘도 하나님이 부르셨을 때 처음에는 그분이 하나님이신 줄은 알지 못했지만, 하나님의 말씀인 줄을 알았을 때 정확하게 듣고 정확하게 전하고 그 말씀 따라 살았다.

우리도 하나님의 말씀을 듣지 못하고 살아가는 것은 아닌지, 듣는다 하면서 잘못 오해하지는 않는지, 혹 하나님의 음성이 아닌데 하나님의 음성으로 착각하는 일은 없는지 깊이 살펴 볼 일이다.

아버지와 아들

지난 3일 오후 2시 서울 월드컵경기장에서 '빌리 그래함 전도대회 50주년 기념대회'가 열렸다. 이번 대회는 '빌리 그래함 전도대회' 50주년을 맞아 한국 기독교계의 비약적인 발전의 계기가 되었던 50년 전 당시의 전도대회를 기념하기 위한 목적으로 기획되었다.

1973년 5월 30일부터 6월 3일까지 서울 여의도에서 열린 '빌리 그래함 전도대회'에는 당시 연인원 440만 명이 참여했으며, 전도대회를 계기로 교회가 30% 이상 증가할 정도로 한국교회 역사에 큰 영향을 미쳤다. 이 집회에서 당시 경제적으로 어려웠던 국민들은 많은 위로와 도전을 받았다. 1973년의 기적은 빠르게 성장하는 한국교회가 대한민국과 세계선교를 위해 헌신하는 데 위대한 초석이 되었다.

하지만 언젠가부터 한국교회는 침체기에 들었다. 최근 한국교회는 뜨거움과 열정이 사라지고 형식과 겉모양만 남은 채 영적 동력을 잃어가고 있다. 믿음의 유산을 전수하지 못한 채 1970년대 '기적의 역사'는 이제 잊혀져 희망적으로 내다보기 힘든 영적 침체

를 경험하고 있다. 더 이상의 침체는 있으면 안 되겠다 싶어서 50
년 전 뜨거운 성령의 불길을 다시 불러일으키고자 대회를 준비하
게 되었다고 한다.

공동대회장인 장종현 목사(백석총회장, 백석대 총장)는 격려사에
서 여의도 집회에 참석했던 성도들이 자녀들과 모였다며, 한국 교
회의 부흥, 국가의 부흥은 기도에 응답하신 하나님의 강복이었다
고 말했다. 멈춰진 성령 운동이 부흥의 불길을 일으키고자 모였으
니 믿음의 선배들의 신앙을 이어받아 한국교회가 세계 선교의 출
발점이 되기를 당부했다. 7만 성도와 1만 찬양대가 모여 찬양하고
기도하고 말씀을 들으며 신앙의 새로운 도약을 다짐하였다.

빌리 그래함 목사의 아들인 프랭클린 그래함 목사는 "복음의 가
치"(마가복음 8장 31~38절)를 주제로 말씀을 전했는데, 한국은 지난
50년간 많은 변화를 가져왔고, 세계도 변했다며 그러나 하나님의
사랑과 말씀은 변함이 없다면서 '우리가 가진 것 중 가장 가치 있
는 자산은 우리의 영혼'이라는 사실을 알아야 한다고 말했다.

그런데, 나는 이 기념대회를 통하여 3쌍의 아버지와 아들을 보
았고, 더 큰 근원이 되시는 아버지와 아들을 다시 한 번 더 깊이 생
각하게 되었다.

첫 번째는, 50년 전 세계적인 부흥사로서 큰 영향을 미쳤고, 특
히 한국교회의 폭발적 부흥의 초석이 되었던 빌리 그래함 목사님
의 대를 이어 우리나라를 찾은 그의 아들 프랭클린 그래함 목사 부
자(父子)를 생각하며 하나님의 놀라운 섭리와 은혜를 감사하게 되

었고, 두 번째는, 이번 대회의 공동대회장인 김삼환 목사님과 프랭클린 그래함 목사님의 설교를 통역한 김하나 목사 부자를 생각하며 얼마나 보기 좋은 아버지와 아들인가 부러웠다.

그러면서 불현듯 카자흐스탄에 선교사로 나가 있는 아들 임○○를 떠올리지 않을 수 없었다. 부디 하나님의 신실한 선교사가 되어 복음을 전하고 사명을 잘 감당함으로써, 부족한 아비이지만 앞에서 언급한 두 부자처럼 하나님 보시기에 흐뭇한 아버지와 아들이었으면 참 좋겠다는 생각을 하며 감사의 기도를 올렸다.

이 모든 근원은 하나님 아버지와 독생자 예수 그리스도, 참으로 거룩하고 아름다운 아버지와 아들의 근본 본체가 아니신가. 하나님 아버지! 이 땅 위에서도 이런 아름다운 아버지와 아들이 많이 많이 나오게 하옵소서.

잊으면 안 되는 이름

대학 시절의 은사님으로부터 전화가 왔습니다.

며칠 전 제가 전화를 드렸는데 안 받으시기에 그냥 끊었었는데, 부재중 전화번호가 찍힌 것을 보고 이제야 전화를 하신 것 같습니다.

"임 장로, 전화했었나?"

"예, 별일 아니구요, 안부 전화 드렸습니다. 평안하시지요?"

"응, 나야 뭐 늘 그저 그렇지. 그래 여전히 기도 많이 하고, 시 열심히 쓰시는가? 아이들도 잘 있지? 전화 주어 고맙네, 잘 지내시게."

30분쯤 지나서 또 전화가 왔습니다.

"임 장로, 전화했었나?"

"예, 별일 아니구요, 안부전화 드렸습니다"

"응, 고맙네, 잘 지내시게."

10분쯤 지나서 또 전화가 왔습니다.

"임 장로, 전화했었나?"

순간 머릿속이 하얘졌습니다. 선생님께 치매가 온 것입니다.

우리 어머니도 선생님과 연배가 비슷하십니다. 그래서 그날로 당장 어머니를 모시고 구청 치매 센터를 찾아갔습니다. 거기 흰 가운을 입은 분이 어머니께 물었습니다.

"오늘이 몇 월 며칠이죠? 무슨 요일인가요? 올해가 몇 년도인가요? 지금 우리나라 대통령은요?"

별로 어렵지 않은 질문이라 다 아실 줄 알았는데, 의외로 어머니는 더듬더듬 대답을 잘 못하셨습니다.

생각에 잠긴 어머니에게 그가 또 물었습니다.

"7 더하기 5는 얼마죠? 103 빼기 7은요? 거기서 다시 7을 빼면요?"

이번에도 어머니는 대답을 잘 못하셨습니다.

"그러시면 이번에는 아드님 따님 이름이나 손자 손녀 이름을 대보세요."

그러자 어머니는 아들 이름, 딸 이름, 그리고 손자 손녀 이름은 몇을 대셨습니다.

"오늘 날씨 무척 춥죠? 애쓰셨어요, 어르신! 지금부터 제가 단어 몇 개를 말씀드릴 겁니다. 차 한 잔 마시고 다시 물으면 그때 답해 보세요."

"부엉이, 올빼미, 기러기, 까마귀, 꿩, 참새, 닭 … "

어머니는 겨우 '닭' 하나만 기억하시고, 기러기 날아가는 하늘만 물끄러미 바라보셨습니다.

요즈음 모두 치매에 걸릴까봐 전전긍긍하고 있습니다. 우리 어머니에게도 치매 초기 증세가 보입니다. 그래도, 어머니는 요즈음 나중에 천국 가실 때, '예수님' 이름을 잊으면 안 된다고,

"예수 구주! 내 구주!"를 외시며 새벽기도를 다니십니다.

일간 대학 때의 그 은사님도 좀 찾아뵈어야겠습니다.

이어걷기, 이어살기

어머니가 구두 한 켤레를 주워오셨다. 내 발보다 한 치수 위였지만 발을 넣으니 담쑥 끌어 담는다. 밑창이 바깥쪽으로 좀 닳긴 했어도 아직은 한참 더 신을 수 있을 구두였다. 버린 주인이 미웠을까 아니면 새 주인이 그리웠을까, 내 발을 맞는 품이 사뭇 살가웠다. 옛 주인은 왜 이 구두를 떠나보냈을까? 구두 벗고 맨발로 세상 밖으로 떠난 건 아닐까? 이런 저런 생각이 교차했다. 어머니는 그냥 버리기가 너무 아까워 가져오셨다고 했다. 그렇긴 하지만 그렇다고 아무런 대가도 지불하지 않고 그냥 공으로 신으면 안 될 것 같았다. 이 구두를 신고 이제부터 내가 길을 걷는다면 그 걸음은 옛 주인이 그렇게 걷고 싶었지만 다 걷지 못했던 길을 내가 대신 이어 걷는 길이 되어야 할 것이었다. 콧등이 시큰해졌다. 고개 들어 하늘을 보니 마침 저녁노을이 유난히 붉었다.

그러다가 문득 이런 생각이 들었다. 이 구두의 지난 주인은 어쩌면 예수님일지도 모른다. 예수님이 신으시던 구두를 이 땅에 벗어놓고 맨발로 세상 밖으로 떠나신 것일지도 모른다. 그렇다면 내

가 이제부터 이 구두를 신고 걷는 길은 예수님이 걸으시다가 남겨 놓으신 그 길을 대신 걷는 길이 되어야 할 것이다.

　예수님은 이 땅에 오서서 무슨 일을 하셨던가? 말씀을 가르치시고, 천국 복음을 전파하시고, 모든 병과 약한 것을 고치셨다. (마 4:23) 세리와 죄인들과 창기들과 같은 사회적 약자 소외계층 사람들과 함께 하셨다. (막 2:15) 섬김을 받기보다 도리어 섬기는 일에 힘쓰시며 이 일을 위하여 오셨다고 말씀하셨다. (막 10:45) 그리고 마침내 우리를 위하여 십자가에 못 박혀 피 흘려 죽으심으로 모든 죄를 대속해 주셨다. 사도들과 제자들은 주님의 뒤를 이어 예수님을 증거하고 복음을 전파하며 순교하면서까지 사랑을 실천하였다. 사도행전은 이런 제자들의 발걸음의 기록이다. 그렇다면 나도 이제부터 예수님이 걸으셨던 길, 사도들이 걸었던 길, 초대교회 성도들이 걸었던 길을 따라 걸어감으로써 우리의 사도행전을 이어서 써나가야 마땅할 것이다.

　부활하신 예수님도 승천하시기 전에 제자들에게 말씀하셨다.

"너희는 가서 모든 민족을 제자로 삼아 아버지와 아들과 성령의 이름으로 세례를 베풀고 내가 너희에게 분부한 모든 것을 가르쳐 지키게 하라. 볼지어다. 내가 세상 끝 날까지 너희와 항상 함께 있으리라."(마 28:19~20)

날개도 아니고, 모자도 아니고, 한 켤레 헌 구두를 내게 물려주시면서 항상 나와 함께하시고, 세상 곳곳으로 이끌어 가시며, 남은 길을 걷게 하시는 분이 예수님이시라면, 나는 예수님이 넘겨주신 구두를 신고 예수님이 남겨 놓으신 길을 걸어가야 하리라. 고개 들어 하늘을 보니 노을이 유난히 붉다.

연애하고 싶다

말씀과 기도와 전도가 신앙생활의 세 기둥이라고 생각한다. 신자라면 늘 말씀을 잘 읽고 듣고 말씀대로 실천하며 살기를 힘써야 하고, 그렇게 살기 위하여 항상 기도하며 하나님의 선하신 뜻을 구하고 크신 능력과 은혜를 간구해야 할 것이다. 무한하신 주님의 사랑과 은혜를 증거하고 전파하며, 많은 사람들을 주의 제자로 삼아 이 땅에서도 주님의 나라가 이루어지도록 힘써야 할 것이다.

새해를 맞이하거나 새봄을 맞이하면 우리는 새로운 결심을 하고, 계획을 세운다. 이에 따라 기도 제목을 적어 성경 앞에 끼워놓고, 책상 앞에 써 붙이고, 핸드폰에 저장하여 품고 다닌다. 사람마다 각기 다르겠지만 여러 가지 기도 제목이 있을 것이다. 크게는 나라와 민족을 위한 기도, 전쟁의 종식과 세계 평화를 위한 기도에서부터 전도와 선교를 위한 기도, 교회의 성장과 부흥을 위한 기도가 있을 것이다. 혹은 가족의 건강과 안녕을 위한 기도, 질병을 고쳐달라는 기도, 사업의 번창과 경제적 풍요를 달라는 기도도 있을 것이다. 진학과 취업을 위한 기도, 좋은 배우자와의 결혼을 위한 기도, 자녀의 출산과 양육을 위한 기도 등 그 종류도 다양하고 그 염원도 간절하다.

그런데 이런 기도 제목을 써놓고 곰곰이 생각해보니, 우리는 하나님 앞에 나아갈 때 언제나 어떤 용건을 가지고, 좀 심하게 말하면, 요구 사항을 들어달라고 떼를 쓰러 나간다는 생각이 들어 마음이 영 불편하다. 특별한 용건이 없으면, 부탁할 일이 없으면, 도움을 받을 일이 없으면 기도하지 않는다는 말이 된다. 내 뜻을 이루기 위해 내 소망을 관철하기 위해 하나님을 만나고 대화한다면 그건 너무 계산적인 거래에 불과하지 않은가.

불현듯 아내와 연애할 때 생각이 난다. 일을 하면서도, 어디를 가면서도, 밥을 먹으면서도 늘 그녀 생각이 났다. 전날 만났는데도 다음날 또 만나고 싶고, 만나면 헤어지기 싫었다. 아무런 용건이나 부탁이 없어도 만났고, 특별한 주제나 새로운 용건이 없어도 그녀와의 대화는 그칠 줄을 몰랐다. 몇 시간을 함께 있으며 이야기를 했는데도 무슨 할 이야기가 더 남아 있었는지 집에 돌아와서도 또 전화로 밤이 새는 줄 몰랐었다.

아아, 하나님과 연애를 하고 싶다. 시도 때도 없이 만나고 싶다. 특별한 용건이 없어도, 부탁할 일이나 도움 받을 일이 없어도 만나고 싶다. 특별한 주제나 새로운 안건이 없어도 만나서 이야기를 나누고 싶다. 이러쿵저러쿵 시시콜콜 수다를 떨고, 헤어져 집에 와서 또 밤이 새는 줄 모르고 그녀와 전화로 이야기 나누듯 하나님과 이야기하고 싶다.

기도 제목을 바꾸고 싶다. 아니 기도제목 없는 기도를 드리고 싶다. 아무 용건도 없이 단지 하나님이 보고 싶어 그냥 나아가는 기도, 특별한 요구 사항이 없어도, 단지 하나님과 이야기를 나누는 것이 좋아서 만나는 만남, 별로 중요하지도 않은 이런저런 시시콜콜한 이야기를 나누며 몇 십 분이고 몇 시간이고 오순도순 대화하고 수다를 떠는 그런 기도를 드리고 싶다.

거울처럼

찾아오는 이
빈부귀천(貧富貴賤) 가리지 않으리
모두 담쑥 안으리

같이 걷고 같이 춤추고
같이 웃고
또 같이 울리

세월 흘러 등 돌리고 떠나면
말없이 고이 보내리

가슴에 구멍 숭숭 나면
텅 빈 허공으로 남으리

허공으로 남아 혼자 기도하리

우리 교회 현관에는 커다란 거울이 달려 있다. 본당 앞 벽에도 커다란 거울이 붙어 있다. 교회에 드나들면서 옷매무새를 가다듬고 머리 모양이며 화장 상태며 얼굴 표정까지 비춰 보며 점검하게 된다. 그러면서 문득 저 거울이 내 속마음까지 꿰뚫어 비춘다면 어찌할까 두려운 생각에 멈칫하게 된다. 그러고 보면 거울이란 참으로 유용하고 고마운 물건이기도 하지만 정말 두려운 물건이기도 하다.

인류는 언제부터 거울을 사용했을까? 아마 인류 역사의 초기부터가 아니었을까. 우리의 건국신화인 단군신화에 의하면 환인이 하늘에서 이 땅에 내려올 때 천부인(天符印) 세 개를 가지고 내려왔는데, 그 세 개가 검(劍)과 거울과 방울이었을 것이라는 설이 있다. 옛 서양의 설화에는 나르시스라는 미소년이 물에 비친 자신의 얼굴을 보고 사랑에 빠졌다는 수선화 전설도 있고, "거울아! 거울아! 이 세상에서 누가 가장 예쁘니?"라고 묻는 신데렐라 이야기가 있는 것을 보면 거울의 역사는 아주 오래되었을 것이라는 생각을 하게 된다.

오랜 옛날에는 단단한 돌을 곱게 갈아 윤을 내어 만든 돌 거울을 사용하다가 청동기 시대에는 구리거울을 사용했을 것이고, 그때의 거울은 사물을 선명하게 비추지는 못했을 것이다. 그래서 성경 고린도 전서 13장 12절에 "우리가 이제는 거울을 보는 것같이 희미하나 그 때에는 얼굴과 얼굴을 대하여 볼 것이요 내가 부분적으로 아나 그 때에는 주께서 나를 아신 것 같이 내가 온전히 알리라"와 같은 표현이 나오게 되었을 것이다.

현대에 와서 유리의 뒷면에 수은을 발라 값 싸고 손쉽게 거울을 만들 수 있게 되면서 우리 생활 주변 이곳저곳에서 거울은 유용하게 사용되고 있다. 더구나 유리의 굴절과 거울의 원리를 이용하여 현미경과 망원경까지 만들어냄으로써, 인류는 육안으로는 볼 수 없는 아주 미세한 것까지 보아내고, 아주 먼 우주의 별도 볼 수 있게 되었다.

돌거울, 구리거울, 물거울, 유리거울이 유형의 거울이라면, 마음의 거울, 역사의 거울, 말씀의 거울은 무형의 거울일 것이다. 물거울이 잘 보이려면 파도가 없이 잔잔해야 하듯이 마음의 거울을 잘 보려면 마음이 잔잔해야 할 것이다. 역사의 거울은 겸손한 마음으로 보아야 할 것이고, 말씀의 거울은 두려운 마음으로 보아야 할 것이다. 만약 현미경과 망원경이 사물의 아주 작은 것부터 큰 것까지, 가까운 것에서부터 먼 곳까지 샅샅이 비춰 드러내듯이 말씀의 거울이 인간의 심령 깊은 곳까지 샅샅이 비추면 얼마나 두렵고 떨리는 일일 것인가.

나는 오늘도 교회 현관을 들어서면서 본당 안으로 들어가면서 거울을 본다. 옷매무새를 가다듬고 얼굴 표정을 가다듬고 마음을 가다듬어 본다. 거울이 너무 정직해서 두렵기도 하지만, 각도를 달리해서 생각해보면 거울은 우리가 잘 모르는 덕을 지니고 있다. 거울은 어쩌면 하나님을 많이 닮았는지도 모른다. 우리의 미추(美醜)와 선악(善惡)을 다 꿰뚫어보면서도 어느 누구에게도 타내지 않

는다. 자기 품에 들어오는 사람들을 차별하지도 않는다. 빈부귀천
(貧富貴賤) 가리지 않고 담쑥 품어 안아준다. 누군가 와서 걸으면
같이 걷고, 같이 춤추고, 같이 울고 웃는다. 그러다가 그가 등 돌리
고 떠난다 해도 아무 말 없이 고이 보낸다. 그가 떠난 가슴에 구멍
이 숭숭 나겠지만 그 구멍 결코 드러내지 않고, 텅 빈 허공으로 남
아 혼자 기도한다.

　나는 이러한 거울에게서 삶의 자세와 사람을 대하는 태도를 배
우려 한다.

양화진과 절두산

　얼마 전 우리 교회 남전도회 회원들과 함께 양화진과 절두산을 다녀왔다. 우리 교회는 서울 마포구 아현동에 있고, 양화진과 절두산은 마포구 합정동에 있어 가까운 거리라서 신앙생활이 좀 느슨해지거나 긴장감이 떨어지는 느낌이 들면 나는 이 두 곳을 가끔 찾아가곤 한다. 양화진에는 '양화진 외국인 선교사 묘원'(사진)이 있고, 절두산에는 '천주교 순교 성지'가 있다.

　양화진 외국인 선교사 묘원은 옛날 양화 나루터가 있던 곳인데 나루터를 수비하는 진영이 양화진이다. 이곳에는 구한말과 일제 강점기에 우리 민족을 위해 일생을 바친 외국인 선교사와 그 가족 145명이 안장되어 있다. 선교사들은 당시 변방이던 '코리아'에 복음의 빛을 나누기 위해 헌신했다. 또 이들은 병원과 학교를 설립하여 우리 사회 발전에 기여하였고, 이들 일부는 우리나라의 독립을 위해 위험을 기꺼이 감수하였다.

　이 묘역에는 우리가 잘 아는 대한매일신보 발행인 어니스트 베델(배설), 장로회 선교사이자 연세대학교 설립자 호러스 그랜트 언더우드, 배재학당의 설립자인 헨리 아펜젤러, 이화학당의 설립자 메리 스크랜튼, 연세대학교 세브란스 병원의 설립자 더글러스 B. 에비슨, 감리교 선교사이자 독립운동과 한글 발전에 큰 역할을 한 호머 헐버트 박사, 대한제국 국가를 작곡한 프란츠 에케르트 같은 분들이 안장되어 있다. 얼마 전 윤 대통령이 미국 의회에서 연설할 때 언급했던 로제타 홀 선교사 가족의 묘도 있다. 로제타 홀 선교사는 의료선교사로 남편과 딸을 잃은 고통 속에서도 45년 동안 한국 사람들을 사랑하고 섬겼다. 아들 셔우드 홀은 해주에 요양원을 세워 결핵환자들을 치료하였고, 크리스마스실을 발행하여 결핵에 대한 계몽운동도 벌였다. 양화진에는 3대에 걸쳐 6명(선교사 4명)의 홀 가족이 합장되어 있다.

묘원 안에는 선교 100주년 기념교회가 있고, 그 앞쪽에 '양화진 홀'이 있는데, 양화진 홀은 우리나라에 복음을 전하기 위해 목숨을 바친 선교사들의 삶을 기리고 재조명하는 공간이다. 당시 선교사들은 어떤 이들이었으며, 왜 조선을 찾았는지, 하나님께서 이들을 조선으로 이끌기 위해 어떻게 섭리하셨는지, 이들이 조선에 와서 어떤 활동을 하였는지, 그리고 양화진의 모습은 역사 속에서 어떻게 변해왔는지에 관한 사료들이 주제별로 전시되어 있다.

오늘날 한국 교회와 사회를 살펴보면, 이분들을 통해 뿌려진 복음의 씨앗이 맺은 열매들을 확인할 수 있다. 그러기에 양화진 외국인 선교사 묘원에 묻힌 선교사 한 분 한 분의 삶은 선교 200주년을 향해 나아가고 있는 한국 교회의 소중한 밑거름이다. 이곳을 한국 교회의 성지로 가꾸고 지키는 일은 이 땅의 모든 그리스도인들에게 맡겨진 귀한 소명이라고 생각한다.

양화진 외국인 선교사 묘원에 오면 아들 가족 4명을 카자흐스탄 선교사로 보낸 나는 감회가 남다르다. 외국인 선교사들이 우리나라에 복음을 전하기 위해 생명을 걸고 희생 봉사한 결과 오늘날 우리나라가 이렇게 복음화 되고 신앙의 꽃이 피었다는 것을 생각하며 하나님께 감사하지 않을 수가 없다. 이제 복음에 빚진 우리는 땅 끝까지 이르러 그 복음의 빚을 갚는 나라 백성이 되어야 마땅할 것이다.

'절두산 순교 성지'는 서울 마포구 합정동 당산철교 근처에 있는 한국 천주교의 대표적 성지이다. 양화진 외국인 선교사 묘원 바로 옆에 위치하고 있어, 묘원에서 걸어서 곧장 이동할 수 있다. 원래 이름은 잠두봉(蠶頭峰)으로 누에가 머리를 치켜든 모양이라 하여 붙여진 이름인데, 예로부터 풍류객들이 산수를 즐기고 나룻손들이 그늘을 찾던 한가롭고 평화로운 곳이었다. 도성에서 김포에 이르는 나루터 양화진을 끼고 있어 더욱 명승을 이루었던 곳이다. 그러나 1866년 병인박해로 약 8,000명의 천주교 신자들이 참수형을 당하여 한강에 버려졌다 하여 '머리를 자르는 산'이라는 뜻으로 절두산(切頭山)이라고 불리게 되었다. 절두산에서 처형된 신자들은 대부분 프랑스 신부들과 교류한 일이 있거나 병인양요를 일으킨 프랑스 함대와의 관련이 있는 신자들이었다.

절두산 순교 성지에 오면 우리 신앙의 선배들이 순교로 지킨 신앙의 유산을 우리가 물려받았다는 것과 예수님의 대속의 피가 우리에게 흐르고 있음을 느끼게 된다. 나의 신앙생활이 좀 느슨해지거나 긴장감이 떨어질 때는 양화진 외국인 선교사 묘원과 절두산 순교 성지를 찾아 마음을 다잡고 오곤 한다.

내 안의 산

세상에 오르기 힘든 산
누구는 태산을 말하고
누구는 히말라야 14좌를 말하지만
어디, 내 안의 산만큼 험하랴

육 척 채 안 되는 키
그 안에 솟은 산이련만
어찌 이리 힘겨운가
나를 넘는 일

수없이 작정하고 도전했건만
번번이 넘어지고 미끄러졌네
새들도 넘으려다 날개 접었네

이 산을 어이할꼬

예서 그만 주저앉으면
정말 분하지 않은가
나 아직 젊지 않은가

우리 교회 김 장로님은 온 교인이 인정하는 등산가이시다. 젊어서부터 태백산, 지리산, 설악산, 한라산 등은 물론 백두대간을 종주하셨고, 히말라야 14좌도 몇 곳 오르신 것으로 알고 있다.

높은 산 정상을 정복하는 것은 여간 어려운 일이 아니다. 강한 체력과 굳센 의지가 필요하고, 끊임없는 훈련과 인내가 있어야 가능한 일이다. 사람들은 말한다. 동양에서는 태산이 가장 오르기가 힘들고, 세계에서는 히말라야 14좌가 가장 험한 봉우리들이라고.

높다하되 하늘 아래 뫼이로다
오르고 또 오르면 못 오를 리 없건마는
사람이 제 아니 오르고 뫼만 높다 하더라.

우리가 잘 아는 양사언의 시조다. 태산(泰山)은 중국 산둥성 타이안 북쪽에 있는 중국의 대표적인 산이다. 최고봉인 옥황봉의 높이가 1,535m나 되는 산으로 사람들은 예부터 신령한 산으로 여긴다. 그런데 사람들은 태산이 높다는 이유로 엄두를 내지 못하고 미리 포기한다.

아무리 높아도 하늘 아래 산일진대 오르고 또 오르면 못 오를

리 없건마는 사람들은 산의 높이만 핑계 삼는다고 시인은 우리를 꾸짖는다.

히말라야 14좌는 히말라야에 있는 8,000m 이상의 고봉 14개를 말한다. 그중에서 에베레스트(Everest)는 세계 최고봉이다. 히말라야 14좌 한국인 완등자는 (2021년 기준) 박영석 대장(2001·세계 8번째), 엄홍길 대장(2001·세계 9번째), 한왕용 대장(2003·세계 11번째), 김재수 대장(2011·세계 27번째), 김창호 대장(2013·세계 31번째), 김미곤 대장(2018·세계 40번째), 김홍빈 대장(2021·세계 44번째) 등 총 7명이 있다.

여성 등반가 고미영은 2006년부터 히말라야 8,000m급 고봉을 등정하기 시작하여 2009년까지 총 11좌에 올랐으나, 하산 도중 실족하여 사망했다.

이렇게 사람들은 세상에 오르기 힘든 산으로 태산을 말하고, 히말라야 14좌를 말한다.

그러나 나에게는 중국의 태산보다 히말라야 14좌보다 더 오르기 힘든 산이 있다. 그 산은 내 안에 있는 산이다. '자아'라는 태산은 내게 여간 벅찬 산이 아니다. 히말라야 14좌에 비견할 수 있는 8,000m가 넘는 욕심의 봉우리, 교만, 고집, 자존심, 분노, 미움, 다툼, 시기질투의 봉우리, 절망과 포기, 악한 생각, 게으름, 어리석음의 봉우리, 의심과 불신의 봉우리 등은 내 안의 히말라야 14좌다.

이 산 봉우리들을 정복하려고 수없이 작정하고 도전했건만 번번이 넘어지고 미끄러졌다.

2m도 안 되는 내 키, 그 안에 있는 산봉우리이련만 나를 넘는 일이 어찌 이리 힘겨운가! 이 산을 어이할꼬? 여기서 그만 주저앉고 만다면 정말 분한 노릇이다.

내 생명 아직 남은 날들이 있으니, 기도하고 기도하며 하나님의 능력 힘입어 정복하고 말리라, 다시 한 번 마음 추슬러 본다.

골방

내 좁은 골방
아침 해 들어오네
저녁엔 별도 달도
함께 찾아오네

골방 창문 아래
엎드려
해도 달도 별도
다 주관하시는
하나님을 만나네

한없이 넓고 밝아지는
나의 골방

다시 새해를 맞이합니다. 새해를 맞이하면 사람들은 새로운 소망을 품고, 새로운 결심을 하고 새로운 삶을 살겠노라고 다짐을 합니다.

"또 너희가 기도할 때에 외식하는 자와 같이 되지 말라. 저희는 사람에게 보이려고 회당과 큰 거리 어귀에 서서 기도하기를 좋아하느니라. 내가 진실로 너희에게 이르노니 저희는 자기 상을 이미 받았느니라. 너는 기도할 때에 네 골방에 들어가 문을 닫고 은밀한 중에 계신 네 아버지께 기도하라. 은밀한 중에 보시는 네 아버지께서 갚으시리라" 마태복음 6장 5~6절 말씀입니다.

저는 우리 집 반 지하에 작은 골방 하나를 단정하게 꾸며서 기도 방으로 만들었습니다. 그 작은 골방에는 동쪽으로 난 창문이 하나 있습니다. 그 창문으로 해님이 찾아옵니다. 밤에는 달님과 별님이 찾아옵니다. 해, 달, 별과 함께 하늘도 한 자락 슬그머니 따라 들어오는 그런 방입니다.

골방 창문 아래 꿇어 엎드려 경건한 마음으로 아침 첫 해를 만나고, 저녁 첫 달, 새로 반짝이는 별을 만납니다. 그리고 이 모든 것을 주관하시는 하나님을 만납니다. 그러면서 두 손 모으고 작지만 큰 기도를 드립니다. 저의 좁고 작은 가슴 창에도 하나님이 환히 들어오시기를 기도합니다. 그러면 좁고 어둡던 제 골방은 한없이 넓고 밝은 성소가 됩니다.

어찌 제 좁은 반 지하 방만이 골방이겠습니까? 하나님과 단 둘이 만나는 곳은 어디나 골방입니다. 혼자 차를 운전하면서 하나님을 만나면 거기가 골방이고, 공원 벤치에 혼자 앉아 주님과 소곤 소곤 대화를 나눈다면 거기도 골방입니다. 주님과 함께 걷는다면 오솔길도 골방이 되고, 주님과 만나는 은밀한 공간이라면 어디라도 골방이 될 수 있을 것입니다. 언제 어디에 있더라도 마음을 집중해서 주님을 찾고 나의 영혼이 주님과 소통할 수 있다면 그 곳이 골방이 되고 그 시간이 골방의 시간이 될 것입니다.

　새해에는 나의 모든 곳이 골방이 되고, 나의 모든 시간이 골방의 시간이 되고, 그래서 내 영혼에 밝은 빛이 환히 비치는 그런 한 해가 되기를 소망합니다.

어머니의 소원

최운식

어머니의 소원

어머니께서 하나님의 부르심을 받아 우리 곁을 떠나신 지 20주년이 되었다. 지난달 나는 가족과 함께 추도예배를 드리고, 잠시어머니 생전의 일을 회고하였다. 어머니 생전의 일들이 주마등처럼 스친다. 그 중에서 어머니를 서운하게 해 드린 일이 선하게 떠오른다.

내가 아홉 살이던 1950년에는 6·25 전쟁이 일어났고, 열두 살위의 형이 의용군으로 끌려가 소식이 끊겼다. 몸이 약하셨던 아버지는 큰아들을 잃은 충격이 겹쳐 세상을 떠나셨다. 그래서 어머니는 마흔세 살에 큰아들을 잃고 홀로 되셔서 6남매를 데리고 넉넉지 못한 살림을 꾸려가야 했다. 육체적으로나 정신적으로 힘들고고단한 나날을 보내셨을 것이다.

그 해에 어머니는 지인의 전도를 받아 교회에 나가기 시작하였다. 약 2km 떨어진 교회의 예배와 새벽기도회에 빠지지 않고 다니셨다. 예배당을 건축할 때에는 흙벽돌 찍는 일을 시작으로 크고 작은 교회 일을 앞장서서 하셨다. 뜨거운 믿음을 가지고 기도하는 어

머니에게 성령님이 함께 하셨다. 친척들은 어머니가 예수에 미쳤다며 비웃고 빈정대기도 하였다. 그러나 이에 개의치 않고 열심히 교회에 나가 예배드리고, 교회에 나가지 않는 날에는 가정예배를 드렸다. 어머니는 농사일과 길쌈을 열심히 하시고, 삯바느질도 하면서 살림을 꾸리셨다. 몇 년 뒤에 나는 고등학교에 입학하였으나 휴학하고 취직하였다가 복학하여 친척집에서 고등학교를 다녔다.

그 무렵 어머니는 기독교대한감리회 충서지방 감리사의 파송을 받아 농촌의 개척교회 담임 전도사가 되어 막내딸만 데리고 부임하셨다. 어머니는 교회 일을 충실히 하는 한편, 성경학교에 다니시며 신학공부도 열심히 하셨다. 그 교회가 부흥되자 또 다른 개척교회로 옮겨가서 교회 부흥에 힘쓰셨다. 내가 고등학교 3학년이 되자, 어머니는 나에게 신학대학에 가서 공부한 뒤에 목사가 되면 좋겠다고 하셨다. 그러나 나는 어머니가 목회자로 고생하시는 모습을 익히 보아왔기에 싫다고 하였다. 그리고 "평신도로 교회를 잘 받들면 되지 꼭 목사가 되어야 하나요?"라고 말했다. 이 말은 어머니의 권유를 뿌리치기 위해 한 말이었다. 그런데 어머니는 이 말을 잊지 않고 마음에 담아두셨다.

서울교육대학에 진학한 나는 졸업과 동시에 서울의 초등학교 교사가 되었다. 군에서 제대하고 결혼을 한 뒤에 야간대학에 편입학하여 학부 과정을 마쳤다. 대학원에 진학하여 석사학위를 받고, 박사과정을 밟던 중 대학의 교수가 되었다. 그런 뒤에 문학박사 학위를 받았다. 그러자 재직하고 있는 대학의 졸업생과 재학생이 주관하여 박사학위 영득 축하회를 열어주었다. 축하회장에서 어머니는 많은 친척과 친지로부터 축하를 받으시며 기뻐하셨다. 그때 한 지인이 어머니께 소감을 묻자, "아들이 문학박사 아닌 신학박사 학위를 받았으면 더 좋았을 것"이라고 하셨다. 내가 신학대학에 진학하여 목사가 되고, 신학박사가 되지 않은 것을 서운해 하시는 어머니의 마음이 드러난 말이었다.

교수가 된 나는 강의와 연구, 학생 지도, 외부 강의와 글쓰기, 방송 출연 등으로 그야말로 눈코 뜰 새 없이 바쁜 나날을 보냈다. 그 무렵 나는 '시간은 돈'이라는 말을 '시간은 생명'이라고 바꾸어 말하곤 하였다. 그것은 생활 체험에서 나온 절실한 말이었다. 교회에서는 집사, 교회학교 교사, 권사의 직분을 맡았으나 시간에 쫓기는 관계로 열심히 하지는 못하였다.

어느 날 담임목사님께서 나를 장로로 추천하겠다고 하셨다. 나는 장로 자격이 없는 사람이라며 강하게 사양하였다. 그러자 목사님께서는 "어머니께서 아들이 장로 되는 것이 평생의 소원이라고 하시더라"고 하셨다. 그러면서 어머니 돌아가시기 전에 소원을 이루어드리라고 설득하셨다. 그 이듬해에 나는 장로가 되었다. 그때 어머니는 여든아홉 살, 나는 쉰다섯 살이었다. 장로취임식에 참석하신 어머니는 정말 기뻐하셨다. 그 날에 만족해하시던 어머니 모습이 지금도 눈에 선하다.

　어머니께서 평생의 소원으로 간직하고 기도하신 것을 온전히 이루어드리지 못한 것이 못내 아쉽고 죄송스럽다. 그러나 한 가지는 이루어 드린 것을 다행으로 생각하며 죄송스러운 마음을 눌러 두려고 한다. 어머니의 사진을 찬찬히 들여다보며 어머니의 기대에 어긋나지 않는 삶을 살 것을 다짐한다. "어머니, 하늘나라에서 편히 쉬세요. 곧 뒤 따라 가서 뵙겠습니다."

사탄으로 몰린 집사

오래 전의 일이다. 백령중·종합고등학교 B교감이 찾아와서, 백령도에 전해 오는 '심청 전설'과 고소설『심청전』의 관계를 밝혀 달라고 하였다. 그는『심청전 연구』로 박사학위를 받은 내가 꼭 해주어야 한다고 하였다. 나는 그와 이 일을 하기로 하고, 옹진군에 조사비 지원을 요청하였다.

이듬해 여름방학에 백령도에서 자료 조사를 하던 중 주일을 맞아 주일예배를 드리게 되었다. B교감은 백령도에서 가장 큰 J교회의 집사였다. 그런데 그는 나를 군인교회로 인도하였다. J교회 목사님은 그가『심청전』의 배경을 고증한 뒤에 심청각을 건립하려는 것을 알고, '심청각은 우상의 전당'이라고 하였다. 그리고 주일예배 설교 중에 '우상의 전당인 심청각 건립을 추진하는 사람은 사탄'이라고 하였다고 한다. 그를 사탄이라고 하는 목사가 시무하는 교회에 나를 데리고 갈 수 없어 군인교회로 간다고 하였다.

나는 몇 차례에 걸쳐 백령도에 가서 인근 지역의 지리적 특성과 전설, 민속을 철저히 조사하였다. 그 결과 '심청 전설'에 나오는 '인

당수', '연봉', '연화리'가 실존 지명으로, 이야기 속 조류의 흐름과
도 일치한다. 백령도는 중국을 왕래하는 상선들의 중간 기착지였
고, 항해의 안전을 위해 사람을 제물로 바치는 습속이 남아 있던
지역임을 확인하였다. 이를 근거로 '심청 전설'이 전해 오는 백령
도는『심청전』의 배경이 된 곳이라고 하였다.

옹진군에서는 내가 주도하여 제출한 고증보고서를 바탕으로 심
청각 건립을 구체화하였다. 그러자 J교회 목사는 예배 시간에 선
언하였다. "심청각은 우상의 집이므로 짓지 못하도록 막겠다." "만
일 우리 교회 뒷산에 심청각을 짓는다면 할복자살하겠다." 그리고
백령도 기독교연합회 이름으로 청와대, 문화공보부, 인천시에 심
청각 건립 반대 진정서를 제출하였다. 심청각 건립은 사라져가는
샤머니즘 문화의 정착이고, 허구적인 이야기를 실제로 있었던 일
인 것처럼 꾸미는 것이므로 이를 반대한다고 하였다.

진정서를 받은 청와대와 문화공보부에서는 인천시 옹진군에 적
절히 처리하고 보고하라는 공문을 내려 보냈다. 이 공문을 받은
옹진군청 문화계장은 답변서를 어떻게 써야 하느냐며 하소연하였
다. 나는 답변서를 직접 써 줄 수는 없었다. 그래서『심청각은 우
상인가』라는 제목의 글을 써서 월간지에 실은 뒤에 이를 참고로
답변서를 쓰라고 일러주었다.

『심청전』은 조선 후기에 꾸며낸 소설이다. 소설의 배경이 된 곳
에 그 작품의 내용과 관련되는 상징물이나 자료관을 세우고, 그 지
역을 홍보하는 것은 국내는 물론 다른 나라에도 흔히 있는 일이

백령도 심청각   심청각 옆에 있는 심청상

다. 전북 남원을 유명 관광지로 이름나게 한 것은 바로 『춘향전』이다. 광한루원에 있는 '춘향각'을 우상의 전당이라고 하지 않는다. 『심청전』의 배경이 된 백령도에 심청각을 세워 심청의 효행을 기리고, 백령도를 효원의 섬으로 홍보하는 것은 관광의 효과를 높이기 위한 것이다. 심청각에는 고소설 『심청전』이나 판소리 『심청가』의 기록이나 음향·영상 자료를 비치하려는 것이다. 심청각을 우상숭배의 전당이라고 하는 것은 문학이나 문화를 종교와 혼동하는 것이라는 내용이었다. 옹진군청 문화계장은 이 글을 참고하여 답변서를 써서 보고하였다.

B교감은 이 글을 백령도에서 발간하는 『백령도지』에 옮겨 실어 많은 백령도 주민이 읽게 하였다. 지역 유지인 B교감의 제자들은 존경하는 은사가 추진하는 일이 옳다고 여기면서도 출석하는 교회 목사님들의 말씀을 거역할 수 없어 반대 진정서에 서명을 한 상황이었다. 이들이 내가 쓴 글을 읽고, 자기가 출석하는 교회 담임목사를 찾아가 진정서에서 자기 이름을 빼달라고 하였다. 그래서

많은 수의 주민이 빠져나가자 탄원서는 힘을 잃고 말았다.

지금 인당수와 연봉바위, 연화리가 보이는 J교회 뒷산 꼭대기에는 심청각이 서 있다. 그 안에는 『심청전』 관련 자료와 작품의 주요 장면을 그린 그림, 영상 자료 등이 전시되어 있다. 그리고 판소리 『심청가』가 은은하게 울려 퍼진다. 이 일이 있는 뒤에 심청각 건립을 반대하던 J교회 목사는 육지의 산골 교회로 옮겨갔고, 사탄으로 몰렸던 B집사는 바로 누명을 벗었다. 사탄으로 몰렸던 B집사는 백령도 주민의 소원을 풀어준 고마운 분으로 칭송을 받다가 얼마 전에 하나님 품으로 가셨다. 그는 하늘나라에서 안식을 취하고 계시리라 믿는다.

돌잡이는 미신인가

얼마 전에 보관해 둔 서류를 찾느라고 책장의 서랍들을 열어 보았다. 한 서랍에 사진들을 넣어둔 비닐 봉투가 있었다. 그 안에 손자의 돌 사진 묶음이 있었다. 아기가 온 가족과 함께 찍은 사진도 있고, 돌잡이 사진도 있다. 돌상 앞에 앉은 손자의 천진스러운 모습을 보니, 저절로 웃음이 나왔다. 그 때 문득 서울에 있는 신학대학에 가서 '한국의 전통문화' 강의를 할 때의 일이 떠올랐다.

일생의례 중 출생의례에 관해 설명하였다. 여러 출생의례 중 지금도 행해지는 것은 돌잡이이다. 돌상에 신성의 의미를 지닌 흰무리떡과 축귀(逐鬼)·축사(逐邪)의 의미를 지닌 수수팥단자를 비롯하여 여러 가지 음식과 과일을 차려놓는다. 아기가 앉을 자리 앞의 돌상에 돈·쌀·실·공책·붓·연필·활·총 등을 놓는다. 요즈음에는 컴퓨터 마우스나 악기 등을 놓기도 한다. 그리고 아기가 맨 먼저 어떤 물건을 잡는가를 보고 아기의 장래를 점친다. 이를 '돌잡이[시주(試周), 시아(試兒), 시수(試晬)]라고 한다. 돈이나 쌀을 잡은 아이는 부자가 되고, 실을 잡은 아이는 수명이 길다고 한다. 붓이나 연필을 잡은 아이는 학자가 되고, 활이나 총을 잡은 아이는 장군이 된다고 한다.

이렇게 설명하자, 한 학생이 "교수님, 돌잡이는 미신 아닌가요?"라고 물었다. 그리고는 '이것은 없어져야 할 풍습'이라고 하였다. 나는 다른 학생들에게 돌잡이를 어떻게 생각하느냐고 물었다. 다른 학생들은 옛날부터 해 오는 우리의 문화일 뿐이고 우상은 아니라고 하였다.

문화는 같은 언어, 역사를 가진 사람들이 같은 지역에 살면서 이루어 놓은 유형 또는 무형의 것이다. 돌잡이는 한국인이 이 땅에 살면서 형성한 문화이다. 그러므로 밑바탕에 한국인의 의식이 깔려 있지만, 종교나 신앙심이 바탕이 된 것은 아니다. 부모나 조부모는 돌을 맞는 아이가 커서 어떤 사람이 될 것인가 궁금하여 알고 싶어 한다. 그래서 돌잡이로 아이의 장래를 점쳤을 것이다. '점치다'는 '앞일을 내다보아 미리 판단하다'의 뜻이지, 길흉과 화복을 판단하기 위하여 '점괘를 내어 보다'는 뜻은 아니다.

돌잡이의 장래 예측이 맞는다고 하는 것은 아기를 그 방향으로 키웠기 때문이다. 예를 들면, 붓이나 연필을 잡은 아기에게는 장차 학자가 될 것이라고 한다. 권총이나 활을 잡은 아기에게는 장차 장군이 될 것이라고 한다. 이런 말을 수없이 반복하며 그 방향으로 키운다. 그러면 아이는 어른들의 말을 유념하며 자라고, 그에 맞춰 진로를 생각하게 될 것이다. 그래서 대학에 진학할 때 사범계대학 또는 사관학교에 진학한다. 그래서 교사나 교수 또는 군

인 장교가 될 것이니 돌잡이가 맞았다고 할 것이다. 이것은 점괘를 내어 보거나 신앙행위를 하는 것이 아니라 재미삼아 하는 풍습일 뿐이다. 이런 설명에 많은 학생이 이해하고 공감하였다.

그 학기 강의가 끝난 뒤에 성적을 제출하기 위해 신학대학 교무처에 들렀다. 교무처 직원은 내 강의에 대한 학생들의 평가가 매우 좋았다고 하면서, 40여 명의 학생들이 써낸 강의평가서를 주었다. 강의평가서를 보니, 교무처 직원의 말대로 항목별 평가와 특기사항 모두 아주 좋은 평가가 나왔다. 그런데 딱 한 학생이 의견을 적는 난에 '돌잡이를 미신이 아니라고 하는 교수는 신학대학에 와서 강의할 자격이 없다'라고 하였다. 강의 시간에 질문을 하였던 그 학생일 것이라고 짐작되었다. 돌잡이가 전통문화가 된 경위와 의미를 설명하였건만, 이 학생은 수긍하지 않았던 것이다.

돌잡이는 미신이니 없애야 할 풍습이라고 생각하는 젊은이가 있는 것은 신앙의 선배들이 잘못 가르친 결과라 생각한다. 어른들이 한국의 전통문화를 헛된 것을 믿는 신앙을 바탕으로 형성된 저

급한 문화라고 생각하고, 청소년들이 이런 생각을 은연중에 갖도록 가르친 때문일 것이다.

어른들은 우리의 전통문화는 그 나름의 형성 배경이 있고, 그 안에 한국인의 의식이 스며있다는 것을 자각해야 한다. 그리고 이를 통틀어서 우상이나 미신으로 폄하하는 태도를 고쳐야 한다. 기독교인으로 신앙을 바르게 지켜 나가되 한국인과 한국문화에 대한 자부심과 긍지를 버리지 않았으면 좋겠다. 그리고 종교와 문화를 혼동하는 일이 없었으면 좋겠다.

전도에 힘쓰는 택시기사

　우리 교회에서 나와 같은 선교회 회원으로 활동하는 김 권사님은 전도를 열심히 하시는 분으로 소문나 있다. 그는 80세가 되었는데도 젊은이 못지않은 건강을 유지하며 개인택시 운전을 한다. 나는 그와 대화하는 중에 그의 독실한 신앙과 전도에 힘쓰는 삶에 감동을 받았다. 그래서 그의 하루 생활과 전도에 관해 알아보았다.

　그는 새벽에 일을 하러 집에서 나가기 전에 기도하고 나간다. 운행을 시작할 때 운전석에 앉아서 '오늘도 사고 없이 운행하게 해 주세요.'라고 기도한다. 일을 하면서도 틈틈이 기도하고, 음향기기를 통해 낭독해 주는 성경을 듣는다. 일을 마치면 사고 없이 무사히 일을 끝나게 해 주신 하나님께 감사기도를 하고 귀가한다. 그는 차를 운행할 때 극동방송국의 라디오를 켜고, 찬송과 설교, 기도와 간증을 듣는다. 그는 극동방송의 전파선교사로 전도활동을 하는 중에 방송 PD와의 대담방송을 하기도 하였다.

　그는 승객이 타면 인사를 하고, 행선지를 물은 뒤에 머릿속에 갈 길을 그리며 출발한다. 그는 차가 방향을 잡아 달리기 시작한

뒤에 손님에게 부드러운 말씨로 "교회에 나가십니까?"하고 묻는다. 그리고 대답을 들은 뒤에 그에 맞는 대화를 이어간다. 어떤 손님은 라디오 방송을 듣고 먼저 "교회에 다니는군요. 어느 교회에 다니세요?" 하고 묻기도 한다. 그러면 "예, 저는 장위감리교회 권사입니다"라고 힘주어 말한다.

그는 교회에 나가지 않는다는 사람에게는 "교회에 나가면, 마음이 평안해지고, 하는 일이 잘 되며 구원을 받습니다. 저는 교회에 나가면서 편안한 마음으로 즐겁게 삽니다"라고 말한다. 이렇게 하여 대화가 시작되고 나면 기분이 좋아진다. 그래서 자연스럽게 지내온 일을 말하면서 신앙 간증을 하기도 한다.

그는 강원도 정선의 시골 교회에서 청년회장을 맡아 열심히 교회 일을 하였다. 그는 1969년 담임목사님의 추천으로 서울에 와서 학원 버스를 운전하였다. 몇 년 뒤에 회사원이 되어 근무하다가 1986년에 택시 운전을 시작하였다. 그는 36년간 택시 운전을 하면서 매사에 감사하며 즐거운 마음으로 일하였다. 그러자 하는 일이 잘 되어 사고 없이 운전을 하였고, 결혼한 뒤에 자녀를 잘 키워 남 부럽지 않게 살게 해 주었다. 그는 손님에게 "하나님을 믿음으로 힘을 얻어 오늘까지 행복한 삶을 살고 있다"고 한다. 이런 말을 하면 어떤 손님은 나이보다 젊게 보이고, 행복해 보인다고 한다. 그러면 그는 "예수를 믿으면 젊게 보이고, 행복해 보입니다"라고 힘주어 말하곤 한다.

이런 대화를 하면, 안 믿는 사람도 긍정적 반응을 보인다. 믿는 사람은 애쓴다면서 격려의 말을 한다. 하는 일이 잘 안 되어 마음의 고통을 느끼고 있는 사람에게는 힘들 때 기도하면 힘이 난다고 하면서, 강원도 촌놈이 맨몸으로 서울에 올라와서 어려움을 겪었던 일을 이야기한다. 어떤 사람은 예수가 공자나 석가와 다른 점이 무엇이냐고 따져 묻기도 한다. 그러면 그는 공자나 석가는 부활을 하지 못하였는데, 예수는 부활하셨다고 힘주어 말한다. 그리고 죽음의 문제를 해결하신 분은 예수뿐이라고 한다.

한번은 종로에서 타신 중년의 남자 손님에게 전도의 말을 건네자, 그 분은 왜 예수를 믿으라고 하는가, 예수를 믿으면 어떤 좋은 점이 있는가를 물었다. 그는 평소에 생각하는 바를 차근차근 대답하였다. 그리고 그동안 주님의 은혜로 잘 살았고, 지금도 건강하여서 평안한 마음으로 운전을 하고 있다고 하였다. 한남동에 이르자 그 손님은 내리면서 "나는 00교회 목사입니다. 전도활동을 잘 하십니다"라고 칭찬하면서 격려의 말씀을 해 주셨다. 그는 목사님인 줄 모르고 전도의 말을 한 자기 자신이 부끄럽기도 하고, 자랑스럽기도 하였다고 한다.

그는 쉬는 날인 매주 주일과 수요일에는 예배에 참석하는 것 외에 교통정리 봉사활동을 하고, 교회 전도대원으로 활동한다. 개인택시 운전자 선교모임 임원으로 적극적인 활동을 하기도 한다. 어떤 협박이나 위험이 와도 예수를 믿겠다는 김 권사님, 때와 장소를 가리지 않고 전도에 힘쓰시는 김 권사님, 사랑하고 존경합니다. 앞으로도 오늘처럼 건강하셔서 전도하며 보람 있는 일 많이 하시기를 기원합니다.

신병을 앓는 이에게 전도를

얼마 전에 텔레비전에서 제2의 김연아를 꿈꾸던 피겨 선수가 신병(神病, 무당이나 박수가 될 사람이 걸리는 병. 의약으로는 낫지 않으며 무당이 되어야만 낫는다고 함.)을 앓고, 신내림을 받아 무당이 되는 과정을 그린 다큐멘터리를 보았다. 이를 보니, 무속 조사를 할 때 만났던 무당들이 겪은 신병 체험담이 떠올랐다.

신병을 앓고 신내림을 받아 무당이 된 사람은 다양한데, 이름을 날리던 연예인도 있고, 교회에 다니던 사람도 있다. 이들의 공통점은 신병을 앓으며 신내림 체험을 하고, 내림굿을 하여 무당이 되었다는 것이다.

흔히 무당이라고 부르는 무(巫)는 신병이라는 종교체험을 통하여 신의 영력(靈力)을 획득하여 신과 교통하는 사람이다. 이들은 신의 영력에 의해 인간의 길흉화복을 굿으로 조절하는 능력을 가지며, 민간의 종교적 지도자 역할을 하고 있다. 현재 한국의 무는 대부분 신병을 앓다가 신내림 체험을 하고, 내림굿을 하여 된 강신무(降神巫)이다. 사제자의 신분을 타고나는 세습무(世襲巫)는 전에는 많았으나, 요즈음에는 거의 없다.

신병은 대개 건강 상실, 애정의 결핍, 경제적 어려움, 가족의 죽음, 스트레스 등으로 극심한 고통을 겪었거나 겪고 있는 사람에게 찾아온다. 그 중에서도 친가나 외가, 또는 매우 가깝게 지내는 사람 중에 무속신앙이 깊은 인물이 있는 사람에게 잘 찾아온다고 한다. 신병은 사람에 따라 그 증세가 다르다. 대개는 며칠씩 음식을 먹지 못하고, 몸이(대개는 몸의 한쪽이) 아파 움직이지 못하고, 며칠 또는 몇 달씩 누워 있으며, 꿈 또는 환상 속에서 신을 만난다. 이들의 병은 약으로는 고치지 못하고, 장기간 고통을 겪는다. 그러나 내림굿을 하여 신을 받아 모시고 무당이 되면 씻은 듯이 낫는다.

내림굿을 할 때 내린 신을 '몸주'라고 한다. 신내림을 받은 무당은 몸주의 모습을 그린 무신도를 걸어놓고 그 앞에 신단을 꾸민다. 그리고 매일 새벽에 신단에 청수를 떠다 놓고 기도한다. 내림굿을 주관해 준 무당을 '신어머니' 또는 '신아버지'로 모시고, 무당으로서의 생활태도와 굿을 배운다. 점을 하고 굿을 하면서 무당 노릇을 하면 몸이 아프지 않으나, 그만두면 또다시 신병을 앓아 심한 고통을 받게 된다. 그래서 한 번 신내림을 받아 무당이 된 사람은 자기 마음대로 그만둘 수가 없다.

오래 전에 한국관광교육원에서 무속에 관한 강의를 할 때의 일이다. 무속 조사할 때 만났던 무당의 신병 체험담을 들려주었다. 그 때 한 여성 수강생이 자기 친구 중에 몇 년째 신병을 앓고 있는 사람이 있다면서, 어찌하면 좋으냐고 물었다. 나는 두 가지 길이 있다고 대답하였다. 하나는 신내림을 받아 무당이 되는 길이고, 다른 하나는 교회에 나가 예수를 믿고, 성령님의 권능으로 신을 떨쳐버리는 길이다. 큰 힘을 가진 신으로 잡신을 물리쳐야 하니, 성령의 은사가 있는 목사님을 만나면 무당이 되지 않고도 평안해질 것이라고 일러 주었다. 그리고 이어서 무당을 전도하여 주님의 품으로 인도한 목사님 이야기를 하였다. 그 수강생은 아주 진지한 표정을 지으며 친구에게 권면하겠노라고 하였다.

한국인은 무당이 아니어도 마음 바탕에 무속적 심성을 지니고 있다. 그래서 극심한 고통과 좌절감, 스트레스에 시달리게 되면, 무속신이 내리는 신병을 앓게 된다. 그 사람은 내림굿을 하고 무당이 되라는 말을 듣지만, 이를 회피하려고 무던히 애쓴다. 그러다가 신병의 고통을 이길 수 없어 내림굿을 받고 무당이 된다.

기독교에서는 무속신을 잡귀·잡신으로 취급하고, 미신 또는 우상숭배라고 하여 업신여기거나 아주 더럽게 생각하여 돌아보지 않으려는 경향이 있다. 이런 태도를 견지하고서는 전도하기 어렵다. 신병을 앓는 사람이나 이미 무당이 된 사람이 겪는 아픔을 이해하고, 보듬어주는 마음을 가져야 한다. 그리고 예수님의 사랑과 성령님의 권능을 알려 주어야 한다. 그러면 그 사람은 주님의 품 안으로 들어와 평안을 얻게 될 것이다. 여러 무당에게 전도하여 주님의 품으로 돌아오게 한 임종원 목사님의 저서 『무당을 사랑한 목사』는 많은 깨우침을 줄 것이다.

딸을 위한 기도

며칠 전에 미국 LA에 사는 딸이 카페를 열었다며 개업예배를 드리는 광경을 찍은 사진과 동영상을 보내왔다. 반갑고 기쁜 마음에 얼른 열어보니, 생각보다 넓고 깨끗한 매장에 여러 가지 과자와 샌드위치, 과일 등이 맛깔스럽게 차려 있다. 그 앞에서 담임목사님과 교우들이 모여 찬송하고 기도하는 모습이 보였다. 감사의 기도를 드리고 나니, 그동안 많은 어려움과 고초를 겪은 딸의 모습이 떠올랐다.

딸은 1996년에 결혼하여 한국에서 2년간 신혼생활을 한 뒤에 한국 기업의 미국 주재원이 된 남편을 따라가서 4년여를 지낸 뒤에 2002년 한국으로 돌아왔다. 그 때부터 우리는 같은 아파트 단지에서 오순도순 정을 나누며 살았다. 사위는 대기업에 근무하면서 여러 차례 승진을 하더니, 50세에 명예퇴직을 하였다. 그 뒤에 중소기업의 미국법인 책임자가 되어 2014년에 고등학교 2학년인 딸과 초등학교 6학년인 아들을 데리고 미국으로 떠났다. 딸이 떠나고 나니, 아파트 단지는 물론 서울이 텅 빈 것만 같아 허전하기 짝이 없었다.

순탄할 것으로 믿고 미국으로 간 딸과 사위에게 어려움이 닥쳤다. 사위가 뜻하지 않게 다니던 회사의 LA법인장을 그만두게 되니, 영주권 얻을 일이 막막함은 말할 것도 없고, 당장 체류할 비자를 얻는 것도 문제였다. 사위는 어렵사리 직장을 얻어 취업비자를, 딸은 대학원에 등록하여 학생비자를 얻어 체류하면서 아이들을 학교에 보냈다. 딸과 사위는 전부터 알고 지내던 지인, 출석하는 교회 교우들의 도움을 받으며 영주권을 얻기 위해 온갖 노력을 다하였다. 두 사람은 믿었던 사람의 배신, 희망과 좌절을 겪으며 정신적·육신적으로 많은 고생을 하였다. 이를 알면서도 딸의 가족을 위해 할 수 있는 일은 아내와 함께 하나님께 매달려 기도하는 일밖에는 없었다.

나이 들어서 미국에 간 사람이 영주권을 얻는 일은 하늘의 별을 따는 것만큼이나 어렵다고 하였다. 그런데 딸의 가족은 3년 만에 영주권을 얻었다. 사위가 미국에 유학 와서 석사학위를 받고, 대기업 주재원으로 근무하였던 일이 도움이 되었던 것 같다. 그러나 하나님의 보살핌이 없었으면 불가능한 일이었다.

딸이 카페를 시작하기 전인 2018년 10월에 나는 아내와 함께 딸의 가족을 만나러 미국에 갔다. 딸과 사위는 열심히 일을 하고, 아이들은 대학교와 고등학교를 다니고 있었다. 딸은 그동안 겪은 고난과 좌절, 기쁨과 감사에 대해 이야기하였다. 그러면서 하나님을 믿고 의지하는 마음이 없었으면 견디기 어려웠을 것이

라고 하였다. 우리는 그동안의 노고를 위로하고 치하하며 감사의
기도를 드렸다. 주일에는 딸과 함께 교회에 갔다. 딸은 1,000여 명
의 교인이 참석한 예배 시간에 중창단원과 함께 은혜로운 찬송을
불렀다. 감사와 기쁨이 넘치는 표정으로, 열정적으로 부르는 찬송
은 참으로 감동적이고 은혜로웠다.

우리가 귀국한 2년 뒤에 사위가 새로 시작한 일터에서 넘어져
다리에 골절상을 입었다. 그래서 6개월 동안 일을 하지 못하고 입
원 및 통원 치료를 받아야 하였다. 설상가상으로 코로나19가 창궐
하니, 딸은 일도 하지 못하고 남편의 병간호에 정성을 기울이다가
몸도 마음도 지쳐 버렸다. 그래서 실의와 좌절감으로 고생하다가
우울증을 겪게 되었다. 항공편 제한 운행으로 갈 수도, 올 수도 없
으니 안타까움만 쌓일 뿐이었다. 그저 자주 통화하며 하나님이 함
께 하심을 믿고, 용기를 잃지 말 것을 당부하고 권면하는 수밖에
없었다.

얼마 뒤에 딸은 미국 정부에서 코로나로 인한 실업 수당을 주어
생활비 걱정은 하지 않아도 된다고 하였다. 그리고 전부터 말해
오던 카페를 인수하여 개업할 계획이라며 도와달라고 하였다. 딸
은 지난 1월부터 석 달 동안 그 카페에 가서 일을 도우며 경영 수
업을 한 뒤에 4월 초에 인수하여 개업하였다. 주님의 보살핌과 지
인의 도움으로 큰일을 이루게 되었으니, 참으로 기쁘고 감사한 일
이다.

나는 개업축하 예배와 딸이 함께 하는 찬양팀의 동영상을 다시

보았다. 음악대학을 나와 우리 교회의 반주자, 성가대 솔리스트, 성가대 지휘자로 활약하던 딸이 미국의 큰 교회에 가서도 활동하는 모습을 보니 참으로 대견스럽다. 딸의 가족이 어려움을 극복할 수 있도록 힘과 믿음을 주신 하나님께 감사한다. 그리고 새로 시작한 카페가 잘 되기를 간절히 기도한다.

목사 아내의 길

　개척교회나 소형교회를 담임한 목사의 아내는 경제적으로 어려움을 겪을 수밖에 없다. 거기에 교인들의 마음까지 살펴서 다독여야 하니, 고초가 이만저만이 아니다. 그래서 교회를 다니는 처녀들의 대부분은 어렵고 힘든 역할을 해야 하는 목사의 아내가 되는 것을 꺼린다고 한다. 그런데 처녀 시절의 내 여동생은 목사의 아내가 되겠다고 하는 별난 아가씨였다.

　신학교를 졸업한 여동생은 혼인 이야기가 나오자, 목사와 결혼하겠다고 하였다. 그래서 여동생에게 그 생각을 바꿀 것을 종용하며 설득하였다. 그러자 여동생은 초등학교 5학년 때 체육시간에 남자 아이와 정면으로 충돌하여 의식을 잃었던 일을 이야기하였다. 그는 의식을 잃은 채 병원에 입원하여 15일 만에 깨어났다. 그때 자기가 하얀 비둘기가 되어 날개를 치면서 하늘로 오르는 것을 보고 의식을 잃었던 일이 떠올랐다고 한다.

　그 날 문병을 오셨던 손홍구 목사님께서 그에게 "네 꿈이 무엇이냐?"고 물으셨다. 그는 '여자 목사가 되어 널리 복음을 전하는

것'이라고 대답하였다. 그러자 손 목사님은 "네가 의식을 잃을 때 하나님이 네 영혼을 불러가셨다. 그런데 보름 뒤에 다시 보내준 것을 보니, 너를 크게 쓰시려는가 보다"라고 하셨다. 그 뒤에 그는 여자는 목사가 될 수 없다는 것을 알고, 목사와 혼인하여 남편을 도우며 복음을 전하는 일을 하겠다고 마음먹었다고 한다. 그러니 더 이상 자기 뜻을 꺾으려 하지 말고 도와달라고 하였다.

그는 여러 혼처를 다 마다하고 경기도 농촌의 작은 교회를 담임 한 총각 목사와 혼인하였다. 그 교회는 전도사인 시어머니가 개척 한 교회였다. 그 교회를 개척한, 개성이 매우 강한 전도사님을 시 어머니로 모시고, 남편 목사를 섬기는 일은 참으로 힘겹고, 어려 웠다. 그래서 눈물을 흘리며 기도하는 날이 많았다. 교인들은 농 촌 생활에 익숙하지 못한 '서울댁 사모님'을 위로하고, 격려해 주었 다. 그러면서 각자의 신상 문제, 가정의 일, 진로 문제 등을 상담해 왔다. 그는 신학교에서 공부한 상담학 실력을 활용하여 상담한 뒤 에 격려하며 함께 기도하였다. 어려운 문제는 사방으로 아는 사람들을 움직여 해결해 주기도 하였다.

남편 목사는 그 교회를 부흥시킨 뒤에 성남시로, 다시 고양시로 담임지를 옮겼다. 그는 남편을 내조하고 성도를 위해 일하겠다는 결심을 묵묵히 실천하였다. 고양시로 옮긴 뒤에 생활비 걱정은 겨우 면하였으나, 3남매를 공부시킬 일이 막막하였다. 그는 생각 끝에 학원에 다니며 공부하여 보육교사 자격증을 땄다. 그리고 어린이집 교사로 취직하여 몇 년 경험을 쌓았다. 그런 뒤에 어린이집을 개설하여 직접 운영하였다. 어린이집을 운영하고 보니, 경제적인 면에서는 도움이 되었지만, 매우 바쁘고 힘들었다.

낮에는 어린이집에서 일하고, 저녁에는 교인들을 만나 상담하고, 기도하였다. 새벽기도회가 끝난 뒤에 교인 가정을 방문하여 상담하고, 기도하는 날도 많았다. 그러다 보니, 제때에 저녁식사를 못하는 날도 많았고, 수면 시간도 부족하였다. 이렇게 바쁘고 힘들게 지내다 보니, 피로가 쌓이고 지쳤다. 그래서 병원에 가서 진찰을 받아보니, 식도암이 심하여 6개월밖에 살지 못한다고 하였다. 이 말을 들으니, 널리 복음을 전하는 일을 제대로 못하고 죽을 일이 참으로 안타까웠다.

그는 짧은 기간이라도 남편의 그늘을 벗어나 단독목회를 하겠다고 결심하였다. 그는 여자에게도 목사 안수를 해 준다는 교단 총회장의 안내로 특별교육을 받으며 하나님께 매달려 기도하였다. 그러는 중에 식도암은 시나브로 좋아졌다. 그런 뒤에 목사 안수를 받아 목사가 되어 복음을 전하겠다고 한 어린 시절의 꿈을 이

루었다. 그러나 단독목회는 하지 않고, 아내의 자리에서 일하다
가 남편 목사의 은퇴를 맞게 되었다. 하나님께서는 그의 자녀 3남
매 중 두 딸이 대학, 대학원까지 마치고 가정을 이루게 해 주셨다.

　그는 목사의 아내 노릇을 하면서 힘들고 지친 교인들과 함께 아
파하며 기도하면, 그들이 위로를 받고, 용기를 얻어 회복하는 모습
을 볼 때 크게 보람을 느꼈다고 한다. 남편 목사는 아내의 덕으로
대과 없이 은퇴하게 된 것을 고마워한다. 이런 모습을 지켜본 나
는 그가 목사의 아내 역할을 잘할 역량을 타고난 것을 모르고 반대
한 것을 미안하게 생각한다. 고난의 십자가를 지는 길이면서 영광
의 길이라고 하는 '목사 아내의 길'을 묵묵히 걸어간 여동생이 자
랑스럽다.

아프리카 파견 선교사의 헌신과 보람

아프리카에 선교사로 파견되어 26년 동안 수고하시던 J선교사님이 얼마 전에 완전 귀국하셨다. 젊은 날에 장위교회에서 나와 함께 신앙생활을 하던 그는 1996년에 남들이 부러워하는 직장인 KBS에 사표를 내고 아프리카로 떠났다. 이러한 신앙적 결단을 지켜본 나는 놀라움과 함께 존경의 마음을 가졌다. 그가 들려준 아프리카 선교 사역 중의 수고와 보람은 매우 감동적이었다.

그는 아프리카의 에티오피아에서 2년, 케냐에서 5년, 탄자니아에서 5년을 사역한 뒤에 잠비아로 가서 15년 동안 헌신하였다. 잠비아는 1964년 영국 식민지에서 독립한 농업국가로, 면적은 한반도의 약 3.3배이고, 인구는 약 1,840만 명이다. 국민 1인당 GDP는 1,400달러 정도로, 세계 150위이다. 그는 수도인 루샤카의 중심부에서 약 20km 떨어진 곳에 위치한 '모닝스타 바이블 신학교'에서 헌신하였다.

이 학교는 설립자이자 학장인 P선교사를 모시고 J선교사 내외가 운영하였다. 이 학교에는 세 분 선교사 외에는 전임 교수가 없다. 그러므로 강의는 전국에서 실력이 있는 분을 초빙하여 진행하였다. 정규 직원도 없고, 연세가 많으신 한국인 여성 선교사가 학장이므로, 학교의 크고 작은 일은 모두 J선교사와 그의 부인 선교사의 몫이었다. 100여 명의 재학생은 모두 기숙사 생활을 한다. 그는 새벽예배 시간에 설교하는 일로 일과를 시작하여 눈코 뜰 사이 없이 바쁜 하루를 보내곤 하였다.

그는 학생들의 세끼 식사 재료와 땔감을 구입하는 일, 식사 준비하는 일을 직접 챙긴다. 식수와 생활용수를 얻기 위해 우물을 파기도 하고, 건물에 문제가 생겨 비가 샐 때에는 손수 지붕에 올라가 손질을 한다. 학생들의 고민과 불편을 해소하기 위해 상담을 하고, 병이 나면 병원으로 데려가 치료를 받게 한다. 은행 관련 업무나 재학생의 학비 융자와 같은 문제도 그가 처리해야 한다. 이처럼 학교 안팎의 허드렛일부터 사무적인 일, 신앙적인 일 등 그의 손을 거치지 않는 일이 없다. 그래서 그는 농담 삼아 자신을 '소사(小使) 선교사'라고 하였다.

학생들과 24시간 함께 생활하다 보니, 개개 학생의 건강 문제, 가정의 문제는 물론 신앙에 관한 일까지 알게 된다. 그러면 그에 맞게 상담하고 지도하며 보살핀다. 학생들은 그와 고운 정 미운 정을 나누며 생활한다. 그래서 졸업한 뒤에도 끈끈한 정을 이어간다. 졸업생이 교회를 개척하면서 겪는 여러 문제를 상담해 준다. 교회 건축비가 모자란다고 하면 백방으로 노력하여 도와주곤 하였다.

이 학교는 명망 있는 강사님들을 초빙하여 강의하고, 건실하게 운영하는 것으로 정평이 나 있다. 그래서 국가에서는 군종과 원목, 경목 양성 기관으로 지정하였다. 2006년에 첫 졸업생을 배출한 이래 약 200여 명의 졸업생이 나왔다. 그들의 대부분은 전국에 흩어져 목회활동을 하고 있다. 군목과 경목이 되어 군대와 경찰에서 복음을 전하는 일을 하는 이도 있다. 지금 잠비아 경목 중 최고의 지위인 경목감은 이 학교 출신이다. 군목 중에 군종감에 오른 이는 아직 없지만, 앞으로 나올 것이다. 졸업생의 일부는 이웃나라인 짐바브웨와 말라위에 가서 선교사로 활동하는 이도 있다. 이처럼 이 학교 졸업생은 국내, 국외에서 크게 활동하고 있다. 이로 보아 잠비아 '모닝스타 바이블 신학교'는 잠비아의 복음화에 큰 성과를 거두고 있음을 알 수 있다.

그는 졸업생이 개척한 교회의 헌당예배에 초청받았을 때의 감격을 잊을 수 없다고 하였다. 그는 이런 자리에 참석할 때마다 밤낮으로 수고한 보람을 느낄 수 있어 눈물을 흘리며 감사의 기도를 드렸다고 한다. 그는 공항이나 다른 지역 여행 중에 졸업생이 달려와 반갑게 인사하고, 감사의 말을 할 때에도 큰 보람을 느꼈다고 한다. 또 수단, 탄자니아, 에티오피아 등의 전쟁지역에 평화유지군으로 파견된 졸업생 몇 명이 그곳에 예배 처소를 만들어 예배드리며 활동하고 있다는 말을 들을 때 더할 수 없는 감격과 감동을 느꼈다고 한다.

나는 J선교사 내외가 잠비아에서 몸과 마음을 바쳐 헌신한 이야기를 들으며 큰 감동을 받았다. 주님께서 J선교사 부부의 노고를 치하하며 큰 상을 주시리라 믿는다. 아프리카의 낯선 풍토에서 오랜 동안 과로한 탓에 부인 선교사님의 건강이 좋지 않다는 말을 들으니, 참으로 마음이 아프다. 속히 쾌차하기를 간절히 기도한다.

성경 읽기

기독교인의 본분은 매일 성경을 읽고, 기도하며 하나님의 뜻을 실천하는 일이다. 그런데 성경 읽기는 마음을 다잡고 시간을 내어 읽지 않으면 실천하기 어렵다. 그래서 목사님 설교의 본문 말씀과 특별히 권장하는 부분만을 읽고 통독하지 못하는 교인이 많다. 그렇게 되면, 성경 전체의 짜임이나 각 절에 담긴 의미를 잘 알지 못하게 된다.

나는 늦은 나이에 담임목사님과 교인들에게 떠밀려 장로가 되었다. 장로 임직을 앞두고, 나는 성경을 얼마나 읽었는가를 생각해 보았다. 대학과 대학원 공부를 하는 동안에는 초등학교 또는 중학교에 근무하면서 석사, 박사 학위 논문을 써 내느라고 여념이 없었다. 교수가 된 뒤에는 강의하면서 연구하고, 학생을 지도하는 일에 온힘을 기울이느라 정신이 없었다. 그러다 보니, 매일 잠깐씩 시간을 내어 기도하고, 성경을 읽었지만, 전체를 여러 번 통독하지는 못하였다. 그런 내가 장로가 된다고 생각하니 부끄럽기 짝이 없었다.

담임목사님께서는 성경은 구약 39권 929장, 신약 27권 260장으로, 모두 1,189장이다. 이를 1년 365일로 나누면, 3.3장이 된다. 하루에 3~4장을 읽으면, 1년에 한 번을 통독할 수 있으니, 이를 이행하라고 전 교인에게 권고하셨다. 그 무렵 나는 성경을 하루에 석 장 이상 읽겠다고 마음먹었다. 그래서 우리 교회에서 쓰고 있는 '한글개역성경'을 가지고 구약 창세기부터 차례로 읽기 시작하였다.

그런데 성경을 읽다 보니, 현대국어의 어법에 맞지 않는 곳이 많고, 뜻을 알기 어려운 곳도 있었다. 한 가지 예를 들면, "한 아기가 우리에게 났고, 한 아들을 우리에게 주신 바 되었는데, 그 어깨에는 정사를 메었고, 그 이름은 기묘자라(이사야 9장 6절)"라는 구절이다. '어깨에 정사를 메었다'는 말이 무엇이며, '기묘자'는 무슨 뜻인가? 나는 국어 실력 부족을 탓하다가 교보문고에 가서 『현대인의 성경』을 사다가 읽고 그 뜻을 알았다.

성경은 번역에 문제가 있음을 안 나는 좋은 번역 성경이 나왔으면 좋겠다고 생각하였다. 그런데 1993년에 '표준번역 성경'이 대한성서공회에서 나왔다. 나는 이 번역본을 사다가 읽었다. 2004년에는 이 성경의 개정판이 '새 번역 성경'이란 이름으로 발행되었다. 이 성경은 원문의 뜻을 한국어를 사용하는 독자들이 이해할 수 있도록 '정확하게 번역하되, 쉬운 우리의 현대어로, 우리말 어법에 맞게, 한국교회에서 사용할 수 있도록 번역한 성경'이다. 우리 교회에서는 이 성경을 사용하고 있고, 나 역시 이 성경책을 몇 번 통

독하였다.

얼마 전에 담임목사님은 '성경 읽기표'를 전 교인에게 나눠 주시면서 성경 통독을 권면하셨다. 그 표에는 신·구약 성경 장수가 적혀 있어 각자 읽은 장을 표시할 수 있었다. 한 번 통독이 끝나면 기록한 읽기표는 교회에 제출하고, 새 읽기표를 받는다. 사무간사는 전교인 성경 통독 현황표에 통독한 이의 이름과 통독 횟수를 누가 기록한다.

이 일을 시작한 지 7년여의 세월이 흘렀다. 2024월 4월 14일자 〈전교인 성경 통독 현황표〉를 유심히 살펴보았다. 400여 명의 교인 중 성경 읽기에 참여한 인원은 177명으로, 모두 1,787독을 하였다. 학교에 다니는 학생, 건강이 좋지 않은 분, 시간에 쫓겨 성경을 읽지 못하는 분도 여러분 계시다. 이를 고려하면, 많은 분이 참여하였다. 개인별 성경 통독 횟수를 보면, 1~5회 통독한 사람이 68명, 6~10회 통독한 사람이 34명, 11~20회 통독한 사람이 23명, 21~30회 통독한 사람이 12명, 31~40회 통독한 사람이 8명, 41~

50회 통독한 사람이 3명, 55회 1명, 64회 1명이다. 성경을 30회 이상 통독한 분은 원로장로님과 원로권사님으로, 하루 시간의 대부분을 성경을 읽으면서 지내신다고 한다. 100독을 목표로 하는 분도 계시고, 자기 나이만큼 통독하는 것을 목표로 하는 분도 계시다.

나는 하루에 성경 다섯 장 이상을 읽기로 하고, 이를 실천하려고 애쓰고 있다. 그렇게 해서 이 일을 시작한 뒤로 아홉 번을 통독하였다. 성경을 통독하는 동안 성경 전체의 짜임과 연계성을 파악하면서 각 편과 절이 담고 있는 깊은 뜻을 조금씩 깨닫게 되었다. 성경 통독 횟수를 늘려갈수록 성경에 담긴 하나님의 사랑과 은총을 깨닫고, 바른 삶의 자세를 가다듬어 나갈 수 있으리라 믿는다.

선교사 아닌 선교사가 되어

교수직에서 정년퇴임을 한 이듬해에 국제교류재단에서 선발하는 해외파견 교수로 튀르키예에 가게 되었다. 내가 그곳에 간다고 하니, 우리 교회 교우들은 대부분 기뻐하면서 격려해 주었다. 그런데 몇 분은 진지한 태도로 이슬람 국가에 가서 안전문제가 생기면 어떻게 하느냐고 걱정하였다. 나의 안전을 염려하는 것은 무엇 때문일까?

나는 고등학교에서 세계사를 배울 때 "이슬람교는 한 손에 『코란』을 들고, 다른 한 손에 칼을 들고 선택을 강요하며 선교한다"라는 말을 들었다. 미국의 9·11 테러를 비롯하여 세계 여러 곳에서 일어나는 폭탄 테러의 배후에 이슬람교도가 있다는 뉴스를 여러 번 접하였다. 이슬람교도에게 인질로 잡혀 있던 한국의 선교사가 살해되었다는 보도도 있었다. 이슬람 국가의 대학에 자리 잡은 한국인 교수가 이슬람교로 개종하지 않으면, 안전을 보장할 수 없다는 학생들의 협박을 받고 되돌아왔다는 이야기도 들었다.

나는 책을 읽으면서 튀르키예는 6·25 전쟁 때 네 번째로 많은 군인을 파견한 나라, 한국을 형제의 나라로 생각하고 한국인에게 매우 친절한 나라라는 것을 알았다. 그리고 비교적 온건한 수니파가 주류를 이루고 있고, 종교의 세속화를 선언한 나라이다. 그래서 다른 이슬람 국가와는 사회적 분위기가 다르다는 것을 알았다. 그러나 인구의 98%가 이슬람교도라는 것 때문에 막연한 두려움과 불안을 떨쳐버릴 수 없었다.

나는 튀르키예 학생들에게 한국어와 한국문학, 한국문화를 가르치러 가는 교수다. 선교사로 가는 것은 아니지만, 무슬림 학생들에게 종교 문제를 어떻게 대할 것인가를 생각하지 않을 수 없었다. 생각 끝에 '학생들에게 기독교인임을 밝히고, 기독교에 대한 이해의 폭을 넓혀 서로 존중하는 마음을 갖게 한다. 그리고 여건이 성숙되면 전도한다'라고 마음을 정했다.

튀르키예 중부에 위치한 에르지예스 대학교 한국어문학과에 부임한 뒤에 3·4학년 학생들과 대학원생이 자주 찾아와 대화하였다. 그 중 한 학생이 "교수님은 종교가 무엇입니까?"라고 물었다. 나는 기독교라고 말한 뒤에, 기독교를 어떻게 생각하느냐고 물었다. 종교 문제에 관해 이야기하던 학생들 대부분은 기독교에 관해 잘 모른다고 하였다. 그러면서 기독교인에 대한 경계심은 여전하였다.

나는 기독교의 『성경』과 이슬람교의 『코란』을 비교하여 알기 쉽게 설명해주었다. 얼마 후 이슬람의 명절인 '아쉬레의 날'이 되었다. 나는 학생들에게 이 명절의 유래를 물었다. 그들이 잘 모르는 듯하여 '노아가 방주에서 마지막으로 남은 곡식을 함께 넣어 끓여

먹은 일을 기념'하는 데서 연원되었음을 이야기하였다. 또 그들이 큰 명절로 꼽는 쿠르반 바이람(희생명절)은 아브라함이 하나님께 아들을 제물로 바치려고 한 사건에 연원을 두고 있다고 이야기하였다. 그런데 아브라함이 바치려고 한 아들의 이름은 '이삭'과 '이스마엘'로 다르다고 하였다. 그리고 모세나 예수를 성인으로 모시는 점은 두 종교가 같음을 이야기하였다. 이렇게 하는 동안 학생들은 기독교 장로라고 하는 나의 말과 행동을 보면서 기독교에 대한 경계심을 풀기 시작하였다.

내가 방학이 되어 서울에 와 있을 때에나 완전 귀국한 뒤에 어학연수나 대학원에 진학하여 한국에 온 튀르키에 학생들은 서울에서 자주 만났다. 나는 그들에게 맛있는 한국 음식을 사 주며 한국문화를 알려주었다. 주일에 만나는 학생은 우리 교회로 데리고 가서 주일 예배를 함께 드렸다. 목사님은 광고 시간에 전 교인에게 그 학생을 소개하였다. 예배가 끝난 뒤에는 애찬실에 가서 함께 점심을 먹으며 대화하기도 하였다.

그러는 동안 나와 친해진 졸업생 몇 명은 기독교에 대해 친근감을 갖게 되었다. 어느 선교학 전공 교수께 이런 이야기를 하니, 그 교수가 이렇게 말하였다. "최 교수님은 이슬람국가에 가서 그 나라 학생들과 교류하는 것만으로도 선교적으로 의미가 있어요." 그 말을 들은 나는 마음속으로 선교사 아닌 선교사의 역할을 조금은 했다고 생각하였다.

산타클로스의 고향

크리스마스가 가까워지면 어린이들은 선물을 가져다준다는 산타클로스 할아버지를 기다린다. 요즈음 어린이들이 알고 있는 산타클로스는 하얀 수염에 흰 깃을 단 빨간 외투를 입고, 썰매를 타고 다닌다.

그래서 산타의 고향은 추운 북유럽일 것이라고 생각한다. 이에 부응하여 핀란드 로바니에미에서는 산타마을을 조성하고, 산타우체국을 세웠다. 세계 각국의 어린이들이 산타에게 보내는 편지는 이곳으로 와서 보관된다. 그리고 보낸 사람의 요청이 있는 편지는 적혀 있는 주소로 보내기도 한다. 그래서 이곳이 산타의 고향일 것이라는 믿음을 갖게 한다. 그러나 자세히 살펴보면, 원조 산타의 고향은 북유럽이 아니라 튀르키에 남쪽 지방의 뎀레이다.

『표준국어대사전』에는 산타클로스는 "4세기경 '미라(Myra)'의 주교였던 성인 니콜라스의 이름에서 유래한다."고 적혀 있다. 『두산백과사전』이나 『네이버지식백과사전』 등에도 같은 내용이 실려 있다. '미라'는 4세기경에 지금의 튀르키에 남부 '뎀레(Demre)'에 있던 도시국가이다. 이곳에 성 니콜라스 교회가 있고, 그에 관한 기록이 전해 온다.

나는 10여 년 전에 튀르키예의 지중해 연안에 있는 뎀레를 찾았다. 이곳은 고대 리키아 동맹 여섯 도시국가 중의 하나인 미라가 있던 곳이다. '칼레(Kale)'라고도 하는 이 도시의 인구는 지금 15,000명쯤 된다. 이곳에는 산타클로스의 실제 인물인 성 니콜라스(St. Nicholas, A.D. 270~346)가 주교로 시무하던 니콜라스 교회가 있다. 지금 이곳은 '성 니콜라스 박물관(Noel Baba Müzesi)'이라고 하여 입장료를 받으며 공개하고 있다. 이 자리에는 A.D. 3세기부터 교회가 있었다고 한다. 지금 있는 건물은 6세기에 세워지고, 8세기 이후에 여러 차례에 걸쳐 증축된 것이라고 한다. 교회 뜰과 교회 입구에는 니콜라스 주교의 상이 서 있다. 교회 안의 벽에는 이곳저곳에 성경의 내용을 바탕으로 한 성화가 그려져 있다. 가장 넓은 방은 예배를 드리던 곳인데, 그 옆의 작은방에는 니콜라스의 석관묘가 있다.

니콜라스는 A.D. 270년경에 이곳 미라의 이웃 도시인 파타라(Patara)에서 태어나 알렉산드리아에서 공부하고, 미라로 와서 주교로 임명되었다. 니콜라스는 주교로 있으면서 불쌍하고 힘없는 사람들을 도와주었다. 그는 기도가 매우 영검하였으므로 '구원의 성인', '기적의 성인', '선물을 주는 성인'으로 깊은 존경을 받았다. 그가 죽은 뒤에는 그를 존경하는 사람들이 니콜라스의 이름으로 어려운 사람들에게 선물을 주었다.

당시 아나톨리아 지역에서 두 번째로 비중이 큰 교회의 주교였던 니콜라스의 언행과 명성은 러시아, 독일, 이탈리아 등 유럽 지역에 널리 알려졌다. 그래서 많은 사람들이 깊이 존경하고 숭배하는 인물이 되었다. 가톨릭에서는 그를 성인으로 숭배하였다. 그의 이름은 라틴어로 '상투스 니콜라우스'인데, 네덜란드 사람들은 그를 '산 니콜라우스'라고 불렀다. 그런데 아메리카 신대륙에 이주한 네덜란드인들은 그를 '산테 클라스'라고 불렀다. 이 발음이 미국어화 하여 '산타클로스'가 되었다. 19세기에 크리스마스가 전 세계에 알려졌다. 그러면서 산타클로스는 착한 어린이들에게 선물을 주는 상상의 인물이 되었다.

독일을 비롯한 게르만 신화에서 선물을 주는 신은 '오딘(odin)'이다. 오딘은 하얀 수염을 달고, 순록이 끄는 썰매를 타고 다녔다. 게르만 민족이 기독교를 받아들이고, 산타클로스가 널리 알려지면서 신화에 나오는 오딘의 역할이 산타로 바뀌었다. 그래서 산타크로스가 하얀 수염을 달고 썰매를 타고 다니게 되었다. 산타클로스가 흰 깃을 단 빨간 외투를 입고 뚱뚱한 모습으로 변한 것은 1931년 미국의 해돈 선드블롬이 코카콜라 광고에서 그린 그림에서 유래한 것이다. 이에 따라 산타클로스는 빨간 외투를 입고 뚱뚱한 모습으로 고정되었다.

니콜라스에게는 재미있는 일화가 전해 온다. 미라의 한 귀족이 갑작스럽게 몰락하여 세 딸의 결혼 지참금을 마련할 수 없었다. 그래서 딸들을 명문가에 시집보내지 못하게 되었다. 이 사실을 안

니콜라스 주교가 시무하던 뎀레교회   뎀레교회에 있는 니콜라스 주교 동상

니콜라스는 밤에 몰래 금화 주머니 3개를 가지고 가서 창 너머로 던져 주려고 하였다. 그러나 창문이 굳게 닫혀 있었다. 그는 할 수 없이 금화 주머니를 굴뚝 안으로 던졌다. 이튿날 아침에 금화 주머니를 발견한 귀족은 이것을 딸들에게 지참금으로 주어 좋은 집으로 시집보냈다고 한다. 산타클로스가 선물을 굴뚝으로 준다고 하는 것은 이 일에서 유래한 것이라고 한다.

성 니콜라스와 같이 착한 일을 하는 사람은 현대에도 많이 있을 것이다. 이들의 선행을 널리 알리고 치하하여야 한다. 그래서 더 많은 사람들이 선행에 가담하게 해야 한다. 제2, 제3의 산타클로스의 출현을 기대한다.

교회에서 쓰는 말 바로 알고 쓰기

얼마 전에 초등학교 교장을 지낸 지인이 연구실로 찾아왔다. 그는 독실한 기독교인으로, '우리말 바로 알고 쓰기'에 관심이 많은 분이다. 그는 주일예배에 빠지지 않음은 물론, 매일 새벽에 영상을 통해 유명 목사님의 설교를 듣고 많은 은혜를 받는다고 한다. 그런데 목사님들이 우리말 어휘를 잘못 쓰시는 것을 보고, 마음이 상하곤 하여 나한테 하소연하러 왔다고 하였다. 교회에서 목사님이나 교인들이 쓰는 말 중에는 잘못된 것이 많다. 그와의 대화를 계기로 교회에서 잘못 쓰는 말 몇 가지를 정리해 본다.

먼저 '축복'이란 말의 쓰임에 관해 생각해 보겠다. 축복은 '빌 축(祝)' 자와 '복 복(福)' 자가 합해진 한자말로, '복을 빎'의 뜻이다. 그러므로 "하나님, 성도들에게 축복해 주십시오"와 같은 말은 잘못된 표현이다. 이 말은 더 높은 존재자에게 복을 빌어 달라고 하나님께 비는 말이 된다. 하나님은 복을 주시는 절대자이지 더 높은 분에게 복을 빌어 주시는 분이 아니다. 이 경우에는 '축복'이라는 말 대신에 '복(은총, 은혜)을 내려 주십시오'라고 하는 것이 좋을 것

이다. 『창세기』12장 3절을 보면, 여호와께서 아브람에게 이르시되, "너를 축복하는 자에게는 내가 복을 내리고"(개역개정성경)라고 적혀 있다. 여기서 '너를 축복하는 자'는 아브람에게 '복을 내려 주실 것을 비는 사람'을 뜻한다.

한국인들은 상대방을 부를 때 높이는 뜻에서 이름 뒤에 직명을 붙이고, 끝에 '님'자를 붙여 부른다. '000 사장님(장관님, 선생님)'이라고 부르는 것이 좋은 예이다. 그리고 남이 나를 부를 때에도 그렇게 불러주기를 기대한다. 이러한 의식은 교회 안에도 널리 퍼져 있다. 그래서 '000 목사님(전도사님)', '000 장로님(권사님, 집사님)'이라고 부른다. 이것은 상대방을 높여 부르려는 마음에서 생긴 것으로, 오래 전부터 전해 오는 관습이다.

남에게 자기를 말하면서 직명을 밝힐 필요가 있을 때에는 '목사(전도사) 000', '장로(권사, 집사) 000'라고 직명을 먼저 말하고, 그 뒤에 자기 이름을 말해야 한다. 그래야 자기를 낮추는 겸손한 표현이 된다. 자기 이름 뒤에 직명을 말하면 자기 스스로를 높이는 것이 되어 실례가 된다. 상대방이 나의 직분을 알 경우에는 직명을 생략하고 이름만 말해도 된다. 이를 지키지 않으면 겸손을 모르는 교만한 사람으로 인식되기 쉽다. 이것은 제삼자를 화제에 올릴 때에도 마찬가지이다. 성경의 인물인 '바울'을 말할 때에 '사도 바울'이라고 하는 것보다는 '바울 사도'라고 하는 것이 좋겠다. 목사님의 말씀을 인용할 때 '목사 아무개가 말하기를'이라고 하는 것보다는 '아무개 목사님께서 말씀하시기를'이라고 말하는 것이 존경의 뜻을 담은 표현이 된다.

　　요즈음에는 상대방의 아내를 높이는 말로 '사모님'이 널리 쓰인다. '사모'는 스승의 부인을 가리키는 말이다. 우러러 존경하는 스승을 아버지에 비겨 '사부(師父)'라 하고, 스승의 부인을 어머니에 비겨 '사모(師母)'라고 한다. 그에 따라 기독교인들은 목사나 전도사의 부인을 '사모님'이라고 부른다. 목사나 전도사는 신앙적으로 스승 격이니, 나이의 많고 적음에 관계없이 존경의 대상이다. 그러므로 존경하는 분의 부인을 '사모님'이라고 부르는 것은 적절하다. 그런데 언제부터인가 '사모'란 말이 '목사의 아내'를 가리키는 말처럼 잘못 쓰이고 있다. 그래서 목사가 다른 사람에게 자기 아내를 소개하면서 "제 사모입니다"란 말을 예사로 하기도 한다. 이것은 언어 예절에서 벗어난 표현이다. 목사도 자기 아내를 가리킬 때에는 "제 처(아내, 내자, 안식구)입니다"라고 말하는 것이 좋겠다.

　　하나님은 온 인류를 보살피시는 분이다. 그런데 한국인에게는 한국어로, 영국인에게는 영어로, 스페인인에게는 스페인어로 역사하신다. 그러므로 한국인은 바른 한국어로 찬양하고, 기도할 때 하나님께서 기뻐하실 것이다. 사람의 귀에 거슬리는 어휘나 문장을 쓰면 하나님께서도 언짢아하실 것이다. 어떤 사람은 "하나님은 너그러운 분이셔서 그 사람의 마음을 아시고 응답해 주실 것이므로, 어휘 사용이나 문장이 잘못되었다고 지적하는 것은 적절하지 않다"고 말하는 사람도 있다. 그러나 이것은 잘못된 생각이다. 어휘나 문장을 바로 알고 써야 말하는 뜻을 바르게 전달할 수 있다. 그리고 언어 예절을 지키는 바른 태도를 가진 사람으로 인정받을 수 있다.

시골 아가씨의 놀라운 성장과 변화

오늘 30여 년 전에 헤어진 뒤로 소식을 몰라 궁금하던 시골 아가씨(지금은 47세의 중년)가 찾아왔다. 뜻밖의 방문에 놀랍고, 반갑고, 기뻐서 하나님께 감사의 기도를 드렸다.

그와의 인연은 30여 년 전으로 거슬러 올라간다. 충북 진천에서 목회하시는 목사님께서 그 마을에 사는 불우한 여자아이를 가사도우미로 데리고 잘 가르치며 키워달라고 하셨다. 우리 집은 아내가 교사로 재직하고 있어 수년 간 가사도우미를 데리고 살았다. 그러나 그때는 삼남매가 모두 성장하였으므로 가정부를 두지 않아도 되는 때였다. 다만 어머니 시중들 사람이 필요한 때였다. 아내는 망설이다가 막내딸을 기르는 심정으로 그를 받아들이기로 하였다.

그는 열네 살 먹은 작은 체구의 소녀로, 촌티가 지르르하였다. 60세가 넘은 아버지와 시각장애인 어머니 슬하에서 자랐다. 초등학교를 졸업하고 중학교에도 잠시 다녔다고 한다. 그러나 구구단도 외우지 못하였고, 생활습관이나 예절도 제대로 익히지 못하였다. 부엌일 역시 할 줄 아는 것이 아무것도 없었다. 아내는 틈나는 대로 바른 생활 습관을 갖도록 일러주었다. 또 구구단을 외우게 하고, 생활에 필요한 계산법을 가르쳤다. 그리고 영어의 알파벳도 가르쳤다.

그러는 동안 생활습관이나 예절이 많이 좋아졌다. 부엌일도 차츰 익혀 아내를 도와줄 수 있게 되었다. 딸한테 피아노도 배워 조금 칠 줄 알게 되었다. 그런데 그의 부모님의 건강이 좋지 않다고 하여 진천 집으로 데려다 주었다. 4년 7개월을 함께 사는 동안 우리 가족과는 고운 정 미운 정이 들었으므로 무척 서운한 작별이었다. 그 뒤로 몇 번 편지가 오간 뒤로는 소식을 모른 채 30여 년을 지냈다.

나와 아내는 그가 지내온 일을 들었다. 그는 우리 집에서 가지고 간 돈으로 쓰러져 가는 집을 수리하고, 수도를 놓아 허리 굽은 아버지가 양동이로 물을 길어 오지 않아도 되게 하였다. 그는 열아홉 살에 진천여자중학교 1학년에 입학하였다. 학교에서는 건강이 좋지 않은 부모님을 지성으로 봉양하면서 공부를 열심히 한다고 추천하여 교육부장관상을 받았다. 22세에 진천상고에 입학하여 공부하는 동안에 교육부장관이 주는 효녀상을 받았다. 그리고 전산기능사 자격증도 취득하였다.

그는 고등학교를 졸업한 뒤에 모교에 사무원으로 취직하여 근무하였다. 그 때 학교에 컴퓨터를 납품하고, 전산시스템 운영을 돕던 회사원을 만나 결혼을 약속하였다. 시어머니 되실 분은 그의 집안이 보잘 것 없다며 적극 반대하였다. 그러나 그들은 뜻을 굽히지 않고 결혼을 하기로 하였다.

결혼식 날 시어머니는 노쇠한 아버지와 시각장애인 어머니가 신부 부모님 자리에 앉는 것이 창피하다며 앉지 못하게 하였다. 그는 시집살이하면서 온갖 수모와 모진 고난을 기도로 이겨내며 5년을 참고 견뎠다. 그러나 시어머니의 강요로 결국에는 이혼하게 되었다. 그래서 다섯 살 된 아들을 남편에게 맡긴 채 혼자 눈물로 세월을 보냈다. 그러다가 3년 뒤에 시어머니의 유언을 따라 다시 결합하였다. 지금은 고등학교 3학년이 된 아들과 세 식구가 잘 살고 있다고 한다.

공부에 자신을 얻은 그는 어려운 중에도 학점은행제를 이용하여 대학 2년 과정을 수료한 뒤에 방송통신대학에 편입학하여 학사학위를 받았다. 그리고 한남대학교 대학원에 진학하여 상담심리학 석사학위를 받고, 상담사 자격증을 땄다. 그런 뒤에 충북 교육청에서 뽑는 상담사 선발 시험에 합격하여 A고등학교에서 5년을 근무한 뒤에 B고등학교로 옮겨 상담사로 근무하고 있다고 한다. 그는 혼자 피아노 치는 연습을 하여 200여 명 모이는 교회에서 반주를 한다고 한다.

그는 삶의 고비마다 하나님께 기도하며 의지하였고, 매사를 긍정적으로 생각하며 희망을 간직하고 살았다고 한다. 그리고 "오늘의 제가 있게 해 준 것은 청소년 시절에 반듯하게 자랄 수 있도록 잘 이끌어 주신 아저씨와 아주머니 덕택이라는 것을 한시도 잊은

적이 없다"라고 하였다.

그가 부모님을 위해 애쓴 일을 이야기를 할 때에는 감동의 눈물을 흘렸고, 시어머니께 받은 모욕과 고통을 말할 때에는 분노를 느끼기도 하였다. 지난 일을 이야기하는 그의 언변이 어찌나 좋은지 나는 속으로 감탄하였다. 늦게 철이든 그의 성장과 변화된 모습이 참으로 놀랍다. 그를 이렇게 반듯한 중년부인으로 길러주신 하나님의 은혜에 감사하며, 어려움을 이겨낸 그의 앞날에 기쁨과 평안이 있기를 기도한다.

세계 최초의 교회를 찾아서

　　몇 년 전 튀르키예 에르지예스대학교 객원교수로 근무할 때 안타키아(Antakya)의 '성 베드로 동굴교회'를 찾아갔다. 안타키아는 튀르키예 남동쪽 지중해 연안에 위치한 인구 약 20만 2천명의 도시이다. 이곳은 성경에 나오는 '안디옥'으로, 옛 이름이 '하타이(Hatay)'여서 '하타이'로 표기된 지도도 있다. 성경에 나오는 안디옥은 두 군데이다. 하나는 비시디아 안디옥으로, 튀르키예 내륙지방에 있는 얄바츠(Yalvaç)이다. 다른 하나는 수리디아 안디옥으로, 지금의 안타키아이다.

　　이곳은 기원전 2,000년경까지 시리아의 아무트 왕국이 통치하였고, 그 뒤를 이어 히타이트, 아시리아, 페르시아가 다스렸다. 기원전 333년 마케도니아의 알렉산더 대왕은 물맛이 좋은 이곳에 도시를 건설하고 싶어 하였다. 그가 죽은 뒤에 그의 무장이었던 셀레우코스 1세가 이곳에 안티오키아 왕국을 건설하고, 안타키아를 수도로 정하였다. 그 뒤에 로마에 병합되었고, 시저에 의해 재건되어 상업·교육·문화의 도시로 발전하였다.

안디옥은 베드로 사도가 기독교를 로마 여러 곳으로 전파하는 포교의 거점으로 삼았던 곳이다. 또, 바울 사도와 바나바가 와서 생활하고, 선교 여행을 떠난 곳이다. 『누가복음』과 『사도행전』을 쓴 누가의 고향이고, 요한 사도의 수제자로 아시아 일곱 교회 중 하나인 서머나 교회 감독으로 순교한 폴리갑의 고향이다. 이곳은 신약시대 포교의 중요한 위치를 차지하는 곳으로, 기독교에서 예루살렘·로마 다음으로 중요하게 여기는 도시이다.

교황 바오로 6세는 1963년에 이곳을 성지로 선포하였다. 예수님께서 부활하여 승천하신 뒤에 제자들은 예수님의 말씀과 가르침을 열심히 전파하였다. 예수님의 말씀을 믿고 따르는 사람이 늘어가자 이를 믿지 않는 유대인들의 박해가 심해졌다. 신도들은 스테반의 순교 이후에 박해가 더욱 심해지자 사방으로 흩어졌다. 예루살렘에서 박해를 받던 베드로 사도는 배를 타고 이곳으로 왔다.

그를 따르던 신도들 중 일부가 이곳으로 와서 교회를 세우고, 베드로 사도와 함께 하나님께 예배를 드렸다. 이 교회의 신도가 늘어가자 예루살렘 교회는 바나바를 이곳으로 보냈다. 이곳에 온 바나바는 여기서 그리 멀지 않은 곳에 있는 바울 사도의 고향 다소로 가서 바울을 데리고 왔다. 바울 사도는 이 교회에서 1년 동안 함께 지내면서 많은 사람들을 가르쳤다. 그 당시에 이 교회에서 예수를 믿고 따르던 사람들을 '크리스천(Christian)'이라 불렀다(행 11:22~26). 이렇게 보면, 이 교회는 이 세상에 세워진 최초의 교회이고, 이 교회의 신도들은 처음으로 '크리스천'이라고 불렸던 사람

안디옥의 베드로 동굴교회 외부

들이다.

나는 조금 긴장되고 흥분된 마음으로 하비브 낫자르산 기슭의 큰 바위를 깎아 만든 동굴 안으로 들어갔다. 성 베드로 동굴교회가 바위 안에 세워진 것을 보면서 '반석 위에 교회를 세우리라.'고 한 예수님의 말씀이 실현된 것이라는 생각이 들었다. 교회 안은 100㎡ 쯤 되어 보이는 직사각형의 방인데, 전면의 중앙에는 돌로 쌓은 단이 있고, 그 가운데에 돌로 된 제단이 있다. 제단 앞의 벽위쪽에는 천국의 열쇠와 두루마리 성서를 손에 든 베드로 사도의 상이 서 있다.

제단 오른 쪽에는 병을 낫게 하는 효능이 있다고 하는 약수가 있다. 사람들은 이를 '성수'라고 한단다. 제단 왼쪽에는 도피처로 가는 터널이 있다. 돌로 만든 제단은 12~13세기의 것이고, 모자이

베드로 동굴교회 내부

크 바닥은 4~5세기 것이라고 한다. 나는 교회 안의 이곳저곳을 둘러보았다. 그리고 성수를 한 모금 마시면서 초기 기독교인들의 경건한 생활 모습을 그려 보았다.

그때 서양 사람으로 보이는 남여 30여 명이 들어와 둘러서자 안내자가 교회에 대한 설명을 하였다. 설명이 끝나자 일행 중 한 사람이 앞으로 나와 말한 뒤에 모두 손을 잡고 찬송을 하였다. 찬송이 끝나자 그 사람이 대표로 기도하였다. 찬송을 부르고 기도하는 모습이 아주 진지하고 경건하였다. 기도가 끝난 뒤에 어디서 왔느냐고 물으니, 이탈리아에서 성지순례를 왔다고 하였다. 나는 예수님의 수제자인 베드로 사도가 세운 세계 최초의 교회, '크리스천'이라는 말이 처음 생긴 교회를 와 보았다는 벅찬 감격을 가라앉히며 조용히 감사의 기도를 올렸다.

하나님의 계획

얼마 전 김 교수와 전북 고창군 흥덕에 갔을 때의 일이다. 거기서 김 교수가 아끼는 제자라며 전화를 하니, 송 목사가 달려왔다. 우리는 그가 담임한 교회 신축공사장에 가서 현장을 둘러보았다. 그리고 대예배실 자리에 둘러서서 공사가 순조롭게 진행되고, 공사비 때문에 어려움을 겪는 일이 없게 해 달라고 간절히 기도했다.

그는 백석대학교 선교학과 졸업생이다. 그는 재학 시절에 나이 많은 학생으로, 학업에 매우 열중하였다. 나는 그 무렵에 백석대학교에 강사로 가서 선교학과와 신학과 학생들에게 『한국의 전통문화』를 강의했다. 송 목사는 그 때 내 강의를 들은 학생인데, 과대표로 강의 분위기 조성에 앞장섰던 '노(老) 학생'이어서 기억에 남아 있다.

나는 그에게 담임하고 있는 교회의 형편을 묻고, 목회에 성공하기까지 겪은 일들을 이야기해 달라고 하였다. 그는 고향인 군산에서 중학교를 졸업하고, 가정 형편이 어려워 고등학교에 진학하지 못하였다. 그는 여러 가지 물건을 가지고 다니며 파는 장사를 하여 어머니를 봉양했다. 나이가 좀 든 뒤에는 전기와 설비 기술을 익혀 건설 현장에 가서 열심히 일하였다.

　그는 20세에 아는 사람의 전도로 교회에 다니기 시작했다. 어느 날 새벽기도 중에 "너는 공부를 더 하여라."라는 음성이 들렸다. 그는 그 음성이 어떤 것인지 관심을 기울이지 않았다. 몹시 가난하였던 그는 그 말씀을 무시하고, 먹고 살기 위해 일을 계속하였다. 군에서 제대한 뒤에는 서울에 있는 작은 회사에서 전기와 설비일을 하며 교회에 다녔다. 그러던 어느 날, 심신이 몹시 피곤하여 병원에 가서 진찰을 받으니, 폐결핵이라고 하였다. 그는 객지 생활에, 당시에 불치병으로 여기던 폐결핵에 걸렸다는 말을 듣고, 하늘이 무너지는 듯한 절망감에 빠졌다. 그는 약을 먹으며 기도하는 길밖에는 다른 방법이 없음을 깨닫고, 더욱 열심히 기도하였다.

　그 무렵에 그가 다니는 교회의 처녀 전도사가 그에게 사랑의 손길을 내밀었다. 그는 처음에는 중졸의 학력을 가진 사람이 신학대학을 졸업한 전도사와 결혼할 수 없다는 생각에 망설였다. 그러나 서로의 진심이 통하여 어른들의 허락을 얻어 29세에 결혼하였다. 신혼에 투병하는 일이 쉽지 않았으나, 굳은 의지와 믿음으로 이겨냈다.

　어느 날, 기도하는 중에 "왜 공부하라는 내 말을 따르지 않느냐? 더 공부해라!"라는 강한 음성을 들었다. 그는 그 말씀을 따르기로 하고, 36세가 되던 해 1월에 노량진의 고입검정고시 학원에 등록했다. 전에 배운 것은 다 잊어버렸고, 정신 집중도 잘 안 되어 어려움이 많았다. 그러나 공부를 시작한 지 두 달이 되는 3월에 고입검정시험에 합격하였다. 그 여세를 몰아 계속 공부하여 그해 8월에 대입검정시험에 합격하였다. 그래서 37세에 백석대학교 선교학과에 입학할 수 있었다.

늦깎이 대학생이 된 그는 한 시 반 때도 놀지 않고 공부에 열중하였다. 그래서 장학금을 받으며 학부 과정을 마치고, 대학원에 진학하였다. 그가 공부에 열중할 수 있었던 것은 부인의 기도와 도움이 큰 몫을 하였다. 그는 대학원을 마치고 전도사로 일한 뒤에 목사 안수를 받았다. 그는 외따로 떨어져 있는 궁벽한 마을의 교회에서 시무하였다. 그러다가 14년 전에 교인이 열세 명인 이곳 '홍덕교회'에 담임목사로 부임하였다.

홍덕교회의 교인과 지역 주민은 대부분이 노인들이었다. 그는 교회 승합차로 동네 어른을 태워다드리며, 사는 형편과 어려운 일이 무엇인가를 묻곤 하였다. 어른들 중에는 수도가 잘 나오지 않아서, 전등·TV·냉장고·세탁기 등의 가전제품이 고장 나서 어려움을 겪고 있는 분이 계셨다. 그는 이런 말을 듣는 즉시 달려가서, 청년 시절에 익힌 설비와 전기 기술을 발휘하여 무료로 수리해 드렸다. 이런 일이 알려지자 이웃동네 어른들도 어려움을 호소하며 그를 불렀다. 이렇게 하는 동안 어른들과 친해지면서 조심스럽게 전도하였다.

그러는 동안에 그 동네는 물론 이웃동네의 어른들이 한 분 두 분 교회에 나오게 되었다. 그리고 다른 지역에 사는 그 분들의 자녀가 홍덕교회로 나오게 되었다. 그래서 지금은 교인이 130여 명이 되었다. 교인이 늘고 보니, 교회를 신축하는 것이 좋겠다고 하여 교인들과 뜻을 모아 신축공사를 시작했다고 한다.

그가 이렇게 시골교회에서 목회에 성공할 수 있었던 것은 그의 투철한 신앙심, 늦깎이 학생으로 열심히 공부해 쌓은 실력이 바탕이 되었다. 그 위에 청소년 시절에 장사를 한 경험, 전에 익힌 전기와 설비 기술이 어우러진 결과라 생각한다. 이것은 하나님께서 그를 시골교회 목회에 적합한 능력과 자질을 갖춘 목회자로 키우려는 장기 계획에 의한 것이리라. 하나님의 깊은 뜻과 섭리는 사람이 헤아리기 어렵다.

기도하고 시작한 강의

　　대학 교수는 전임으로 근무하는 대학에서 연구, 강의, 학생 지도의 임무를 수행한다. 그리고 시간이 허락하면 다른 대학에 가서 시간강사로 강의하기도 한다. 다른 대학에 가서 강의를 하다 보면, 그 대학이나 학과 나름의 특성에 따라 학생들의 수강 태도나 강의 분위기가 사뭇 다른 것을 느끼게 된다. 나는 여러 대학에 가서 강의를 하였는데, 지금도 잊히지 않는 강의가 있다.

　　오래 전에 제자 김 교수의 청에 따라 백석대학교에 출강하였을 때의 일이다. 첫 강의가 있는 날, 김 교수 연구실에서 차를 마시고 강의실로 가려고 할 때 김 교수가 이렇게 말했다. "선생님, 강의 시작 전에 기도하고 시작하시지요." 나는 뜻밖의 말이어서 조금 당황스럽게 느껴지기까지 하였다. 그래서 말은 하지 않고 속으로 내 강의는 기독교 관련 전공과목이 아닌 한국의 전통문화 강의이다. 그런데 '기도하고 시작하라니 가당한 말인가!' 라고 생각하면서 강의실로 향하였다.

　　강의실 가까이 가니, 여럿이 힘차게 부르는 찬송 소리가 들렸다. 바로 내가 강의할 방에서 수강생들이 찬송을 부르고 있었다. 수강생이 선교학과와 신학과 학생이라는 말을 들었기에 신앙이 돈독한 학생들일 것이라는 생각은 하였다. 그러나 강의실을 가득 메운 학생들이 강의 시작 직전에 온 힘을 다해 찬송을 부르고 있는 것을 보고, 그 분위기에 압도되고 말았다. 동시에 강의 시작 전에 기도하라던 김 교수의 말이 떠올랐다. 그래서 한국의 전통문화 강의가 한국인의 정체성을 일깨우고, 기독교의 선교와 목회 활동에 도움이 되게 해 달라는 기원의 기도를 한 뒤에 강의를 시작하였다.

그 다음 주 강의시간에도 강의실에 들어가니 학생들이 찬송을 부르고 있었다. 그날도 학생들 앞에 서서 기도한 뒤에 강의를 시작하였다. 그 다음 주부터는 학생들이 차례를 정하여 강의 시작 전에 기도를 하게 하였다. 그래서 강의 시작 전에 기도하는 일은 한 학기 내내 계속되었다. 이 학생들의 수강 태도는 아주 진지하고 열성적이었다. 이러한 강의 분위기는 저절로 되는 것이 아니다. 나는 이렇게 면학 분위기를 조성하는 대표가 어떤 학생인가 궁금하였다. 김 교수는 나이가 좀 든 대표와 몇몇 학우들이 분위기를 조성하고 있다고 일러 주었다.

학생들의 수강 태도가 진지하고 열성적이므로 나는 그에 발맞춰 강의 준비를 더 열심히 하고, 열과 성을 다하여 강의를 진행하였다. 강의 내용은 한국의 '일생의례, 세시풍속, 민간신앙(가신신앙·동신신앙·점복신앙·무속신앙), 구비문학, 민속놀이' 등 한국의 전통문화 전반이었다. 이러한 것들은 한국인으로서, 그리고 한국 전통문화의 계승과 발전을 위해서 알아야 할 내용들이다. 또 기독교의 선교나 목회 활동의 효율성 제고를 위해서 반드시 알아야 할 사항들이다.

나는 구비문학을 전공하는 사람이지만, 학문적 필요에 따라 민속 전반의 자료를 조사하고, 연구하였다. 젊은 시절 무속 조사 현장에서 신학을 전공하는 서울의 유명신학대학 교수를 몇 차례 만났다. 나는 그 분에게 신학자가 굿판에 와서 무속 조사를 하는 이유를 물었다. 그는 기독교 선교를 위해서는 미신 또는 우상숭배라고 폄하하는 무당을 중심으로 한 무속을 알기 위해 열심히 현장 조사를 하고, 연구를 한다고 하였다.

한국의 전통문화를 바로 알려고 하지 않고 무조건 미신 또는 우상이라 하여 배척하거나 타파의 대상으로 삼는 것은 적절하지 않다. 한국 전통문화의 실상과 의미를 바로 알고, 기독교의 교리에 비추어 수용 또는 변용할 수 있는 것인지, 배치되므로 타기해야 할 것인지를 판단해야 한다. 한국의 전통문화를 모르거나 무시하고서는 외래종교인 기독교를 선교하는 데에 많은 어려움이 있고, 효율성도 기대할 수 없게 된다. 외국에 선교사를 파견할 때 그 나라의 문화를 반드시 익히도록 하는 이유도 여기에 있다.

나는 일반대학은 물론 몇몇 신학대학에도 출강하였지만, 기도하고 강의한 적은 한 번도 없었다. 그래서 백석대학교 강의는 특별한 경험이었다. 수강생들은 기독교 신앙과 직접 관련이 없는 강의에 임하면서도 기도하고 수강하는 태도를 보였다. 이런 학생들이라면 기독교 전공 강좌를 수강할 때에는 더 진지하고 열성적이었을 것이다. 이런 학생들은 졸업한 뒤에 선교와 목회의 현장에 가서 더욱 열성적으로 일할 것이다. 그러면 성령님이 함께 하셔서 큰 보람과 성과를 거두게 하실 것이다. 이런 학생을 배출한 대학의 학과는 아름다운 전통을 이어가면서 발전을 거듭할 것이다. 이들이 공부하고 일할 대학교, 교회, 교단에 하나님의 은총이 늘 함께 하시기를 기원한다.

말보다 행동으로

얼마 전에 큰 회사의 대리로 근무하는 조카와 조용히 앉아 여러 가지 이야기를 나누었다. 함께 이야기하는 중에 '기독교인의 행동'이 화제에 올랐다. 그는 다소 역정 섞인 말투로, 직장에서 예수 잘 믿는다고 떠들며 설치는 사원들 때문에 창피하고 화가 나서 교회를 못 다니겠다고 하였다. 장로의 아들로, 얼마 전에 교회 집사가 되어 바른 신앙생활을 하려고 애쓰는 그가 이러한 말을 하는 것이 의아스러워 그 이유를 물어 보았다.

그는 자기 회사 몇 사람의 실례를 들면서 이야기하였다. 예수를 믿는다고 떠들며 설치는 사람들이 교회에 나가지 않는 사람보다 더 이기적이고, 독선적인 행동을 하여 사람들의 빈축을 사곤 한다는 것이다. 그는 예수를 믿는 사람이라고 내세웠으면, 그에 걸맞은 행동을 하고, 그렇지 못할 바에는 예수 믿는 사람이라고 떠들지나 않았으면 좋겠다고 하였다. 사람들은 이기적이고 독선적인 그들의 말과 행동에 혐오감을 느낀다. 그래서 예수 믿는 사람은 다 저렇다고 비아냥거린다고 한다. 그런데도 장본인들은 그런 사실을 모르는지, 예수를 믿고 자기 교회에 나오라고 전도를 한단다.

우리 둘레에는 이웃을 사랑하며 남모르게 봉사하는 사람이 많이 있다. 그런가 하면, 기독교인임을 내세워 성경의 가르침대로 살려는 선량한 기독교인들을 속이거나 바가지를 씌워 자기의 이익을 챙기는 사람도 있다. 이런 사람들도 틈만 나면, 믿지 않는 사람들에게 전도하고, 예수를 믿도록 권면하는 말을 한다. 이러한 사람의 전도가 효과가 있을까? 열심히 전도하는 일보다 더 중요한 것은 '내가 예수 이름을 더럽히거나 욕되게 하여 전도를 방해하고 있지 않은가?' 하고 자신을 돌아보는 일이다. 그런 뒤에 전도를 해야 효과가 있을 것이다.

내가 아는 교수 한 분이 들려준 이야기는 전도와 관련하여 많은 것을 생각하게 한다. 그는 교회에 좀 다니다가 미국 유학을 갔고, 거기서 열심히 교회에 다녔다고 한다. 그가 박사학위를 받고 귀국한 지 얼마 안 되어 부인과 함께 교회에 갔을 때의 일이라고 한다. 교회 마당에 주차 공간이 있기에 후진하여 주차할 요량으로 차를 앞으로 뺐는데, 그 사품에 점잖게 차린 한 중년 남자가 잽싸게 차의 머리를 앞으로 하여 그 자리에 차를 댔다. 그는 화가 나기도 하고, 기가 막혀 멍하니 서 있다가 다른 자리에 차를 대고, 그 사람의 행동을 지켜보았다. 그런데 그 사람은 미안하다는 표정 하나 없이 차의 문을 잠그고, 바로 그 교회로 들어갔다. 그는 '저렇게 뻔뻔한 사람과 한 자리에 앉아 예배드릴 수 없다'는 생각에 부인만 예배에 참석하게 하고, 그대로 돌아왔다. 그 뒤로 그는 교회에 나가지 않

는다고 하였다.

그는 신앙은 사람을 보고 믿는 것이 아니라는 것을 잘 알고 있
는 사람이다. 그런 그가 한 사람의 그릇된 행동을 구실로 교회에
나가지 않는 것은 잘한 일이라 할 수 없다. 그러나 그 교회의 임원
일지도 모르는 그 중년 남자는 이기적이고 독선적인 행동을 하여
전도는커녕 제 발로 찾아온 교인을 문전에서 쫓아버리고 말았다
는 비판을 면할 길이 없다. 말로 전도하는 것도 중요하지만, 언행
으로 전도를 방해하는 일이 없도록 해야 할 것이다.

전도는 말보다 행동으로 해야 한다는 말을 하다 보니, 전에 근
무하던 대학에서 가르친 M군의 얼굴이 떠오른다. 그는 고등학교
를 졸업한 후 서울시 공무원 채용시험에 합격하여 동사무소에 근
무하면서 대학입시 공부를 하여 30세가 다 되어 야간대학에 입학
하였다. 그는 2학년 때부터 직장을 그만두고 공부만 하였으므로
경제적으로 어려움이 많았다. 그러나 남을 돕는 일에는 앞장서곤
하였다.

학우들은 착하고 부지런하며 겸손한 그를 좋아하였다. 그래서 나이가 제일 많은 그를 과대표로 선임하였다. 그 때는 학교가 재단 문제로 교수와 학생들 모두 의견이 엇갈려 어려움이 많았다. 그는 서로 다른 의견을 가진 학우들에게 충고하고 설득하여 화합을 이루면서 무리 없이 과를 이끌었다. 그는 몇 학기에 걸쳐 과대표를 하면서 과의 일에 솔선수범하고, 봉사의 자세를 흐트러뜨리지 않았다. 그래서 첨예하게 대립되던 재단 문제에 그와 의견을 달리하는 학우들도 그를 욕하거나 탓하지 않음은 물론, 인간적으로 그를 좋아하기도 하였다.

그와 친하게 지내던 한 학생이 나에게 이런 말을 하였다. "그동안 예수 믿는다고 하는 사람 치고 좋은 사람 못 봤습니다. 그런데 그는 좀 다릅니다. 예수 믿는 사람이 모두 그와 같다면 저도 교회에 다니겠습니다." 나는 이 말을 들으며 기독교인은 말로 전도하는 것이 아니라, 행동으로 전도해야 한다는 사실을 다시 느꼈다.

문설주에 바르는 양의 피와 팥죽

사람들은 먼 옛날부터 크고 작은 재난이나 질병을 겪으며 살아왔다. 옛 사람들은 이것을 신의 노여움이나 징벌에 의한 것이라고 여겼다. 그래서 신에게 제물을 바치며 재난이 없도록 해달라고 빌었다. 또 해를 끼치는 신들이 아예 접근하지 못하게 하려고, 여러 가지 방책을 강구하기도 하였다. 그 예를 보면, 이스라엘 민족은 유월절에 양의 피를 문설주와 상인방에 바른다. 한국에는 동짓날 팥죽을 쑤어 대문에 바르고, 대문 앞에 뿌리는 풍습이 있다.

구약성경 「출애굽기」를 보면, 이집트 총리가 된 요셉은 7년씩 이어지는 풍년과 흉년을 슬기롭게 대처하여 이집트의 구원자로 칭송을 받는다. 요셉의 인도로 이집트에 이주한 야곱의 가족 70명은 430년을 사는 동안 번성하여 큰 세력을 이뤘다. 요셉을 알지 못하는 후세의 이집트 왕들은 이스라엘 민족을 노예로 부렸다. 이스라엘 민족이 고통을 호소하자, 하나님은 모세에게 이스라엘 민족을 이끌고 가나안 땅으로 가라는 명을 내린다.

모세는 이집트 왕에게 이스라엘 민족이 광야로 나가 하나님께

제사를 지낼 수 있도록 허락해 달라고 한다. 이집트 왕이 이를 거절하자, 하나님께서는 모세의 말대로 이집트에 아홉 가지 재앙을 내렸다. 그러나 이집트 왕은 이를 허락하지 않는다. 하나님은 모세에게 열 번째 재앙을 내릴 것을 예고하고, 할 일을 알려준다. 이스라엘 백성은 모세의 명에 따라 일 년 된 수컷 양이나 염소를 잡아 그 피를 문설주와 상인방에 발랐다. 그리고 길을 떠날 차림으로, 그 고기를 불에 구워서 무교병, 쓴 나물과 함께 먹었다.

그날 밤 하나님의 사자가 이집트 사람의 집을 찾아다니며 '사람과 짐승의 처음 난 것'을 치셨다. 그러나 문설주와 상인방에 양의 피가 묻어 있는 이스라엘 사람의 집에는 아무런 해가 없었다. 열 번째 재앙을 당한 이집트 왕이 이스라엘 민족의 출발을 허락함으로써 이스라엘 민족은 탈출에 성공하였다. 유월절은 이를 기념하는 명절이다.

한국에서는 예로부터 동짓날에 팥죽을 쑤어 성주신을 비롯한 가신들에게 바치고, 대문과 그 둘레에 뿌리는 풍습이 있다. 동짓날 팥죽을 먹는 풍습은 고려시대 이색의『목은집』과 이제현의『익재집』에 이와 관련된 시가 있는 것으로 보아 고려 시대 이전부터 있었음을 알 수 있다. 조선 후기에 홍석모가 쓴『동국세시기』에는 동지팥죽은 '역귀'를 물리치기 위한 것이라 하였다. 동짓날 팥죽을 먹는 풍습은 오늘날까지 이어지고 있다.

동지는 태양의 황경이 270° 위치에 있을 때로, 양력 12월 22일경이다. 밤낮의 길이는 하지로부터 낮이 차츰 짧아지고, 밤이 길어지다가 동짓날에 극에 도달한다. 그리고 그 다음날부터는 차츰 밤이 짧아지고 낮이 길어지기 시작한다. 고대인들은 이날을 태양이 죽음으로부터 부활하는 날로 생각하고, 축제를 벌여 태양신에 대한 제사를 올렸다. 동짓날을 '아세(亞歲)' 또는 '작은설'이라고도 한다. 이것은 동지가 태양의 부활을 뜻하는 절기임을 말해 준다.

팥죽의 주재료인 팥은 붉은 색을 띠는 곡식이다. 붉은 색은 밝은 태양, 활활 타는 불꽃을 상징하는 색이다. 이런 색을 귀신들은 무서워하고, 싫어한다. 그에 따라 민속에서는 붉은 색을 '축귀', '축사'의 힘을 지닌 것으로 생각하였다. 옛사람들은 질병이나 재난의 원인을 잡귀·잡신이 들은 때문이라 여겼다. 그래서 명절이나 특별한 날에는 붉은 색이 들어가는 음식을 만들어 신에게 바치고, 나누어 먹으면서 건강과 평안을 기원하였다. 작은설인 동짓날에, 이러한 의미를 지닌 팥죽을 쑤어 성주신을 비롯한 가신들에게 바치고, 대문과 문 둘레에 뿌린 뒤에 나눠 먹는다. 이것은 잡귀·잡신이 가까이 오지 못하도록 막고, 건강과 평안을 기원하는 의미를 담고 있다.

이스라엘 민족은 유월절에 양의 피를 문설주와 상인방에 바른다. 이것은 사람과 집짐승의 처음 난 것을 죽이러 다니는 천사에게 이스라엘 사람의 집임을 알려 재앙을 면하려고 하는 데서 시작된 것이다. 한국인이 동짓날 대문에 팥죽을 바르는 것은 잡귀·잡신이 들어오는 것을 막기 위한 것이다. 두 가지 풍습은 재앙을 막기 위한 것이라는 점에서 일치한다. 그런데 이스라엘 민족의 풍습은 성경에 기록됨으로써 종교적 의미를 지니게 되었다. 반면 동지 팥죽은 민속으로 전해 오다가 현대에는 그 의의가 약화되어 소멸의 위기를 맞고 있다.

「실로암」과 '주여 당신께'

얼마 전 주일예배 시간에 담임목사님께서 '하나님의 영광을 드러내는 인생'이란 제목의 설교를 하셨다. 예수님이 실로암에서 날 때부터 앞 못 보는 장님을 고쳐주신 기사이적(요 9:1~11)을 바탕으로 하신 설교 말씀으로, 아주 은혜로웠다. 그 뒤에 함께 부른 복음성가 「실로암」은 설교 말씀과 연관되어 큰 감동을 느끼게 하였으므로 힘차게 불렀다. 그런데 옥에도 티가 있듯이 가사 중에 '주여 당신께'라는 표현이 마음에 걸렸다.

실로암은 예루살렘에 있는, '보냄을 받았다'라는 뜻을 지닌 연못으로, 예수님께서 장님의 눈에 침으로 갠 진흙을 발라준 뒤에 실로암 물에 씻게 하여 눈을 뜨게 한 곳이다. 이로써 실로암은 장님이 눈을 뜨게 한 기적의 연못, 어두움을 밝힐 빛을 비쳐주는 신성한 연못을 상징하는 말이 되었다.

「실로암」은 1981년에 신상근 목사가 작사·작곡한 복음성가이다. 이 곡은 신 목사가 젊은 시절에 고난과 좌절을 겪다가 주님의 은혜로 삶의 희망을 찾고, 그 은혜에 대한 벅찬 감동을 표현한 곡이다. 이 곡은 사람들에게 장님이 눈을 뜨게 한 실로암처럼 희망과 용기를 갖게 해준 은혜로운 찬양이다. 40여 년 동안 많은 사람들의 사랑을 받으며 불려 왔다. 나는 아주 오래 전에 아코디언을 가르쳐 주시던 장로님이 악보를 주셔서 처음 알게 되었다. 가사도 곡도 마음에 들어 열심히 부르며 익힌 곡이다.

이런 곡을 은혜로운 설교 말씀에 이어서 부르니 가슴에 큰 울림이 왔다. 그래서 높은 음이 잘 나오지 않지만, 목청을 돋우어 큰 소리로 불렀다. 그런데 이 곡의 클라이맥스라고 할 수 있는 후렴 부분의 "오 주여 당신께 감사하리라. 실로암 내게 주심을"이라는 대목에서는 크게 부를 수 없었다. '오 주여 당신께'란 표현은 현대인의 언어감각에 맞지 않을 뿐더러 바른 표현이라고 할 수 없기 때문이다. 전에 아코디언으로 연주할 때의 느낌도 되살아났다. 주님께 무례한 표현이라고 생각하는 이유는 무엇인가.

'주여'에서 '-여'는 호격조사이다. 호격조사는 고유명사나 인칭대명사가 누구를 부를 때 쓰일 수 있도록 해 주는 조사로, '아/야'가 있다. '아'는 자음 뒤에, '야'는 모음 뒤에 쓰인다. 호격조사는 대개의 경우 친구 사이에서나 아랫사람에게 사용할 수 있다. '아/야'의 존대형으로 '여/이여' 및 '이시여'가 쓰이기도 한다. 그러나 일상대화에서는 잘 쓰이지 않고, 기도문이나 시적 표현 등에서 쓰인다(국립국어원, 한국어 문법1, 432쪽 참조). 이렇게 볼 때 '주여'라는 표현은 문법적으로 틀린 것은 아니다. 그러나 일상의 언어로는 어색한 표현이다. 자기의 아버지나 어머니를 부를 때 '아버지여', 또는

'어머니여'라고 부르지 않은 것과 같다. 여기서는 '-여'라고 하는 호격 조사를 써서 '주여' 하는 것보다는 '주님'이라고 하는 것이 더 좋을 것 같다.

'당신'이란 말은 2인칭대명사로 쓰일 때와 3인칭 재귀대명사로 쓰일 때에 상대방을 높이는 정도에 차이가 있다(국립국어원, 한국어문법1, 380쪽 참조). "당신은 누구십니까?"라고 할 때에는 조금 높이는 뜻이 있다. "당신 요즘 피곤하시죠?"라고 할 경우에는 부부 사이에 상대방을 높여 부르는 뜻이 있다. "당신이 뭔데 남의 일에 참견하는 거야"는 상대방과 싸우면서 상대방을 낮추어 말할 때 쓴다. '당신'을 3인칭 재귀대명사로 쓸 때에는 아주 높이는 뜻이 있다. 재귀대명사란 체언을 도로 나타내는 삼인칭 대명사로, '저'·'자기'·'당신' 따위가 있다. "할아버지께서는 생전에 당신의 책을 소중히 다루셨다."라고 할 때에는 할아버지를 아주 높여 이르는 말이다.

'주, 주님'은 하나님 또는 예수님을 가리키는 말이다. 『실로암』에서는 가장 높여야 할 분을 '주여' 하고 부르고, 이어서 '당신'이라고 하였다. 이 경우에 '당신'은 3인칭이 아닌 2인칭 대명사가 된다. 이때의 '당신'은 아주 높이는 뜻이 아니라 낮추거나 조금 높이는 표현이다. 따라서 '주여 당신께'는 아주 높여야 할 주님에 대한 표현으로 적합하지 않다. '주님 주님께'라고 하면 좋을 것이다.

전해 오는 말 중에 '아는 게 병, 모르는 게 약'이라는 말이 있다. 국어에 대한 지식이 전혀 없어 몰랐더라면 '주여 당신께'란 표현이 마음에 걸리지 않았을 것이다. 감동적인 찬송을 부르면서도 적절하지 않은 표현이 마음에 걸리는 것은 어법에 관해 조금 아는 게 병이 된 탓이리라. 많은 사람들이 '주여 당신께'란 구절을 아무 저항감 없이 부르고, 널리 퍼지는 것은 적절하지 않다. 작사자는 유의하여 가사를 쓰는 신중함을 보여야 한다. 그리고 그 곡을 부르는 사람은 잘못된 부분을 고쳐서 부르는 기본 지식을 가졌으면 좋겠다.

합심 기도

내 연구실에는 한자로 '斷金如蘭(단금여란)'이라고 쓴 작은 액자가 걸려 있다. 은사이신 구용 김영탁 교수님께서 써 주신 휘호이다. 『주역』 『계사전』에 나오는 "二人同心其利斷金 同心之言其臭如蘭(이인동심기리단금 동심지언기취여란)에서 따온 말이다. '두 사람이 마음을 같이 하면 그 날카로움이 쇠도 끊고, 마음을 같이 하여 하는 말은 그 향기가 난초와 같다'는 뜻이다.

이와 같은 뜻을 지닌 말이 성경에도 있다. "땅에서 너희 가운데 두 사람이 합심하여 무슨 일이든지 구하면, 하늘에 계신 내 아버지께서 그들에게 이루어 주실 것이다"(마태복음 18:19). 가족이나 어느 집단의 구성원이 합심·협력하여 기도하면, 다 이루어질 것이라고 한다. 합심·협력의 중요성을 『주역』보다 더 구체적이고 적극적인 표현으로 일깨워 준다.

우리 교회 여자 권사님이 『장위교회 50년사』에 쓴 글을 읽고 감명을 받았다. 그는 혼인하여 시부모님과 시누이, 시동생과 함께 잘 살았다. 그런데 몸이 아프기 시작하여 여러 병원을 다니며 유명한 의사의 진료를 받고, 좋다는 약과 식품을 다 먹었지만 효험이 없었다. 어느 날 아침에는 피를 토하기까지 하였다. 그래서 서울대학병원의 간 전문의에게 오랫동안 진료를 받았으나, 역시 효험이 없었다. 그런데 얼마 뒤에는 담당 의사가 약도 주지 않고, 공기 좋은 곳에 가서 좀 쉬라고 했다.

그는 '이제 내 병은 고칠 수 없구나!' 하는 생각에 눈앞이 아득하고, 하늘이 무너지는 듯하였다. 그래서 병원 앞에서 통곡하니 많은 사람들이 의아해 하였다. 그는 절망적인 마음을 간신히 추스른 뒤에 큰 교회 전도사로 일하고 있는 언니에게 전화를 하였다. 언니는 위로의 말을 한 뒤에 가까운 교회에 나가 새벽기도를 하라고 하였다. 그는 교회에 다니지 않았으므로 언니의 말이 생경하였다. 그러나 지푸라기라도 잡아야 한다는 생각에서 이튿날 새벽부터 집에서 가까운 교회에 가서 새벽기도를 드렸다. 기도를 할 줄 몰라 "하나님, 제 병을 낫게 해 주세요"라는 말로만 간절히 기도하였다. 주일 낮에는 언니가 섬기는 교회에 가서 예배를 드렸다.

얼마 후에 온몸에 멍이 생겼다. 그날로 병원에 가서 검사를 하니, 간수치가 1,000이 넘는다고 하면서 바로 입원하라고 하였다. 그 날이 12월 31일이었는데, 입원하려고 하니 병실이 없을 뿐더러 1월 3일까지 공휴일이라서 1월 4일에 입원하기로 하고 집으로 왔다. 그날 밤 꿈에 한 노인이 그의 몸에 나쁜 못이 많이 있다고 하면서 다 뽑아주었다. 밤중에 언니한테 전화를 하였더니, 언니가 말했다. "너를 위하여 우리 교회 형제자매 여러분이 기간을 작정하고 철야기도를 하였는데, 오늘이 마지막 날이야. 이제 너는 다 나았다!"

1월 4일에 다시 서울대학병원에 입원하고 검사하였다. 의사 선생님은 검사 결과를 보시고, 그동안 무슨 일을 하였느냐면서 퇴원하라고 하였다. 그 말에 놀라 항의하면서 이 병원에서 할 수 있는 검사와 치료를 다 해 달라고 졸랐다. 그래서 1주일 동안 다시 모든 검사를 받은 뒤에 병이 다 나았다는 판정을 받았다. 그는 너무도 기뻐 눈물을 흘리며 기도를 들어주신 하나님의 은혜에 깊이 감사하였다. 그리고 날아갈 듯이 가벼운 마음으로 집에 돌아왔다.

그 뒤로 그는 새벽기도회는 물론 모든 예배에 빠지지 않고 참석하였고, 여러 교회의 부흥회에도 다니면서 은혜를 받았다. 그가 교회에 나가는 것을 못마땅해 하시던 시부모님이 교회 출석을 허락하심과 동시에 분가하라고 하셨다. 얼마 후에 그의 기도가 이루어져 남편도 복음을 받아들였다. 합심 기도의 위력을 안 그는 집안에 어려운 일이 있을 때마다 온 가족이 합심하여 기도함으로써 어려움을 타개하며 살아왔다고 한다.

며칠 전에 3개월간 병원에 입원하여 척추 수술을 받고 퇴원한 남자 권사님과 식사를 하면서 이야기를 하였다. 수술하기 전 집도할 의사는 그 수술의 성공 확률이 그리 높지 않을 것이라고 하였다. 결과가 좋으면 휠체어를 타고 움직일 수 있을 것이라는 말도 하였다. 그의 수술을 전후하여 그의 부인 권사님과 두 아들 목사님은 물론, 전 교인이 합심하여 수술의 성공을 위해 기도하였다.

그 결과 지팡이를 짚고 걸어서 교회에 출석할 수 있게 되었다. 집도 의사는 기적과 같은 일이라고 놀라며 어찌된 일인지 모르겠다고 하더란다. 이것은 많은 사람들이 합심하여 기도한 결과라 생각하고 감사한다. 그가 지팡이를 던져버릴 날이 속히 오기를 기도한다.

목사 아들을 둔 부모

우리 교회에는 목사 아들을 둔 가정이 여럿 있다. 그 중 내가 가끔씩 만나 대화하는 가정은 장로·권사 부부, 둘은 권사 부부 가정이다. 이 중 한 가정은 아들 둘이 다 목사가 되었고, 다른 두 가정은 한 아들만 목사가 되었다. 이들의 아들들이 목사가 되기 전과 후의 마음을 이들이 『장위교회 50년사』에 쓴 글과 나와 대화하며 나눈 내용을 바탕으로 살펴본다.

이들은 처음에 아들이 목사 되는 것을 바라지 않았다. 목사는 경제적으로 어려움을 겪는 경우가 있고, 교인들에게 절제와 모범을 보이는 신앙인으로 고난의 길을 걸어야 한다. 그래서 아들이 평신도로 신앙생활 잘 하면서 살기를 바랐다. 따라서 아들들에게 목사가 되라는 말은 하지 않았다.

아들들은 부모의 권유가 없었지만, 부모의 신앙생활에서 보고 배운 것이 목사가 될 결심을 하는 바탕이 되었다. 아들 둘이 목사가 된 안 권사님은 아들들이 초등학교, 중학교에 다닐 때까지 주일에는 무슨 일이 있어도 교회에 나가 예배드리게 하였다. 김 장로

님은 교회의 잡다한 일을 도맡아 하고, 증·개축 공사를 할 때에는 뒤처리를 마다하지 않았다. 어머니는 여선교회 회장으로 교회 안의 일은 물론, 교회 밖에 나가 봉사하는 일도 열심히 하였다.

A목사는 청년 시절에 지하 교육관에서 여러 분이 늘 기도하는 모습을 보았다. 매일 저녁에 와서 기도하다가 난로 옆에서 자고, 새벽기도를 드린 뒤에 귀가하는 권사님들도 보았다. 그는 금요기도회의 모습도 잊을 수 없다고 하였다. 무릎을 꿇고 조용히 기도하는 분이 있는가 하면, 큰 소리로 부르짖어 기도하는 분이 있었다. 혼자 흐느끼다 일어서는 분, 한 시간 내내 찬양을 하는 분, 기도하고 성경을 읽는 분도 있었다. 이런 모습들은 그에게 큰 감동을 주었다.

B목사는 고등학교 학생 때 학생부 예배에 빠짐없이 참석하면서 교사들의 따뜻한 사랑을 받았다. 학생부 담당 교육목사는 학생들에게 제자훈련을 시켰다. 1년 넘게 매 주일 저녁 예배 후 교육관에서 밤 12시가 되도록 말씀을 가르치고 훈련하였다. 그 때 예수님

을 인격적으로 만났고, 앞으로 살아야 할 길을 찾았다고 한다.

이들의 아들들이 부모님의 적극적인 권유가 없었는데도 목사가 되겠다고 결심한 것은 무엇 때문일까? 먼저 하나님의 선택이 있었기 때문이다. 그 다음은 어려서부터 부모님의 믿음 생활을 보면서 받은 교훈, 그리고 담임목사님의 기도와 훈련이 있었기 때문이다. 그래서 고등학교를 졸업한 뒤에 바로 신학대학에 진학하기도 하고, 일반대학을 다니다가 또는 졸업한 뒤에 신학대학에 가서 공부하고 목사가 되었다.

김 권사님 부부는 아들이 교회를 개척할 때 아들 내외가 거의 노숙자와 같은 생활을 하는 모습을 보고 마음이 아팠다고 한다. 건축기금에 보태기 위해 며느리가 상품 외판원 노릇을 하는 것도 알았다. 교회를 건축할 때에는 아들이 벽돌을 쌓고, 며느리가 리어카에 벽돌을 나르며 고생하는 모습도 보았다.

김 장로님 부부는 아들 목사가 산골교회에 부임하여 산에서 낙석이 굴러 내릴 것 같은 길, 홍수로 패여 무너져 내릴 것 같은 길을 하루에도 몇 번씩 왕래하는 아들 걱정이 떠나지 않았다. 장마철에는 사택의 축대가 무너질까 염려되어 깊은 잠을 이루지 못하기도 하였다. 아침과 저녁으로 연탄을 가는 아들 목사의 모습, 서재에 들어온 뱀을 잡지 못해 그대로 밤을 새운 며느리의 모습이 어른거려 괴로운 시절도 있었다.

목사 부모는 아들이 개척교회에서 고생하는 것을 보고 마음 아파하면서도 도와줄 수 있는 일이 아무것도 없는 것이 한스러웠다.

그래서 밤낮으로 하나님께 매달려 울부짖으며 기도하였다. 이러한 기도의 응답을 받아 아들들의 고난은 시나브로 해소되었다. 이들 중 한 목사는 경기도에서 목회에 가장 성공한 목사가 되었다. 젊은 세 목사 중 한 분은 자립교회를 담임하였고, 두 분은 교인이 늘어가고 있어 전과 같이 고생은 하지 않게 되었다.

이들은 아들 목사가 초심을 잃지 않고 하나님 중심의 선한 목자가 되기를 기도한다. 물질과 명예가 믿음보다 앞서는 세태에 흔들리지 않고, 하나님 앞에서나 자기 자신에게 부끄럽지 않은 목회자가 되기를 간절히 기도한다. 이제 이들은 아들이 목사가 된 것을 가장 잘된 일이라며 자랑스럽게 여기고 감사하며 살고 있다. 나는 이분들이 부럽고 존경스럽다.

교도소까지 전해진 <은혜의 샘물>

그동안 학술지, 신문, 잡지 등에 많은 글을 실었다. 그때마다 그 글에 대한 반응이 나타났다. 학술지에 실린 글은 전공분야가 같은 분들의 반응이었고, 신문이나 잡지에 실린 글은 일반 교양인이나 지인들의 반응이었다. 그 반응은 아주 다양하였다.

한국의 고소설이나 민속, 신화·전설·민담에 관한 글일 경우에 는 한국문화의 전통이나 가치관, 지혜에 관한 느낌을 말해 주었 다. 교육에 관한 글일 때에는 교사들이 느낌을 말해 주었다. 기독 교 신앙에 관한 글일 경우에는 기독교 교우들이 자기의 신앙 체험 과 주님의 은혜에 관한 반응을 보여 주었다. 이러한 반응은 다른 글을 쓰는 데에 많은 도움이 되었다.

요즈음에는 『기독교연합신문』 <은혜의 샘물> 코너에 실리는 내 글에 대한 반응을 보았다. 이 글에 대한 반응은 '감동을 받았 다', '주님의 은혜에 감사한다', '깨달음을 얻었다' 등으로 다양하였 다. 이것들은 모두 지인들이 대면이나 전화, 또는 카톡이나 문자 메시지로 보인 반응이다. 그런데 며칠 전에 의외의 인물로부터 반응이 왔다.

지난 1월 첫째 주일에 일찍 교회에 가니, 모르는 사람한테 온 편지가 주보함에 꽂혀 있었다. 보낸 사람의 주소를 보니, '경북 포항시 흥해우체국 사서함'이라 쓰여 있고, 발신인은 모르는 사람이었다. 수신인은 '장위교회 최운식 장로님께'라고 쓰여 있는 것으로 보아 나에게 온 우편물인 것은 틀림이 없었다. 궁금한 마음에 바로 뜯어서 사연을 읽었다.

첫 구절은 '하나님의 사랑을 전하시기에 여념이 없으실 장로님께 이렇게 번거로운 서신을 드리게 되어 정말 부끄럽고 죄송한 마음입니다'로 되어 있었다. 이어서 자기 소개를 하고, 용건을 적었다. 현재 경북 포항시에 있는 포항교도소에 수감 중인 사람이라면서 나이와 수인번호와 이름을 적었다. 60대 중반인 그는 노안으로 인해 신문과 책을 보는 등 일상생활에 불편함이 많아 안경이 절실하게 필요하다. 그런데 가족과 지인이 없어서 경제적으로 힘든 처지라고 하였다. 그러니 안경을 구입할 돈 7만 원을 보내달라고 하면서 교도소에서 사용하는 은행 계좌번호를 적었다.

그는 우연히 『기독교연합신문』을 보다가 〈은혜의 샘물〉 코너에 실린 '목사 아들을 둔 부모'란 제목의 내 글을 읽었다고 한다. 그는 내가 나가는 장위교회가 자기가 사는 곳 근처에 있다는 말도 하였다. 이로 보아 그는 서울의 북부 지역에 사는 사람인 것 같다. 그래서 내가 다니는 교회 이름에 친근감을 느꼈던 것 같다.

나는 이 편지를 읽으며 『기독교연합신문』이 교도소에 들어간다

는 것을 알았고, 들어간 신문을 수인들이 찬찬히 읽는다는 것에 적이 놀랐다. 그가 이 글을 읽고 도움을 청할 대상으로 나를 고른 것은 맞다. 그러나 그는 부족한 내 글을 읽고 '반가운 마음과 함께 공손한 마음이 들었다'고 하였다. 이로 보아 목사 아들을 둔 부모와 목사가 된 아들의 마음과 신앙심이 그의 마음에 전달되었음을 짐작할 수 있겠다.

그의 편지는 문장이 바르고, 표현이 적절하였다. 한글 맞춤법과 띄어쓰기도 비교적 잘 하였다. 글씨는 달필은 아니었지만, 읽기에 불편함이 없었다. 그리고 도움을 청하는 말의 앞과 뒤에 인사치레를 잘 하였다. 이로 보아 학력과 교양 수준이 높은 사람인 것 같다. 이런 사람이 무슨 일로 교도소 생활을 하게 되었는지 알 수 없다. 편지의 내용으로 보아 그는 예수를 믿는 기독교인 것 같지는 않다. 그러나 기독교에 관해 열린 마음을 갖고 있는 것은 알 수 있었다.

나는 그가 적어 보낸 계좌번호로 돈을 보내며 간절히 기도하였다. "하나님, 그가 이 돈으로 안경을 맞춰 쓰고 밝아진 눈으로 신앙에 관한 글과 성경을 읽게 해 주십시오. 그리고 예수님의 사랑과 가르침을 받아들여 신앙생활을 하게 해 주십시오." 나는 이 기도가 이루어 질 것이라 믿는다.

기독교 신앙에 관한 글은 많을수록 좋다. 그러나 정제되지 않은 글이나 신앙을 강요하는 느낌의 글은 읽기를 회피하는 핑계를 만들어준다. 읽는 사람의 마음을 움직일 수 있는 좋은 글은 많이 써서 널리 보급해야 한다. 이런 글은 설교 못지않게 마음을 움직이는 힘을 발휘할 것이다.

고향 친구의 소천

이른 아침에 고향친구 P가 하나님의 부르심을 받았다는 소식을 들었다. 성경 「전도서」에는 "세상에서 일어나는 일에는 다 때가 있다. 태어날 때가 있고, 죽을 때가 있다."라고 하였다. 이 말씀을 생각하면, 그는 때가 되어 하나님의 부르심을 받은 것이다. 힘들고 고통스런 세상을 떠나 주님 곁으로 갔으니, 잘된 일이라 할 수도 있다. 그러나 노년에 우정을 나누며 지내던 그가 이 세상에서 다시는 만날 수 없는 사람이 되었다는 사실이 너무나 안타깝고, 허망하고, 슬프기 짝이 없다. 나약한 인간이기에 어쩔 수 없이 느끼는 정인가 보다.

그는 세상을 떠나기 하루 전날 저녁에 내게 전화를 걸어 이틀 앞둔 탁구 모임을 며칠 연기하자고 하였다. 그래서 일주일 후에 만나자고 다시 약속하였다. 그런데 그 이튿날 새벽에 세상을 아주 떠났다니, 이렇게 허망한 일이 어디 또 있단 말인가. 도무지 믿어지지 않아 그의 전화번호로 전화를 걸었다. 전화를 받은 그의 아들이 말했다. "어제 밤 9시경에 친구와 전화통화를 하셨고, 10시

조금 지난 뒤에는 코를 골며 주무셨어요. 그런데 아침 6시경에 기척이 없어 방문을 열어보니, 다른 때와 다른 것 같아 119로 전화를 걸었어요." 조금 있다가 119 구급대원이 와서 보고, 운명하셨다면서 경찰에 연락하라고 하더란다. 그래서 경찰이 와서 조사를 한 뒤에 병원 장례식장으로 모셨다고 하였다.

그는 어렸을 때부터 교회에 열심히 다닌 친구였다. 초등학교 시절 그와 나는 키가 작았으므로 운동장에 나가 줄을 설 때에는 앞과 뒤나 옆에 섰고, 교실에서는 옆자리에 앉았다. 그래서 다른 학우보다는 가깝게 지냈다. 그는 청년 시절에 월남전에 참전하였다. 제대한 뒤에는 건설기술자로 오랜 동안 중동에 나가 있었으므로 자주 만나지 못하였다. 그러다가 나이 들어 초등학교 동창 모임이 활성화되면서부터 자주 만났다.

몇 년 전부터는 그와 나는 동창회 모임과는 별도로 몇몇이 동아리지어 등산을 한 뒤에 온천을 하곤 하였다. 또 2~3주에 한 번씩 만나 탁구를 치고 맛집을 찾아다녔다. 그는 암 수술을 받고 투병하기도 하였는데, 사람이 죽고 사는 것이 하나님의 뜻이라면서, 죽으면 하나님 곁으로 갈 터이니 좋다고 하면서 고통을 이겨냈다. 그는 착하고 성실하며, 믿음이 좋은 사람이다. 상대방을 배려할 줄 알고, 남에게 싫은 말은 좀처럼 하지 않는다. 친구를 살뜰히 챙기는 성품인데, 나에게는 유난히 잔정을 베풀었다. 매일 아침 좋은 글이나 영상을 카톡으로 보내주었다. 하루라도 빠지는 날에는 전화를 하여 안부를 묻곤 하였다.

나는 그와의 영별이 부인할 수 없는 현실이 된 것을 받아들이기로 하고, 내가 할일을 생각하였다. 먼저 눈물을 훔치며 부고 문안을 작성하여 초등학교 동창들에게 메시지로 보냈다. 그리고 화원을 운영하는 제자 L에게 전화를 걸어 조화를 보내달라고 하였다. 조화에 걸 리본에는 "친구야, 주님 곁에서 편안히 쉬어라!"라고 써 달라고 하였다.

그 다음날 12시에 그와 자주 만나던 초등학교 동창 6명이 백석역에서 만나 일산병원장례식장의 빈소로 갔다. 꽃으로 장식한 사진 액자 안에서 그가 다정한 미소를 보내고 있다. 그의 영전에 하얀 국화꽃을 드리고, 그의 영혼이 주님 곁에서 편히 쉬게 해 달라고 간절히 기도하였다. 그리고 그와 나누던 "육신이 무너지면 하나님께서 지으신 영원한 집에서 거하게 될 것"(고후 5:1)이라는 말씀을 상기하였다. 조문을 마친 뒤에는 친구들과 접객실에 앉아 그와 관련된 에피소드를 주고받았다. 이제 수시로 전화하여 안부를 묻던 그의 목소리를 들을 수 없겠다. 가끔씩 만나서 탁구를 할 사람도 없어졌다. 매일 카톡을 보내주던 이가 멀리 가버렸다. 산길을 걷고 북한산온천에 가자고 하던 사람도 멀리 떠났구나. 이런 생각하니, 마음 한 구석이 텅 빈 듯 허전하고, 가슴이 아파왔다.

어제까지 온전한 정신으로 친구들과 대화하고 게임도 하던 그는 자다가 하나님의 부르심을 받아 우리 곁을 영원히 떠났다. 이 세상의 희로애락도, 고엽제 후유증으로 암수술을 두 번씩이나 받던 고통도 내려놓고 주님 곁으로 갔다. 그의 유해는 국립대전현충

원 국가유공자 묘역에 남아 있을 것이다. 그의 영혼은 주님 곁으로 가서 영원한 안식 취하기를 간절히 기도한다.

성경 「잠언」의 말씀대로 인생은 덧없는 나그네 길이다. 나그네 길에는 힘들고 어려운 일도 있고, 즐겁고 기쁜 일도 있다. 이제 얼마 남지 않은 나의 나그네 길에 어떤 일이 있을지 모른다. 그러나 주님의 뜻을 따르면서 하루하루 충실하게 살면 큰일은 없을 것이라 생각한다. 나그네 길이 끝나는 날, 남은 사람에게 불편을 끼치지 않고, 열차에서 내리는 것처럼 사뿐히 주님 곁으로 갔으면 좋겠다. 그가 자는 동안에 하나님의 부름을 받는 복을 받았듯이 나도 그런 복을 받았으면 좋겠다.

어느 스님의 분노

오래 전에 서울에 사는 중학교 동창들과 충남 예산 수덕사를 방문하였을 때의 일이다. 경내의 요사 앞을 지나면서 보니, 머리를 깎고 승복을 입은 서양 청년 몇 명이 마루에 앉아 책을 읽고 있었다. 우리 일행 앞에 가던 여성 탐방객 몇 명이 이들에게 접근하여 말을 걸었다. 잠시 뒤에 나이 좀 들어 보이는 스님 한 분이 여성 탐방객들에게 크게 화를 내며 호통하였다. 여성들은 열적은 듯 킥킥거리며 빠른 걸음으로 그 자리를 피했다, 스님은 화를 삭이지 못해 숨을 몰아쉬며 서 있었다.

우리 일행 중에 불교 신자로, 그 스님과 친밀하게 지내는 친구가 있었다. 그가 수덕사 주지인 그 스님에게 다가가 인사를 하자, 스님은 화를 가라앉히고 그를 맞이하였다. 그가 스님에게 우리 일행을 소개하니, 스님은 차를 대접하겠다고 하였다. 차를 마시면서 그가 스님에게 조금 전에 화를 낸 이유를 물었다.

스님은 앞서 간 여성 탐방객들이 한국불교를 공부하기 위해 온 서양 청년들에게 "왜 멀고 먼 한국까지 와서 '우상'을 공부하느냐?"

라고 조롱의 말을 하였다. 그리고 이어서 "예수를 믿고 구원받아라."라고 하더란다. 그는 이 말을 듣고 몹시 화가 났다고 하였다. 그는 이어서 "우리 중들은 각 가정을 방문하여 시주를 청할 때에 교회 다니는 집이라는 패찰이 붙어 있으면 두말없이 돌아서곤 합니다. 그런데 기독교인들은 사찰 경내에 와서 이런 행동을 하니, 무례하기 짝이 없지 않습니까!"라고 하였다. 나는 그대로 앉아 있을 수가 없어 기독교인인 내가 대신 사과한다면서 화를 풀라고 하였다.

전도는 모든 종교의 기본 강령이다. 그러므로 전도하지 않는 종교는 살아 있는 종교가 아닐 것이다. 그러나 전도할 때에는 지켜야 할 일이 있다. 상대의 종교를 인정하고, 때와 장소와 대상을 가려서 해야 한다. 이를 지키지 않으면 전도의 효과를 거두지 못함은 물론, 반감만 불러일으키게 될 것이다. 우리 앞에 간 여성들은 사찰 경내에 들어와서, 불교를 연구하며 수도하는 외국 청년들에게 불교를 폄하하고 조롱하였다. 그러고서 예수를 믿으라고 하였다. 그것은 종교인의 도리를 벗어난 것으로, 전도의 효과를 기대하기도 어려울 뿐만 아니라, 기독교를 욕되게 하는 행위라 하겠다.

인간은 아주 먼 옛날부터 나약한 존재임을 알고, 초월적인 존재에게 의지하며 살아왔다. 그러는 동안에 각 민족은 자연발생적으로 민간신앙을 형성하여 전승해 왔다. 그 위에 성인이 창시한 고등종교가 나타나 포교하며 세력을 확장하여 지금에 이르렀다. 그래서 사람들은 각기 다른 문화와 종교적 환경에 따라 자기에게 맞는 신앙을 갖게 되었다. 어떤 신앙을 가질 것인가는 개인 또는 그 집단 구성원의 자유이다. 그러므로 다른 사람에게 선교할 때에는 상대방이 믿는 종교를 무시하지 말고 인정하면서 대화하여야 한다. 그래야 상대방이 생각을 바꾸고, 그에 따라 마음이 움직여서 바른 신앙을 갖도록 유도할 수 있다. 이를 지키지 않을 때에는 저항감을 불러일으켜 전도의 효과를 기대할 수 없게 된다.

효과적인 전도에 관해 생각하다 보니, 대학생 시절에 '기독교문학' 강의를 들을 때의 일이 생각난다. 당시에 유명한 목사이기도 한 담당 교수는 강의 첫 시간에 칠판에 '종교란 무엇인가?'라고 쓰고, 종교의 본질을 설명하였다. 그리고 기독교·불교·이슬람교의 교리를 간단히 설명하고, 기독교가 다른 종교와 구별되는 특성과 장점을 설명하였다. 그는 기독교의 장점을 강조하면서 가벼운 말투로 '모두 나와 함께 예수 믿고, 구원 받자'라고 하였다.

이것은 분명히 기독교를 선교하는 말이었다. 그런데도 기독교 신자가 아닌 학생도 저항감을 갖지 않았고, 한 학기 동안 기독교 편향의 강의 운영으로 불편하게 하지 않을까 하는 의구심을 떨쳐 버리게 해 주었다. 그 결과 기독교에 부정적인 생각을 가졌던 학생도 기독교를 이해하고 친근감을 갖게 해 주었다. 이런 태도가 전도의 기본자세가 아닐까 생각한다.

기독교인은 다른 종교를 가진 사람과 더불어 살 수 없을까? 유일신 신앙을 가진 기독교인은 다른 종교를 가진 사람을 '우상을 숭배하는 어리석은 인간'으로 보기 쉽다. 그러나 세상에는 많은 신도를 가진 이슬람교와 불교도 존재한다. 그리고 자기 민족 고유의 신앙을 가지고 사는 사람도 있다. 우리는 이들을 선교의 대상으로 삼고 전도하되, 상대를 인정하고 존중하며 상생하는 정신을 갖고 전도하여 생각을 바꾸게 해야 한다. 그렇지 않으면 전도의 효과는 거둘 수 없을 것이다.

지인 중에 젊어서부터 독실한 신앙을 지켜온 기독교인이 있다. 그가 일찍이 신심이 깊은 불교 신자와 사랑에 빠졌다. 그는 상대의 종교를 존중하며 살기로 약속하고 혼인을 하였다. 두 사람은 당초의 약속대로 서로의 신앙을 존중하며 잘 살고 있다. 교회나 절에 함께 가야할 경우에는 동행하여 배우자가 예배드리거나 불공드리는 동안 밖에서 기다렸다가 함께 돌아오곤 한다고 한다. 두 사람은 배우자를 전도하여 자기와 같은 종교로 개종하게 하는 데에는 실패하였지만, 서로 화합하여 잘 살고 있다.

요즈음에는 성탄절에 불교 대표가 성탄축하 메시지를 보내고, 부처님 오신 날에는 기독교 대표가 축하 메시지를 발표한다. 이것은 한국의 양대 종교인 기독교와 불교가 상생하는 모습을 보이는 것이어서 바람직한 일이다. 전도할 때에도 다른 종교를 가진 사람을 존중하고 상생하는 마음을 가지고 전도하여 상대방의 신앙을 바꾸게 하였으면 좋겠다. 그러면 절에 가서 예수 믿으라고 하다가 망신을 당하는 기독교인도, 이런 일로 화를 내는 스님도 없게 될 것이다.

성모 마리아의 집

튀르키예 에게해 해안에 인구 약 2만 5천 명이 사는 도시 셀축이 있다. 셀축에서 약 3km 떨어진 곳에는 기독교인들이 많이 찾는 에페스(에베소) 유적지가 있다. 셀축에서 약 11km, 에페스에서 약 7km 떨어진 뷜뷜산에 예수님의 어머니 마리아가 세상을 떠날 때까지 사셨다는 '성모 마리아의 집'이 있다. 나는 2009년 11월에 아내와 함께 에페스 유적지를 탐방한 뒤에 현지인이 운전하는 승용차를 타고 이곳을 찾았다.

예수님은 돌아가시기 전에 제자 요한에게 어머니를 부탁하셨다 (요한복음19:26~27). 요한은 그 때부터 마리아를 지성으로 모셨다고 한다. 예수님이 승천하신 뒤에 예루살렘에서는 기독교인에 대한 박해가 아주 심하였다. 그 때 요한은 마리아를 모시고 수리디아 안디옥(튀르키예 안타키아)을 거쳐 에페스로 갔다. 요한은 밧모섬에 유배를 간 기간을 빼고는 줄곧 에페스에서 살다가 죽었다. 성모 마리아에 대한 기록은 성경에는 없고, 에페스 3차 종교회의록에 '요한이 성모 마리아께 산 위에 집 한 채를 지어 드렸다는 기록이 있을 뿐이다.

독일의 수녀 캐더린 에머리히(1774~1824)는 병상에서 마리아의 환상을 보고, 꿈속에서 마리아가 살던 집을 보았다고 하였다. 독일의 브렌타노는『성모 마리아의 생애』라는 책에 캐더린 수녀의 말을 상세히 적었다. 이를 근거로 이곳을 조사해 보니, 캐더린 수녀의 말과 거의 일치하였다고 한다. 캐더린 수녀는 태어나서 한 번도 독일을 떠난 적이 없었다고 하니, 정말 놀라운 일이 아닐 수 없다.

1896년 교황 레오 13세와 1961년 교황 요한 23세는 예루살렘에 있는 성모 마리아의 집에 대한 논의를 종식시키고, 이 집터를 성지(聖地)로 선포하였다. 1967년 7월 26일 교황 바오로 6세가 이곳을 방문하였고, 1979년 11월 30일에는 교황 요한 바오로 2세가 방문하였다. 2006년 11월 29일 교황 베네딕토 16세는 이곳을 방문하여 미사를 집전하였다. 그래서 이곳은 성지로서의 정통성이 확인되었다.

마리아의 집으로 올라가는 꼬불꼬불한 찻길 양편에는 올리브나무와 무화과나무가 빽빽이 서 있다. 길가 언덕에 성모 마리아의 동상이 에페스 유적지를 내려다보고 서 있다. 언덕길을 올라 마리아의 집 입구에 서서 보니, 올리브나무와 키 큰 소나무들이 늘어서 있다. 기념품 가게를 지나 조금 더 걸어가니, 커다란 웅덩이가 있다. 옛날 세례를 행하던 곳이라고 한다. 깊이가 1.5m쯤 되어 보이는 이 웅덩이는 꽤 넓어서 한꺼번에 50여 명이 들어갈 수 있을 것 같았다.

마리아의 집

교회는 그리 크지 않고 아담하였다. 안으로 들어가 보니, 정면 강대상 뒤에 성모 마리아의 그림이 걸려 있다. 은은한 불빛이 비치는 교회 안은 엄숙하고 경건함을 느끼게 하였다. 교회 아래로 내려오니, 성수(聖水)로 알려진 샘이 있다. 그 옆에는 촛불을 켜놓고 소원을 비는 탁자도 있고, 소원을 적은 쪽지를 걸어놓는 '소원의 벽'도 있다.

소원의 벽에는 소원을 적은 종이와 헝겊이 잔뜩 걸려 있다. 외국인이 걸어놓은 것도 있지만, 무슬림인 터키인들이 걸어 놓은 것이 더 많다고 한다. 무슬림이 이곳에 와서 소원을 비는 것은『코란』에 마리아를 '선지자 예수의 어머니'로 기록하였으므로, 마리아를 '거룩한 여인'으로 숭배하기 때문이라 한다. 이로 보아 이곳은 기독교인뿐만 아니라 무슬림들도 성지로 받드는 곳임을 알 수 있다.

나는 경건한 마음으로 교회를 살펴보고, 아름다운 주변 풍광을 둘러보며 마음을 가다듬었다. 동정녀로 잉태하여 낳은 아들 예수의 위대한 업적을 기리면서 하나님에 대한 깊은 믿음을 지킨 마리아의 경건한 모습이 눈에 보이는 듯하였다. 예수님의 가르침과 당부를 온전히 실천한 요한의 믿음과 효심이 마음 깊이 느껴졌다. 발길을 돌리며 이곳과 에페스에 한글 안내판을 세운 한국 교민들의 정성에 마음속으로 감사의 인사를 하였다.